2025年

国家统一法律职业资格考试

主观题应试一本通

法律考试中心／组编　　张博／主编

法律出版社
—— 北京 ——

图书在版编目（CIP）数据

2025年国家统一法律职业资格考试主观题应试一本通 / 法律考试中心组编；张博主编. -- 北京：法律出版社，2024. -- ISBN 978-7-5197-9882-6

Ⅰ. D920.4

中国国家版本馆CIP数据核字第20247AM669号

2025年国家统一法律职业资格考试主观题应试一本通
2025 NIAN GUOJIA TONGYI FALÜ ZHIYE ZIGE KAOSHI ZHUGUANTI YINGSHI YIBENTONG

法律考试中心 组编
张 博 主编

策划编辑 田亚飞
责任编辑 田亚飞
装帧设计 李 瞻

出版发行 法律出版社
编辑统筹 法律考试·职业教育出版分社
责任校对 裴 黎
责任印制 胡晓雅
经 销 新华书店

开本 787毫米×1092毫米 1/16
印张 20 **字数** 441千
版本 2024年12月第1版
印次 2024年12月第1次印刷
印刷 固安华明印业有限公司

地址：北京市丰台区莲花池西里7号（100073）
网址：www.lawpress.com.cn
投稿邮箱：info@lawpress.com.cn
举报盗版邮箱：jbwq@lawpress.com.cn

销售电话：010-83938349
客服电话：010-83938350
咨询电话：010-63939796

书号：ISBN 978-7-5197-9882-6 **定价**：68.00元

凡购买本社图书，如有印装错误，我社负责退换。电话：010-83938349

方向对了，速度才有意义

一、选教材定方向

考试失利最主要的原因之一是选择了不适合自己的老师或教材！考生的起点不一样，年龄、基础、记忆力、考试目标都有差别，因此选择老师或教材也应谨慎，适合自己的才是“真经”！选择了不适合自己的老师和教材，是久考不过的“原罪”！

想要高效通过主观题考试，一定要结合自身的实际情况选择教材。学习时间较少的在职考生，可以选择精简干货类资料进行复习。**方向对了，速度才有意义！**

二、知己知彼，百战不殆

过关锦囊一：考点在精不在多，主观题考试考什么学什么！主观题考试每年考查的考点有限，老师在命题的时候也会有一个“知识点清单”，整个法考学科常考、必考点不会超过1500个，而主观题考试常考、必考点不会超过150个。本书第一编收录了120个核心考点，这些就是我们主观题考试中用以做答题依据的“大前提”。学习时间较少的在职考生先把这些考点掌握透彻，就能为通过主观题考试奠定知识基础。应把时间都用在“刀刃”上，拒绝盲目“贪多求全”，分散精力。

过关锦囊二：巧用真题，沙场点兵。许多同学以为做真题没有用，因为真题考过了就不会再考。但请记住“真题不代表死去的过去，永远代表鲜活的未来”！本书第二编收录了近五年主观题真题试卷及解析，沙场点兵，让你在掌握知识点后，能够熟练运用、查漏补缺。重点是把知识转化为飞书。第三编的模拟冲刺AB卷，可以在完成真题后，按照考试要求的时间用来演练AB卷快速提升成绩。

过关锦囊三：法考复习需要有明确计划。即便是用同样的教材，也不一定有一样的结果！本书共三编，包括：“考点＋真题＋模拟题”。三位一体，为考生顺利通过主观题考试提供全方位保障。根据大部分考生的情况，建议可以学习三轮：第一轮看书，将知识点系统学习一遍。第二轮看书＋做真题，通过真题来查漏补缺。第三轮看书＋做模拟题，把重要的考点和错题涉及的考点进行总结归纳，然后再做模拟题。还有疑问可以通过邮箱512588867@qq.com交流（有问必回，还送电子版大礼包）。

三、相濡以沫不如相忘于江湖

要想成为真正的法律人，就必须自己跨过法考这道“坎”。明知前路艰辛坎坷，也要矢志不渝。

坚信:**"有志者事竟成,破釜沉舟,百二秦关终属楚;苦心人天不负,卧薪尝胆,三千越甲可吞吴。""骐骥一跃,不能十步;驽马十驾,功在不舍。"**当胜利曙光照耀前途时,你会感恩这段激情燃烧、忘我奋斗的岁月!

我愿意与你成为永远的朋友,却愿在法考学习中只与你相遇一次。

念念不忘,必有回响,不忘初心,方得始终!

张博

(法考张博)

2024年于北京保利大厦

目　录

第一编　应试必背考点

第二编　历年真题精解

第三编　模拟冲刺 AB 卷

第一编　应试必背考点

主观题考试备考方法论

一、导论

(一)模板已“死”,注重法律人思维

2018年国家统一法律职业资格考试改革,分为客观题考试、主观题考试,通过客观题考试后才能参加主观题考试。备战主观,方法先行。一定要掌握科学的学习方法,了解法考主观题考试的命题思路及解题规律方能乘风破浪,高效通关。

1. 拒绝模板,适应法考改革

所谓“论述题就是填空题”的“模板论”时代已经结束,同学们务必跟上时代步伐。最典型的“模板论”就是“定概念—说联系—喊口号”,这种模板得分不会高。原因很简单,写一篇议论文,文章开始肯定是要先提出观点,而不可能什么观点都没有提出就开始写概念。因此,这种写法只会被低分处理。如果想写概念,没关系,放在“大前提”里面,想怎么写就怎么写。实际上,大部分年份的考试中是不需要写概念的。

2. 掌握思维,运用“四要素”来解题

所谓“四要素”,即明确观点、理论阐释、结合材料、给出结论。无论怎么评分,主观题一定要有这四个部分才完整。后面会具体讲“四要素”的运用问题。此外,主观题备考一定要根据阅卷人的思维来学习和练习,这样才能起到事半功倍的效果,本书便完全是按照阅卷人的思维进行讲解和设计的。

3. 知己知彼,知道客观题和主观题的区别

客观题的形式都是选择题,考生只要能选出正确的结论即可。而学习客观题的时候,老师们重点讲的是分析思路。告诉你如何选出正确的结论,比如甲用尖刀插向乙的心脏导致乙当场死亡。老师会告诉你甲主观上有杀人的故意(扎心脏等重要的器官和故意插脚后跟和胳膊不同),客观上实施了杀人的行为,出现了死亡的结果,行为和结果之间有因果关系,对甲没有阻却事由,主客观相统一,直接选择故意杀人罪这一选项。

但对于主观题而言,需要考生根据所掌握的知识点(故意杀人罪、故意伤害致人死亡)分析案情,并且要自己给出结论及相应的理由。其实做主观题更像是法官判案,要客观地分析案件事实,准确总结案件焦点,正确引用法律规定,经过严谨周密的论证,最后得出结论。所以,把客观题的答题思路写在试卷上最多得60%的分数。下面按照主观题思维来回答刚才的例题:

甲依法成立故意杀人罪。

依据《刑法》第232条之规定,非法剥夺他人生命的行为成立故意杀人罪。甲用尖刀插乙心脏导致乙死亡的行为符合《刑法》关于故意杀人罪的规定,依法成立故意杀人罪。

但,如果是乙正在实施抢夺行为,甲用尖刀插向乙的心脏导致乙当场毙命。此时我们除了"故意杀人罪",还要想到"正当防卫(是否成立特殊正当防卫或者是防卫过当)"。

(二)掌握主观题"阅卷"规则

只有了解主观题阅卷评分的规则是什么,才知道"怎么写"能得高分。

规则一:答题的时候结论置前,理由要结合案情

答题的时候,一定要先写结论!结论单独评判,而且在法考中有很多开放性的答案,尤其是民商法,关键在于能否言之有理。所以这种题只要有结论就有分,阅卷人一般在阅卷时都会希望考生能多得分,这点毋庸置疑。再者就是理由部分一定要结合案情,不要照抄,简单一句话总结即可,这里往往也有关键的1分。

论述题阅卷要求一篇文章具有四个要素,即"明确观点、理论阐释、结合材料、给出结论",其中第三部分就是结合材料进行分析。每个要素单独给分,少哪个部分就扣哪个部分的分数。

规则二:要用法言法语,"复述"法条而非粘贴法条

在答题时不要用一堆话去搪塞自己法律知识、法律语言的匮乏。不需要抄具体的法条原文,但要学会运用法言法语"复述"法条。以诈骗罪为例,可以写成依据《刑法》及相关规定,以非法占有为目的,使用虚构事实、隐瞒真相的手段使被害人基于错误认识处分财物的行为构成诈骗罪。一定要运用法言法语,考试的时候尽量不要当场去查阅法条,要保证能够答完试卷。

规则三:没有标准答案,要善于推理分析

2018年法考改革以后,就没有所谓的标准答案了。一定要善于推理分析,大胆地写出自己的"结论"和"理由"。有些题目的问题往往是答案的突破口,近几年刑法题目都设置了观点展示,还有在问题中已经告知了结论,让你写理由有哪些。所以一定要善于推理分析,给出符合结论的理由。从问题中寻找答案的蛛丝马迹来答题,有些题目你觉得难,是因为你还在"检索"头脑中几乎忘没了的知识库,不善于推理分析。

二、学会主观题法律思维

主观题考试所有题目的答案都要自己"编写"出来,所以一律是"主观题"(没有客观、唯一答案),而不是以"识别——选择答案"为标志的"客观题"。主观题主要适用"大前提—小前提—结论"逻辑"三段论"进行回答,实际上法律文书、案例题的回答都与逻辑"三段论"有相通之处。

概括而言,主观题的法律思维就是:法律规定(或理论)—具体案件(或材料)—结论。这个"三段论"就是法律人要用到的法律思维。这个思维掌握了,则主观题答题将立于不败之地。

在论述题(主观题第一题)中,这个三段论就是"明确观点—理论阐释—结合材料—给出结论"这四个要素。

在案例题(部门法案例)中,每一个小问题的回答,都是"观点—法律依据—案件事实"这个基本思路。

法律文书中,更是缺少不了这个思路。比如起诉书中,"诉求—法律规定—案件事实",判决

书中的"案件事实—法律规定—判决结果"等,都是三段论式的法律思维。

三、合理分配答题顺序及时间

法考主观题一般安排在10月中旬(非延考)的周末,考试时间是240分钟(9:00~13:00),总分180分。题型基本固定为"4必做+1选做"模式,平均每道题答题时间为48分钟。

建议考生合理分配答题顺序及答题时间。建议考生先做论述题,2024年考查分数为35分(2018年、2019年均为38分,2020年为32分,2021~2024年均为35分),建议考生在45~50分钟内完成。

再做刑法题,2022~2024年刑法题分值为31分(2018年为30分,2019年为36分,2020年为34分,2021年为31分),首先看一下是笼统式问法还是一问一答式问法,笼统式问法的答题时间控制在35~40分钟。一问一答式问法的答题时间控制在每个问题6~8分钟。

第三道题做民法综合题,2022~2024年考查分值为56分(2018年为54分,2019年为52分,2020年为56分,2021年为56分),这道题目涉及民法、民事诉讼法与仲裁制度、商法,所以做题的时候时间控制在65~70分钟。

参照2024年试卷,这三道题目总分数就为122分,此时题目还剩2道(刑事诉讼法、商经/行政法二选一),大部分考生时间还剩70分钟左右。2024年刑事诉讼法考查分值为30分(2020~2024年刑事诉讼法也是30分,基本已经稳定了),如果考生觉得难,可以直接挑自己擅长的商法或者行政法作答,这道题目28分,可以用40分钟进行回答。最后再回答刑事诉讼法题目,按照法律人思维进行回答,按点作答,能得多少分算多少分。这样安排答题顺序和时间,胜算很大。平时练习的时候可以注意训练这种方法,以更好地把握时间。

一、习近平法治思想

考点1 习近平法治思想的形成发展及重大意义

项目	内容	
习近平法治思想形成发展的逻辑	历史逻辑	习近平法治思想凝聚着中国共产党人在法治建设长期探索中形成的经验积累和智慧结晶，标志着我们党对共产党执政规律、社会主义建设规律、人类社会发展规律的认识达到了新高度，开辟了中国特色社会主义法治理论和实践的新境界
习近平法治思想形成发展的逻辑	理论逻辑	习近平法治思想坚持马克思主义法治理论的基本原则，贯彻运用马克思主义法治理论的立场、观点和方法，继承我们党关于法治建设的重要理论，传承中华优秀传统法律文化，系统总结新时代中国特色社会主义法治实践经验，是马克思主义法治理论中国化时代化的新发展新飞跃，反映了创新马克思主义法治理论的内在逻辑要求
习近平法治思想形成发展的逻辑	实践逻辑	习近平法治思想是从统筹中华民族伟大复兴战略全局和世界百年未有之大变局、实现党和国家长治久安的战略高度出发，在推进伟大斗争、伟大工程、伟大事业、伟大梦想的实践之中完善形成的，并会随着实践的发展而进一步丰富
习近平法治思想的鲜明特色	原创性	马克思主义创造性地揭示了人类社会发展规律，并随着实践的变化而发展。习近平总书记以马克思主义政治家、思想家、战略家的深刻洞察力、敏锐判断力和战略定力，在理论上不断拓展新视野、提出新命题、作出新论断、形成新概括，为发展马克思主义法治理论作出了重大原创性贡献
习近平法治思想的鲜明特色	系统性	系统观念是马克思主义基本原理的重要内容。习近平总书记强调全面依法治国是一个系统工程，注重用整体联系、统筹协调、辩证统一的科学方法谋划和推进法治中国建设，科学指出当前和今后一个时期推进全面依法治国十一个重要方面的要求，构成了系统完备、逻辑严密、内在统一的科学思想体系

续表

项目	内容	
	时代性	时代性是马克思主义的一个基本特性。习近平总书记立足中国特色社会主义进入新时代的历史方位，立时代之潮头，发思想之先声，科学回答了新时代我国法治建设向哪里走、走什么路、实现什么目标等根本性问题，在新时代治国理政实践中开启了法治中国新篇章
	人民性	人民性是马克思主义最鲜明的品格。习近平总书记强调法治建设要为了人民、依靠人民、造福人民、保护人民，推动把体现人民利益、反映人民愿望、维护人民权益、增进人民福祉落实到全面依法治国各领域全过程，不断增强人民群众获得感、幸福感、安全感
	实践性	实践性是马克思主义理论区别于其他理论的显著特征。习近平总书记明确提出全面依法治国并将其纳入"四个全面"战略布局，以破解法治实践难题为着力点，作出一系列重大决策部署，解决了许多长期想解决而没有解决的难题，办成了许多过去想办而没有办成的大事，社会主义法治国家建设取得历史性成就、发生历史性变革
习近平法治思想的重大意义	习近平法治思想是马克思主义法治理论同中国法治建设具体实际相结合、同中华优秀传统法律文化相结合的最新成果	
	习近平法治思想是对党领导法治建设丰富实践和宝贵经验的科学总结	
	习近平法治思想是在法治轨道上全面建设社会主义现代化国家的根本遵循	
	习近平法治思想是引领法治中国建设实现高质量发展的思想旗帜	

考点2 习近平法治思想的核心要义

核心要义	内容
坚持党对全面依法治国的领导	1. 党的领导是中国特色社会主义法治之魂； 2. 全面依法治国是要加强和改善党的领导； 3. 坚持党的领导、人民当家作主、依法治国有机统一； 4. 坚持党领导立法、保证执法、支持司法、带头守法； 5. 健全党领导全面依法治国的制度和工作机制
坚持以人民为中心	1. 以人民为中心是中国特色社会主义法治的根本立场； 2. 坚持人民主体地位； 3. 牢牢把握社会公平正义的价值追求； 4. 推进全面依法治国的根本目的是依法保障人民权益

续表

核心要义	内　容
坚持中国特色社会主义法治道路	1. 中国特色社会主义法治道路是建设中国特色社会主义法治体系、建设社会主义法治国家的唯一正确道路。 2. 中国特色社会主义法治道路的核心要义： (1)坚持党的领导。坚定不移地走中国特色社会主义法治道路，最根本的是坚持中国共产党的领导。 (2)坚持中国特色社会主义制度。中国特色社会主义制度是中国特色社会主义法治体系的根本制度基础，是全面推进依法治国的根本制度保障。 (3)贯彻中国特色社会主义法治理论。中国特色社会主义法治理论是中国特色社会主义法治体系的理论指导和学理支撑，是全面推进依法治国的行动指南
坚持依宪治国、依宪执政	1. 坚持依法治国首先要坚持依宪治国，坚持依法执政首先要坚持依宪执政： (1)这是宪法的地位和作用决定的； (2)坚持依宪治国，是推进全面依法治国、建设社会主义法治国家的基础性工作，科学回答了宪法如何更好促进全面建设社会主义现代化国家的关键性问题； (3)坚持依宪执政，体现了中国共产党作为执政党的执政理念，体现了我们党对执政规律和执政方式的科学把握。 2. 宪法是国家的根本法，是治国理政的总章程。宪法是国家的根本法，是治国理政的总章程，是党和人民意志的集中体现，具有最高的法律地位、法律权威、法律效力。 3. 全面贯彻实施宪法，是建设社会主义法治国家的首要任务和基础性工作。宪法的生命在于实施，宪法的权威也在于实施。 4. 推进合宪性审查工作。监督宪法的实施，解释宪法，是宪法赋予全国人大及其常委会的重要职责。 5. 深入开展宪法宣传教育。宪法的根基在于人民发自内心的拥护，宪法的伟力在于人民出自真诚的信仰。要抓住领导干部这个“关键少数”
坚持在法治轨道上推进国家治理体系和治理能力现代化	1. 全面依法治国是国家治理的一场深刻革命； 2. 法治是国家治理体系和治理能力的重要依托； 3. 更好发挥法治固根本、稳预期、利长远的保障作用； 4. 坚持依法治军、从严治军； 5. 坚持依法保障“一国两制”实践与推进祖国统一； 6. 坚持依法治网

续表

核心要义	内　容
坚持建设中国特色社会主义法治体系	1. 推进全面依法治国的总目标和总抓手； 2. 建设完备的法律规范体系； 3. 建设高效的法治实施体系； 4. 建设严密的法治监督体系； 5. 建设有力的法治保障体系； 6. 建设完善的党内法规体系
坚持依法治国、依法执政、依法行政共同推进，法治国家、法治政府、法治社会一体建设	1. 全面依法治国是一个系统工程； 2. 法治国家是法治建设的目标； 3. 法治政府是建设法治国家的主体； 4. 法治社会是构筑法治国家的基础。 要坚持系统观念，准确把握全面依法治国工作布局，坚持依法治国、依法执政、依法行政共同推进，法治国家、法治政府、法治社会一体建设。依法治国、依法执政、依法行政是一个有机整体，关键在于党要坚持依法执政、各级政府要坚持依法行政。法治国家、法治政府、法治社会三者各有侧重、相辅相成：法治国家是法治建设的目标，法治政府是建设法治国家的主体，法治社会是构筑法治国家的基础
坚持全面推进科学立法、严格执法、公正司法、全民守法	1. 科学立法、严格执法、公正司法、全民守法是推进全面依法治国的重要环节。 2. 推进科学立法：建设中国特色社会主义法治体系，必须坚持立法先行，深入推进科学立法、民主立法、依法立法，提高立法质量和效率，以良法促进发展、保障善治。 3. 推进严格执法：深化行政执法体制改革，全面推进严格规范公正文明执法，加大关系群众切身利益的重点领域执法力度，完善行政执法程序，健全行政裁量基准。强化行政执法监督机制和能力建设，严格落实行政执法责任制和责任追究制度。完善基层综合执法体制机制。 4. 推进公正司法：公正司法事关人民切身利益，事关社会公平正义，事关全面推进依法治国。各级司法机关要紧紧围绕努力让人民群众在每一个司法案件中都感受到公平正义这个目标来改进工作，坚持做到严格司法、规范司法。 5. 推进全民守法：全民守法，就是任何组织或者个人都必须在宪法和法律范围内活动，任何公民、社会组织和国家机关都要以宪法和法律为行为准则，依照宪法和法律行使权利或权力、履行义务或职责

续表

核心要义	内　容
坚持统筹推进国内法治和涉外法治	1. 统筹推进国内法治和涉外法治是全面依法治国的迫切任务； 2. 加快涉外法治工作战略布局； 3. 加强对外法治交流合作； 4. 为构建人类命运共同体提供法治保障
坚持建设德才兼备的高素质法治工作队伍	1. 建设一支德才兼备的高素质法治工作队伍至关重要； 2. 加强法治专门队伍建设； 3. 加强法律服务队伍建设； 4. 加强法治人才培养
坚持抓住领导干部这个“关键少数”	1. 领导干部是全面依法治国的关键； 2. 领导干部应做尊法学法守法用法的模范； 3. 领导干部要提高法治思维和法治方式的能力； 4. 党政主要负责人要履行推进法治建设第一责任人职责

考点3 习近平法治思想的实践要求

项　目	内　容
充分发挥法治对经济社会发展的保障作用	1. 以法治保障经济发展； 2. 以法治保障政治稳定； 3. 以法治保障文化繁荣； 4. 以法治保障社会和谐； 5. 以法治保障生态良好
正确处理全面依法治国重大关系	1. 政治和法治：要坚决维护社会稳定，坚持和发展新时代“枫桥经验”，正确处理人民内部矛盾，维护群众合法权益。 2. 改革和法治：改革和法治有着内在的必然联系，二者相辅相成、相伴而生，如鸟之两翼、车之两轮。必须在法治下推进改革，在改革中完善法治。 3. 依法治国和以德治国：法律和道德都具有规范社会行为、调节社会关系、维护社会秩序的作用，在国家治理中都有其不同的地位和功能。 4. 依法治国和依规治党：国有国法，党有党规。依法治国、依法执政，既要求党依据宪法法律治国理政，也要求党依据党内法规管党治党

考点4 在法治轨道上推进国家治理体系和治理能力现代化

坚持在法治轨道上推进国家治理体系和治理能力现代化是习近平法治思想核心要义的第五个内容,本部分涉及“法治”及“现代化”的内容,可与“枫桥经验”“中国式现代化”“改革”等内容结合命题,故单独将几个重要的点作为考点4进行深入讲解	
项　目	内　容
全面依法治国是国家治理的一场深刻革命	1. 坚持全面依法治国,是中国特色社会主义国家制度和国家治理体系的显著优势。中国特色社会主义实践向前推进一步,法治建设就要跟进一步。 2. 习近平总书记指出,概括提出并深入阐述中国式现代化理论,是党的二十大的一个重大理论创新,是科学社会主义的最新重大成果。新征程上,必须深入推进国家治理体系和治理能力现代化,把我国制度优势更好转化为治理效能。 3. 在法治轨道上推进国家治理体系和治理能力现代化,要提高党依法治国、依法执政能力,推进党的领导制度化、法治化、规范化。要用法治保障人民当家作主,健全社会公平正义法治保障制度,使法律及其实施有效体现人民意志、保障人民权益、激发人民创造力
法治是国家治理体系和治理能力的重要依托	1. 法治是治国理政的基本方式,是社会文明进步的显著标志。 2. 法治是国家治理体系和治理能力的重要依托。只有全面依法治国才能有效保障国家治理体系的系统性、规范性、协调性,才能最大限度凝聚社会共识。 3. 在全面建设社会主义现代化国家新征程上,我们要更加重视法治,厉行法治,更好发挥法治固根本、稳预期、利长远的保障作用,坚持依法应对重大挑战、抵御重大风险、克服重大阻力、解决重大矛盾。 4. 全面推进依法治国,是解决党和国家事业发展面临的一系列重大问题,解放和增强社会活力、促进社会公平正义、维护社会和谐稳定、确保党和国家长治久安的根本要求
更好发挥法治固根本、稳预期、利长远的保障作用	1. 全面推进依法治国,是着眼于实现中华民族伟大复兴中国梦、实现党和国家长治久安的长远考虑。 2. 必须更加重视法治、厉行法治,更好发挥法治固根本、稳预期、利长远的重要作用。 3. 要充分发挥法治的引领、规范和保障作用,以深化依法治国实践检验法治建设成效,着力固根基、扬优势、补短板、强弱项,推动各方面制度更加成熟、更加定型,逐步实现国家治理制度化、程序化、规范化、法治化

考点5 党的二十大及二十届三中全会核心考点汇总 New

(一)党的二十大核心考点

项　目	内　容
大会主题	高举中国特色社会主义伟大旗帜,全面贯彻新时代中国特色社会主义思想,弘扬伟大建党精神,自信自强、守正创新,踔厉奋发、勇毅前行,为全面建设社会主义现代化国家、全面推进中华民族伟大复兴而团结奋斗
对党和人民事业具有重大现实意义和深远历史意义的三件大事	一是迎来中国共产党成立100周年,二是中国特色社会主义进入新时代,三是完成脱贫攻坚、全面建成小康社会的历史任务,实现第一个百年奋斗目标
取得历史性成就、发生历史性变革的重要方面	1. 创立了新时代中国特色社会主义思想,明确坚持和发展中国特色社会主义的基本方略,提出一系列治国理政新理念新思想新战略,实现了马克思主义中国化时代化新的飞跃。 2. 全面加强党的领导,确保党中央权威和集中统一领导,确保党发挥总揽全局、协调各方的领导核心作用,我们这个拥有9600多万名党员的马克思主义政党更加团结统一。 3. 对新时代党和国家事业发展作出科学完整的战略部署,提出实现中华民族伟大复兴的中国梦,统揽伟大斗争、伟大工程、伟大事业、伟大梦想,明确“五位一体”总体布局和“四个全面”战略布局,确定稳中求进工作总基调,统筹发展和安全,明确我国社会主要矛盾是人民日益增长的美好生活需要和不平衡不充分的发展之间的矛盾,并紧紧围绕这个社会主要矛盾推进各项工作,不断丰富和发展人类文明新形态。 4. 经过接续奋斗,实现了小康这个中华民族的千年梦想,打赢了人类历史上规模最大的脱贫攻坚战,历史性地解决了绝对贫困问题,为全球减贫事业作出了重大贡献。 5. 以巨大的政治勇气全面深化改革,许多领域实现历史性变革、系统性重塑、整体性重构,中国特色社会主义制度更加成熟更加定型,国家治理体系和治理能力现代化水平明显提高。 6. 坚持走中国特色社会主义政治发展道路,全面发展全过程人民民主,社会主义民主政治制度化、规范化、程序化全面推进,人民当家作主更为扎实,全面依法治国总体格局基本形成。 7. 深入贯彻以人民为中心的发展思想,在幼有所育、学有所教、劳有所得、病有所医、老有所养、住有所居、弱有所扶上持续用力,建成世界上规模最大的教育体系、社会保障体系、医疗卫生体系,人民群众获得感、幸福感、安全感更加充实、更有保障、更可持续,共同富裕取得新成效。

续表

项　目	内　容
	8. 深入推进全面从严治党，坚持打铁必须自身硬，提出和落实新时代党的建设总要求，以党的政治建设统领党的建设各项工作。我们以钉钉子精神纠治“四风”，反对特权思想和特权现象，刹住了一些长期没有刹住的歪风，纠治了一些多年未除的顽瘴痼疾
新时代新征程中国共产党的使命任务	1. 从现在起，中国共产党的中心任务就是团结带领全国各族人民全面建成社会主义现代化强国、实现第二个百年奋斗目标，以中国式现代化全面推进中华民族伟大复兴。 2. 中国式现代化，是中国共产党领导的社会主义现代化，既有各国现代化的共同特征，更有基于自己国情的中国特色。中国式现代化是人口规模巨大的现代化，是全体人民共同富裕的现代化，是物质文明和精神文明相协调的现代化，是人与自然和谐共生的现代化，是走和平发展道路的现代化。 3. 中国式现代化的本质要求是：坚持中国共产党领导，坚持中国特色社会主义，实现高质量发展，发展全过程人民民主，丰富人民精神世界，实现全体人民共同富裕，促进人与自然和谐共生，推动构建人类命运共同体，创造人类文明新形态
坚持全面依法治国，推进法治中国建设	1. 全面依法治国是国家治理的一场深刻革命，关系党执政兴国，关系人民幸福安康，关系党和国家长治久安。必须更好发挥法治固根本、稳预期、利长远的保障作用，在法治轨道上全面建设社会主义现代化国家。 2. 我们要坚持走中国特色社会主义法治道路，建设中国特色社会主义法治体系、建设社会主义法治国家，围绕保障和促进社会公平正义，坚持依法治国、依法执政、依法行政共同推进，坚持法治国家、法治政府、法治社会一体建设，全面推进科学立法、严格执法、公正司法、全民守法，全面推进国家各方面工作法治化。 3. 我们要完善以宪法为核心的中国特色社会主义法律体系，加强宪法实施和监督，加强重点领域、新兴领域、涉外领域立法，推进科学立法、民主立法、依法立法。扎实推进依法行政，转变政府职能，优化政府职责体系和组织结构，提高行政效率和公信力，全面推进严格规范公正文明执法。严格公正司法，深化司法体制综合配套改革，全面准确落实司法责任制，加快建设公正高效权威的社会主义司法制度，努力让人民群众在每一个司法案件中感受到公平正义。加快建设法治社会，弘扬社会主义法治精神，传承中华优秀传统法律文化，引导全体人民做社会主义法治的忠实崇尚者、自觉遵守者、坚定捍卫者，努力使尊法学法守法用法在全社会蔚然成风

续表

项目	内容
在法治轨道上推进中国式现代化	1. 立法层面,加强重点领域、新兴领域、涉外领域立法。 2. 执法层面,加大关系群众切身利益的重点领域执法力度。 3. 司法层面,努力让人民群众在每一个司法案件中感受到公平正义。 4. 守法层面,建设覆盖城乡的现代公共法律服务体系,深入开展法治宣传教育,增强全民法治观念;发挥领导干部示范带头作用,努力使尊法学法守法用法在全社会蔚然成风

(二)党的二十届三中全会核心考点

项目	内容
核心考点	1. 全会高度评价新时代以来全面深化改革的成功实践和伟大成就,研究了进一步全面深化改革、推进中国式现代化问题,认为当前和今后一个时期是以中国式现代化全面推进强国建设、民族复兴伟业的关键时期。 2. 进一步全面深化改革的总目标是继续完善和发展中国特色社会主义制度,推进国家治理体系和治理能力现代化。 3. 进一步全面深化改革要总结和运用改革开放以来特别是新时代全面深化改革的宝贵经验,贯彻坚持党的全面领导、坚持以人民为中心、坚持守正创新、坚持以制度建设为主线、坚持全面依法治国、坚持系统观念等原则。 4. 健全全过程人民民主制度体系,完善中国特色社会主义法治体系,深化文化体制机制改革,健全保障和改善民生制度体系,深化生态文明体制改革,推进国家安全体系和能力现代化,持续深化国防和军队改革,提高党对进一步全面深化改革、推进中国式现代化的领导水平。 5. 发展全过程人民民主是中国式现代化的本质要求。必须坚定不移走中国特色社会主义政治发展道路,坚持和完善我国根本政治制度、基本政治制度、重要政治制度,丰富各层级民主形式,把人民当家作主具体、现实体现到国家政治生活和社会生活各方面。要加强人民当家作主制度建设,健全协商民主机制,健全基层民主制度,完善大统战工作格局。 6. 法治是中国式现代化的重要保障。必须全面贯彻实施宪法,维护宪法权威,协同推进立法、执法、司法、守法各环节改革,健全法律面前人人平等保障机制,弘扬社会主义法治精神,维护社会公平正义,全面推进国家各方面工作法治化。要深化立法领域改革,深入推进依法行政,健全公正执法司法体制机制,完善推进法治社会建设机制,加强涉外法治建设

二、刑　　法

考点6 不作为犯

<table>
<tr><th>项　目</th><th colspan="2">内　容</th></tr>
<tr><td rowspan="2">不作为的分类</td><td colspan="2">1. 真(纯)正不作为犯——刑法明文规定只能由不作为构成的犯罪。认定真正不作为犯,完全符合罪刑法定原则的要求,不存在类推适用的问题。
例如:丢失枪支不报罪(第129条),不报安全事故罪(第139条之一),逃税罪(第201条),遗弃罪(第261条),拒不支付劳动报酬罪(第276条之一),拒绝提供间谍犯罪、恐怖主义犯罪、极端主义犯罪证据罪(第311条),不解救被拐卖、绑架妇女、儿童罪(第416条第1款)——这类犯罪,刑法的本质是要求你去做一件事情,但你偏不做,违反了刑法的命令性规定,或者说违反了刑法对行为人所要求的义务</td></tr>
<tr><td colspan="2">2. 不真(纯)正不作为犯——这种犯罪通常情况下是作为犯,但也可能是不作为犯。
例如:故意杀人罪,通常情况下是作为犯(如用枪杀、用刀捅),少数情况下可能是不作为犯(如拒绝哺乳婴儿导致其活活饿死)。这种犯罪既可能违反了刑法的禁止性规定,也可能违反了刑法的义务性(命令性)规定——放火罪、故意杀人罪</td></tr>
<tr><td rowspan="5">不作为成立条件</td><td rowspan="3">1. 应为
(具有作为义务)</td><td>(1)基于行为人对危险源负有监督义务,如危险动物(危险设施)/监督义务(精神病人和未成年人)/先前行为(扔烟头导致火灾)</td></tr>
<tr><td>(2)基于特定关系,行为人负有保护义务,如法律直接规定/职务、业务制度规定/基于合同契约</td></tr>
<tr><td>(3)危险发生在特定领域,行为人对特定领域负有管理职责,如在卖淫女家里,嫖客心脏病突发,卖淫女有救助义务</td></tr>
<tr><td>2. 能为</td><td>具有作为的可能性(从行为人自身能力和客观条件两方面进行判断)</td></tr>
<tr><td>3. 而不为</td><td>不作为的核心是行为人没有履行作为义务,行为人在应当履行作为义务而不履行作为义务的期间所实施的其他行为,不是该不作为的内容,也不影响不作为的成立</td></tr>
</table>

<table>
<tr><th>项　目</th><th colspan="2">内　容</th></tr>
<tr><td rowspan="2"></td><td rowspan="2">4. 等价性</td><td>侵害法益的等价性</td></tr>
<tr><td>提示：
(1)不作为犯罪可能成立未遂犯；
(2)不作为犯罪可能成立故意犯，也可能成立过失犯，即过失犯罪既可能表现为作为方式，也可能表现为不作为方式；
(3)“持有”是一种作为方式。同时故意持有多种犯罪对象的，数罪并罚。与此相类似，同时故意走私多种犯罪对象的，数罪并罚</td></tr>
<tr><td rowspan="2">观点展示考法</td><td rowspan="2">【新理论】刑法上的作为义务是指，某个危险源对法益对象产生了危险流，刑法要求行为人去阻断危险流、保护法益对象。凭什么让行为人承担这种作为义务？
其实质的理由根据有两种：一是对危险源的监管义务；二是对法益对象的保护义务。
这种学说被称为实质的二分说，是法考的官方立场。考试常考的正当防卫行为能否成为先前行为和夫妻间救助义务</td><td>正当防卫行为能否成为先前行为。(重要)
2013 年卷二第七题：“甲对正在实施一般伤害的乙进行正当防卫，致乙重伤(仍在防卫限度之内)。乙已无侵害能力，求甲将其送往医院，但甲不理会而离去。乙因流血过多死亡。”所以，甲需要承担防卫过当的刑事责任。
2020 年全国卷“导致刘某重伤，赵某、郑某的行为是否过当”考查了“防卫过当”的观点展示。2021 年最高人民法院、最高人民检察院、公安部出台了《关于依法适用正当防卫制度的指导意见》，该考点很重要，请大家务必重视。
观点一：正当行为不能成为先前行为，因为合法行为产生的危险不需要实施合法行为的主体承担救助义务，法秩序所许可的合法的危险前行为不产生保证人义务。
观点二：正当防卫有可能成为先前行为，根据具体情况分析如下：
(1)【特殊的正当防卫，无救助义务】当正当防卫行为造成被害人死亡但不过当时，防卫人无救助义务。
(2)【正当防卫，不过当，且无死亡的紧迫危险，无救助义务】当正当防卫致人受伤，但并未过当，而且该伤害也不可能导致死亡时，防卫人没有救助义务。
(3)【正当防卫，不过当，但具有死亡的紧迫危险，有救助义务】正当防卫造成了伤害，该伤害本身没有过当，但具有死亡的紧迫危险，发生死亡结果就会过当，则防卫人具有救助义务。这属于先前行为与后面的不作为共同导致的防卫过当</td></tr>
<tr><td>夫妻间的救助义务问题。
2020 年法考客观题考查了“妻子用刀砍杀岳母，在一旁观看的丈夫是否有阻止的义务”。
(1)夫妻关系存续期间，妻子非自愿陷入险境，丈夫有救助义务。
例如：妻子身患重病、遭遇歹徒侵袭等情况，丈夫是有救助义务的，不需要进行观点展示。</td></tr>
</table>

续表

项目	内容	
		(2)夫妻关系存续期间,妻子自己决定陷入险境。比如要自杀、自残,丈夫是否有救助义务。 观点一:有救助义务。每个正常的人,对自己的行为负责,法益主体损害自己有处分权的法益时,其他人没有保护的义务。但妻子自我处分生命的行为自己不需要承担刑事责任,并不意味免除了丈夫的救助义务。如果妻子自杀但并未死亡,丈夫有能力救助而放任死亡,则要承担不作为的故意杀人罪。 观点二:无救助义务。妻子自杀是自陷风险的行为,丈夫不阻止或不救助,不构成不作为的故意杀人罪,因为作为义务的目的在于防止对被害人的法益侵害,而不是在被害人不愿意接受保护时仍然去干涉其意志自由

考点7 因果关系

项目	内容
概念	因果关系是指犯罪的实行行为(危害行为)与危害结果之间的一种引起与被引起的关系。因果关系仅是犯罪的客观不法要件,即便存在客观上的因果关系,主观上没有非难可能性(故意、过失、期待可能性等)的,也不成立犯罪
常考的因果关系	1.假定的因果关系:前行为(0作用)+后行为(100%作用)=结果。前行为尚未发生作用,后行为直接引起结果发生,后行为与结果具有因果关系
	2.重叠的因果关系:前行为(50%作用)+后行为(50%作用)=结果。两个行为单独都不能导致结果的发生,相互没有意思联络,结合到一起同时起作用导致了结果的发生
	3.二重的因果关系(择一的竞合):前行为(100%)/后行为(100%)=结果。两个行为都能独立导致结果的发生,相互没有意思联络,同时发生作用,竞合到一起导致了结果的发生
因果关系中断	只有在介入了独立于先行行为的因素且介入因素的出现是异常(后条件是否是前条件引起的,如果不是则就是异常的因素,如果是则就是正常的因素。如果还是无法判断,请注意,前条件在通常情形下,导致介入因素出现的概率如果达到10%以上,则介入因素属于正常因素)的情况下,因果关系才中断(常考的有三类情形:他人行为、被害人自身行为、自然事件。判断技巧就是"独立且异常")

续表

项目	内容
因果关系中断	例:非法行医的被告人让身患肺炎的患者到药店买感冒药治疗,导致被害人没有得到正常治疗而死亡的,这个死亡结果归属于被告人的非法行医行为。但是,如果是被害人自我冒险导致结果发生,则不能将结果归属于被告人。常见的例子就是被告人在寒冷冬天为了取乐将钱扔进湖中,被害人为了得到钱跳入水中死亡,就不能将死亡结果归属于扔钱行为
观点展示考法	因果关系的判断中,介入因素是正常还是异常,存在观点展示: 【法考官方立场】危险的现实化理论。早期,判断因果关系使用条件说,该说主张:无A则无B,A即B因。后来人们发现条件说存在两个不足:第一,难以套用到假定的因果关系和双重的因果关系;第二,条件说的条件关系是必要条件关系,论证因果关系的理由并不充分,并且,在有介入因素的案件中,会导致因果链条无限延伸。行为与结果即使有必要条件关系,也不意味着有因果关系,不意味着结果能够归责于该行为。 结果能否归责于该行为,需要根据客观归责理论的三项条件来判断,也即关于行为的要求、关于过程的要求、关于结果的要求。关于过程的要求,应当根据充分条件来论证。充分条件是指,有A则有B,A即B因。显然,在论证"A即B因"上,"有A则有B"比"无A则无B"的理由更充分。按照充分条件,行为制造的危险现实化为结果,结果才能归属于行为。这便是危险现实化理论。这是张明楷教授的观点,也是法考的官方观点。存在介入因素的案件中,危险现实化理论的判断重点是,结果是先前行为制造的危险的现实化结果,还是介入因素制造的危险的现实化结果,抑或二因一果。对此可根据"介人因素两步走"标准判断。 2012年卷四第二题:"如认定黄某放火与范某被砸死之间存在因果关系,可能有哪些理由?如否定黄某放火与范某被砸死之间存在因果关系,可能有哪些理由?" 观点一:肯定因果关系的理由。(1)根据条件说,可以认为放火行为和死亡之间具有"无A就无B"的条件关系;(2)被害人在当时情况下,来不及精确判断返回住宅取财的危险性;(3)被害人在当时情况下,返回住宅取财符合常理。 观点二:否定因果关系的理由。(1)根据相当因果关系说,放火和被害人死亡之间不具有相当性;(2)被告人实施的放火行为并未烧死范某,范某为抢救数额有限的财物返回高度危险的场所,不合常理;(3)被害人是精神正常的成年人,对自己行为的后果非常清楚,因此要对自己的选择负责;(4)被害人试图保护的法益价值有限。只有甲对乙的住宅放火,如乙为了抢救婴儿而进入住宅内被烧死,才能肯定放火行为和死亡后果之间的因果关系

考点 8 事实认识错误

<table>
<tr><th>分 类</th><th colspan="2">内 容</th></tr>
<tr><td rowspan="3">具体的事实认识错误</td><td>1. 对象错误</td><td>这是指主观上对具体对象出现认识错误。无论是按照具体符合说还是法定符合说,均不影响故意犯罪的成立。误将他人当作仇人杀害的,属于典型的对象错误,无论按照什么学说,均对他人成立故意杀人罪(既遂或者未遂)</td></tr>
<tr><td>2. 打击错误(也称“方法错误”)</td><td>行为指向的对象没有认识错误,但客观结果出现偏差,即出现了其他结果。甲欲杀乙,未击中乙(或者击中乙致其死亡),但导致丙死亡的,属于典型的方法错误。甲对乙不存在认识错误,成立故意杀人罪未遂(或者既遂)。甲对丙存在方法错误,按照法定符合说,成立故意杀人罪既遂;按照具体符合说,甲对丙成立过失致人死亡罪。这种情形存在想象竞合,应以故意杀人罪未遂处理</td></tr>
<tr><td>3. 因果关系错误</td><td>(1)狭义的因果关系错误,即因果关系错误的一般情形,不影响故意犯罪的认定。
(2)事前故意,即存在犯罪故意的第一行为没有导致实害结果,之后缺乏犯罪故意的第二行为才导致了实害结果。通说认为,只要能认定第一行为与实害结果具有刑法上的因果关系,则成立故意犯罪既遂。
(3)犯罪构成提前实现,即打算第二行为导致实害结果,但实施的第一行为就导致了实害结果。对该情形,焦点在于第一行为能否认定为故意犯罪的实行行为:如果能够认定为实行行为,则是犯罪构成提前实现,属于因果关系错误,认定为故意犯罪既遂(如果认为行为人在实施第一行为时缺乏既遂的故意,则成立故意犯罪未遂与过失犯罪的想象竞合犯);否则,可能认定为故意犯罪预备与过失犯罪的想象竞合犯</td></tr>
<tr><td>抽象的事实认识错误</td><td colspan="2">1. 对象错误;
2. 打击错误</td></tr>
<tr><td>事前故意观点展示</td><td colspan="2">1.【行为模型】前行为(甲故意杀乙,致乙重伤昏迷,以为死亡)+后行为(抛“尸”水里乙死亡)。
多数说认为,前行为和后行为对死亡结果的发生,作用都大,属于二因一果。前一行为构成故意杀人罪既遂,后一行为构成过失致人死亡罪。对二者不能数罪并罚,否则对一个死亡结果作了重复评价和处罚。因此,用故意杀人罪既遂吸收过失致人死亡罪,定故意杀人罪既遂。</td></tr>
</table>

续表

分类	内容
	少数说认为,后行为对死亡结果的发生作用大,属于后因一果。前行为与死亡结果没有因果关系,构成故意杀人罪未遂。后行为与死亡结果有因果关系,构成过失致人死亡罪。两罪并罚。 2. 具体总结: 观点一:行为人的第一个行为成立故意杀人罪未遂,第二个行为成立过失致人死亡罪,有人认为成立想象竞合犯,有人主张成立数罪。 观点二:如果在实施第二个行为之际,对于死亡持未必的故意(或间接故意),则整体上成立一个故意杀人罪既遂;如果在实施第二个行为之际,相信死亡结果已经发生,则成立故意杀人罪未遂与过失致人死亡罪。 观点三(通说):将前后两个行为视为一体,视为对因果关系的认识错误处理。只要因果关系发展过程是在相当的因果关系之内,就成立一个故意杀人罪既遂
打击错误的观点展示	1. 打击错误,也叫方法错误,是客观因素导致没有实现行为人主观上想要达到的结果。 例 1:熊大看到仇人光头强,向其开枪射击,结果打偏了,将附近散步的谢广秃打死了。 观点一:具体符合说。熊大对光头强成立故意杀人罪的未遂形态,对谢广秃成立过失致人死亡罪,一个行为触犯两个罪名,想象竞合,择一重罪论处。熊大应定故意杀人罪未遂。 观点二:法定符合说。熊大对光头强成立故意杀人罪未遂,对谢广秃的死亡虽然是过失心理,但是可以修改为对谢广秃的死亡持故意心理,因此对谢广秃成立故意杀人罪既遂。一个行为触犯两个罪名,想象竞合,择一重罪论处,熊大应定故意杀人罪既遂。 2. 打击错误与对象错误的结合。 例 2:熊大以为前方 20 米处的黑影是仇人光头强(实际是光头弱),向其开枪射击,结果打偏了,将附近散步的光头强打死了。 熊大对黑影存在对象认识错误,对散步的光头强存在打击错误。由于对象错误不存在观点展示,而打击错误存在观点展示,所以我们主要分析打击错误。 观点一:具体符合说。熊大对黑影成立故意杀人罪未遂,对散步的光头强构成过失致人死亡罪。想象竞合,择一重罪论处,熊大应定故意杀人罪未遂。 观点二:法定符合说。熊大对黑影成立故意杀人罪未遂,对散步的光头强构成故意杀人罪既遂,想象竞合,择一重罪论处,熊大应定故意杀人罪既遂
【注】对象错误与打击错误判断绝技:前者是指行为人对某一行为对象的身份属性等产生主观认识错误,如行为人误把王某写成了汪某;后者在主观上没有错误,而是因为客观因素导致错误结果,如地址写对了,只是快递人员投错了	

考点9 犯罪中止与犯罪未遂

<table>
<tr><th>比较项目</th><th>内 容</th></tr>
<tr><td>概念</td><td>在犯罪过程中，自动放弃犯罪或者自动有效地防止犯罪结果发生</td></tr>
<tr><td rowspan="2">与未遂的区别</td><td>1.“能”达目的而“不欲”。迷途知返，需要“嘉奖”。
考试中常考的中止情形（中止的动机是否高尚，不影响犯罪中止的成立）：
（1）真诚悔悟，良心发现而停止。
（2）因被害人的哀求、对被害人怜悯、第三人的劝说而停止。
（3）因为害怕受到法律制裁、神的处罚、鬼怪的纠缠而停止。
（4）害怕受到刑法处罚而停止（例外：如果刑法处罚马上起作用，如警察就在身边，停止下来成立未遂）。
（5）基于目的物的障碍（不存在）而停止</td></tr>
<tr><td>2. 犯罪停止形态的要件。
（1）主观上：犯意消除。行为人“自认为”自己的犯罪行为实施完毕了（如自己停止下来，或者被他人制止后停止下来），结果也出现了或者不可能继续向前发展，事态不会继续向前发展。
（2）客观上：行为人的行为停止了</td></tr>
<tr><td rowspan="2">总结概括</td><td>1. 阶段不可逆：犯罪停止形态是针对直接故意犯罪而言的，并且犯罪停止形态不具有可转换性。张三对狗蛋狂砍50多刀后离开现场，2小时后回来处理遗留的证据，见狗蛋仍旧没死，这时候心生慈悲，给他送到医院，治疗痊愈。此时也定故意杀人罪未遂，不是中止</td></tr>
<tr><td>2. 对于一个具体的犯罪行为而言，只要出现了任何犯罪停止形态，都不可能出现其他犯罪停止形态。就同一起犯罪而言，不可能并存两个犯罪形态，犯罪形态之间是排斥关系，而非并存关系。例如，出现了犯罪既遂形态，不可能回到犯罪中止；出现了犯罪未遂，也不可能再出现犯罪既遂</td></tr>
</table>

考点10 正当防卫

成立条件	内　容
起因条件	必须要存在现实的不法侵害。 1. 不法性——侵害行为属于违法行为或者犯罪行为; 2. 客观性——客观上要有法益侵害,即正当防卫行为也是具有法益侵害性的,大吼一声把强奸犯吓跑了不属于正当防卫; 3. 现实性——如果不存在现实的不法侵害,行为人误以为存在不法侵害,并进行所谓的防卫,属于假想防卫(假想防卫,防卫人有过失的,就构成过失犯罪,如果没有过失,就按照意外事件处理)
时间条件	不法侵害正在进行,对法益侵害具有紧迫性,防卫应当具有实时性。 1. 防卫装置:防卫手段与不法侵害具有相当性 + 防卫手段不能侵害其他法益; 2. 防卫不适时:故意——故意犯罪,过失——过失犯罪,无故意、过失——意外事件
意思条件	防卫人主观上必然具有某种防卫意图,这就是正当防卫构成的主观条件。防卫意图是指防卫人意识到不法侵害正在进行,为了保护国家、公共利益,本人或者他人的人身、财产等合法权利,而决意制止正在进行的不法侵害的心理状态。以下两种行为,从形式上看似乎符合正当防卫的客观条件,但主观上不具备防卫意图,因此,其行为不能视为正当防卫: 1. 防卫挑拨。在刑法理论上,把故意挑逗对方进行不法侵害而借机加害于不法侵害人的行为,称为防卫挑拨。 2. 互相斗殴。在刑法理论上,互相斗殴是指参与者在其主观上的不法侵害故意的支配下,客观上所实施的互相侵害的行为
对象条件	对谁进行防卫?原则上,对不法侵害人本人
	例外,容易考查观点展示。 1. 甲故意伤害乙,乙情急之下将丙的高尔夫球杆(价值较大)拿起反击甲,导致球杆毁损——乙对甲构成正当防卫,对丙成立紧急避险,想象竞合,优先认定为正当防卫,不构成故意毁坏财物罪,但民事上应赔偿。 2. 甲拿丙的高尔夫球杆(价值较大)打乙,想要伤害乙,乙用力反击,导致球杆毁坏——乙对甲不构成正当防卫,因为乙只是单纯抵挡,不具有法益侵害性,如果乙抵挡并反击甲的身体,则对甲成立正当防卫;乙对丙也不构成紧急避险,丙的球杆损失由甲赔偿,与乙无关。 3. 甲故意伤害乙,乙反击甲,情急之下捡起一块石头扔向甲,在击中甲的同时击中了旁边的丙——对甲构成正当防卫,对丙没有定论,需要观点展示: (1)乙对丙也构成正当防卫——对一个行为只能认定同一性质;

续表

成立条件	内　容
	(2)乙对丙构成假想防卫——但是假想防卫要求防卫人主观上以为存在不法侵害,如果认定假想防卫就要求乙在主观上以为丙对其有不法侵害; (3)乙对丙构成紧急避险——但是紧急避险要求只有损害较小法益才能保护面临危险的法益,然而,伤害丙不能起到保护乙的作用
限度条件	1. 没有明显超过必要限度造成重大损害(必要性和相当性),正当防卫所造成的侵害可以小于、等于、稍微大于不法侵害行为所造成的侵害。如果超越侵害行为很多,所造成的侵害就属于防卫过当了。防卫行为是否过当,应以防卫行为所造成的最终结果来评价,而不应以防卫行为当时造成的结果作为判断防卫行为是否过当的标准。 例如:甲对正在实施一般伤害的乙进行正当防卫,致乙重伤(仍在防卫限度之内)。乙已无侵害能力,求甲将其送往医院,但甲不理会而离去。乙因流血过多死亡。本案中,虽然当时仅造成了重伤,似乎在限度之内,但最终造成了死亡结果,应整体评价为防卫过当
	2. 对正在进行行凶、杀人、抢劫、强奸、绑架以及其他严重危及人身安全的暴力犯罪,采取防卫行为,造成不法侵害人伤亡的,不属于防卫过当,不负刑事责任。 提示: (1)必须针对暴力犯罪。采用非暴力的方式实施上述犯罪,不允许进行特殊防卫。例如:使用和平方式投毒杀人,使用麻醉方式实施抢劫、强奸。 (2)"其他严重危及人身安全的暴力犯罪"主要是指武装叛乱、武装暴乱、暴力劫持航空器以及暴力劫持船只、汽车等直接严重危及人身安全的犯罪。 (3)特殊防卫也适用一般正当防卫的条件,只不过在限度方面与一般正当防卫有所区别,特殊防卫针对几种危及人身的暴力犯罪没有防卫过当这一说

考点11 共同犯罪

项　目	内　容
共同犯罪的概念	共同犯罪是指二人以上共同故意犯罪
	二人以上共同过失犯罪,不以共同犯罪论处; 应当负刑事责任的,按照他们所犯的罪分别处罚——违法是连带的,责任是个别的
二人	现今的刑法理论及国家法律职业资格考试的观点更多地认为,共同犯罪是一种客观行为的共同。或者说,是客观不法层面的共同,与责任无涉,即"违法(客观不法行为)是连带(共同)的,责任是个别的"

项　目	内　容
什么是 "共同"	部分犯罪共同说(最新考试方向):只要两个行为人客观上的行为是共同的(不存在谁支配、控制谁的问题),共同推进犯罪的进行,各行为人主观上对行为的意义能够基本了解(知道自己是在干坏事),交换意思、互相帮助,即便两个人的罪名完全不一致,甚至有一方最终因为没有达到责任年龄而不构成犯罪,二者也成立共同犯罪。 ——只要有共同犯罪行为,无须共同有责性。不需要罪名一致就可以构成共同犯罪。 例如:甲想杀丙,乙想伤丙,最终甲、乙共同将丙杀死了。甲、乙在共同故意伤害范围内成立共同犯罪。甲构成故意杀人罪,乙构成故意伤害罪。有共同的伤害行为,成立共同犯罪
共同犯罪原则上必须出于共同故意,过失犯罪不构成共犯,但有例外	交通事故发生后,车辆的所有人、乘车人、单位主管人命令/指示驾驶员逃逸,并因逃逸使受害人得不到及时救助而死亡的,成立交通肇事罪的共同犯罪,法定刑7年以上。如果最后法医说就算救助及时了也一样会死,则不构成交通肇事罪的共同犯罪
没有共同故意,不成立共同犯罪的情形	1. 共同过失犯不成立共同犯罪——共同过失犯罪时,只要根据各人过失犯罪的情况分别定罪量刑即可,不需要以共同犯罪论处
	2. 故意犯罪行为与过失犯罪行为不成立共同犯罪——看守所武警擅离职守,重大案犯趁机脱逃。武警属于过失,罪犯属于故意,客观上虽然有一定联系,但是不成立共同犯罪
	3. 同时犯不成立共同犯罪——甲、乙二人趁商店失火之际不谋而合地同时到失火地点盗窃商品。由于两人主观上没有意思联络,故不成立共同犯罪
	4. 先后故意实施相关犯罪行为,彼此没有主观联系的,不成立共同犯罪——甲先到丙家盗窃一台液晶电视,乙后到丙家窃取一辆哈雷摩托车。二人虽然实施了相同的盗窃行为,而且都在丙家作案,但是由于缺乏共同故意,故不成立共同犯罪
	5. 超出共同故意之外的犯罪,不是共同犯罪——毛毛教唆狗蛋盗窃小花家的财物,狗蛋除了盗窃财物之外还强奸了小花,毛毛对此毫不知情。毛毛和狗蛋成立盗窃罪的共同犯罪,但是毛毛对强奸罪不承担刑事责任
	6. 事前无通谋,事后的行为(窝藏、包庇、掩饰、隐瞒犯罪所得或者犯罪所得收益)不成立共同犯罪,如果事前有通谋,则成立共同犯罪

续表

<table>
<tr><th>项目</th><th colspan="2">内容</th></tr>
<tr><td rowspan="5">正犯与间接正犯——间接正犯不构成共同犯罪</td><td>1. 正犯</td><td>实施了实行行为:部分实行,全部责任</td></tr>
<tr><td rowspan="4">2. 间接正犯</td><td>(1)利用无刑事责任能力/未达刑事责任年龄的人实施犯罪:成年人唆使严重精神病患者杀人的,成立故意杀人罪的间接正犯;成年人唆使8岁儿童窃取他人财物的,成立盗窃罪的间接正犯</td></tr>
<tr><td>(2)利用他人不属于犯罪行为的身体的动静:明知甲梦游切西瓜,还安排甲与被害人在一起睡觉,还放刀,构成间接正犯,成立故意杀人罪(致死的)</td></tr>
<tr><td>(3)利用他人不知情的行为:隐瞒屏风后面有人,让人射击</td></tr>
<tr><td>(4)利用被害人自身的行为:告诉孩子从楼上跳下去就能飞,孩子跳了,构成间接正犯。但是让正常成年人跳,正常成年人跳了,不承担责任。因为正常成年人有选择性,可以不跳可以不信。但是对孩子是有支配地位的</td></tr>
<tr><td rowspan="3">片面共犯——一厢情愿</td><td colspan="2">1. 片面的共同实行犯(正犯),即实行的一方没有认识到另一方的实行行为,即彼此之间没有意思交互</td></tr>
<tr><td colspan="2">2. 片面的教唆,即被教唆者没有意识到自己被教唆的情况。例如,甲将乙的妻子丙与他人通奸的照片和一支枪放在乙的桌子上,欲教唆乙杀害丙。乙发现后立即产生杀人故意,将丙杀死。但乙并没有认识到自己是被甲教唆而实施犯罪</td></tr>
<tr><td colspan="2">3. 片面的帮助行为,即实行的一方没有认识到另一方的帮助行为(非实行行为)。例如,甲明知乙正在追杀丙,由于其与丙有仇,便暗中设置障碍物将丙绊倒,从而帮助乙顺利地杀害丙</td></tr>
<tr><td rowspan="3">教唆犯</td><td colspan="2">1. 教唆的对象必须是达到刑事责任年龄、具有刑事责任能力的人;
教唆对象必须特定,让他从无心犯罪到有心犯罪!说者无心,听者有意,不算教唆</td></tr>
<tr><td colspan="2">2. 教唆不满18周岁的人犯罪,从重处罚</td></tr>
<tr><td colspan="2">3. 如果被教唆的人没有犯被教唆的罪,对于教唆犯可以从轻或者减轻处罚,即教唆未遂。
提示:对于被教唆者接受教唆,且已着手实行,但没有达到犯罪既遂状态的情形,行为无价值者主张构成教唆未遂,结果无价值者多主张无罪。如果被教唆者没有着手,那么教唆犯无罪(主流观点)</td></tr>
<tr><td rowspan="2">帮助犯既遂的条件</td><td colspan="2">1. 实行犯制造了既遂的结果(行为人已经既遂)</td></tr>
<tr><td colspan="2">2. 帮助行为与既遂的发生有因果关系(没有因果关系时,是帮助犯的未遂)。
同时满足两点才是帮助犯的既遂</td></tr>
</table>

续表

项　目	内　容
共同犯罪主要的观点展示	1. 悟空、八戒共谋要“教训”一下白骨精，共同使用暴力导致白骨精死亡。事后查明，悟空有杀人的故意，八戒仅有伤害的故意。尸检报告只有一处致命伤，查不清是谁所为。 观点一（通说）：悟空、八戒在故意伤害罪的范围之内成立共同犯罪，悟空成立故意杀人罪，八戒成立故意伤害罪（致人死亡）。因为悟空、八戒在违法层面上实现了符合构成要件，二人均属于正犯，其行为均与白骨精的死亡结果存在因果关系，所以悟空、八戒成立共同犯罪。 观点二：悟空、八戒不成立共同犯罪，仅构成故意伤害罪（致人死亡），属于未遂形态。悟空、八戒虽然共同实施了犯罪行为，但两人的故意内容不同，各自触犯的罪名不同，不能认定为共同犯罪。根据存疑有利于当事人原则，两人分别成立故意伤害罪（致人死亡），因为不知道致命伤是谁导致的，均承担未遂的刑事责任（该种观点不妥当，实务当中均采取观点一的说法，为应付考试，考生需要知道有这个观点）。 2. 悟空教唆八戒去打死白骨精，八戒表面答应，但实际上害怕打不过白骨精就没去，回来欺骗悟空已经过去把白骨精打死了。 观点一（共犯独立性说）：悟空成立故意杀人罪，即悟空（共犯）成立犯罪不以八戒（正犯）成立犯罪为前提，共犯在成立犯罪上具有独立性。即使八戒没有实施犯罪，没有制造违法性（法益侵害性），悟空也要成立犯罪。 观点二（共犯从属性说）：悟空不成立犯罪。正犯是直接实施犯罪的人，对法益的侵害具有直接性，共犯只是促使犯罪、帮助犯罪的人，对法益侵害具有间接性，需要借助实行犯实施犯罪才能实现对法益的侵害，故八戒没有对白骨精的生命造成任何危害，不成立犯罪。共犯就更不成立犯罪了

考点12 罪数总结

项　目	内　容	
原则上	一个行为一罪，多行为就数罪并罚，禁止重复评价	
例外	1. 一个行为	（1）想象竞合：一个行为侵犯了数个客体，触犯了数个罪名的情况。 例外：纳税人缴纳一般税款后采用假报出口等手段骗取所缴税款，貌似骗取出口退税，实为逃税，定逃税罪。如骗取税款超过所缴纳税款，超过部分构成骗取出口退税罪，数罪并罚。例如，毛毛缴纳50万元税款后又通过出口退税方式骗取税款80万元，这80万元中50万元相当于逃税数额，30万元属于骗取出口退税数额。一个行为既触犯逃税罪，又触犯骗取出口退税罪，本应择一重罪，但数罪并罚

续表

<table>
<tr><th>项　目</th><th colspan="2">内　容</th></tr>
<tr><td rowspan="3">例外</td><td></td><td>(2)法条竞合:明知是现役军人的配偶还与之结婚——重婚 vs 破坏军婚</td></tr>
<tr><td rowspan="2">2. 多行为</td><td>(1)事后不可罚:财产犯罪如果针对普通财物,事后处理赃物的行为不成立新罪;但如果是针对特殊物品如枪支、文物等的犯罪,应数罪并罚</td></tr>
<tr><td>(2)法定一罪(结合犯、集合犯):
①绑架+故意杀人——绑架罪一罪。
绑架后故意杀人的,以绑架罪一罪论处,处无期徒刑或者死刑,并处没收财产。
【法律依据】《刑法》第239条第1、2款规定,以勒索财物为目的绑架他人的,或者绑架他人作为人质的,处10年以上有期徒刑或者无期徒刑,并处罚金或者没收财产;情节较轻的,处5年以上10年以下有期徒刑,并处罚金。犯前款罪,杀害被绑架人的,或者故意伤害被绑架人,致人重伤、死亡的,处无期徒刑或者死刑,并处没收财产。
②拐卖妇女+强奸——拐卖妇女一罪。
③收买被拐妇女、儿童+出卖——拐卖妇女、儿童一罪。
④组织、运送他人偷越国(边)境/走私、贩卖、运输、制造毒品+妨害公务——组织、运送他人偷越国(边)境/走私、贩卖、运输、制造毒品一罪(加重处罚情节),其他+妨害公务——并罚。
⑤中介组织收受他人贿赂后提供虚假证明文件的,依照处罚较重的规定定罪处罚。
⑥针对假币、假发票、假货(如假冒注册商标的商品、侵犯著作权的作品)实施了一连串行为的,只要这些行为之间具有关联性,原则上仅定一罪</td></tr>
<tr><td rowspan="5">常考情形</td><td colspan="2">1. 组织、领导、参加恐怖组织罪,组织、领导、参加黑社会性质组织罪,又实施杀人、爆炸、绑架等行为</td></tr>
<tr><td colspan="2">2. 组织、运送他人偷越国(边)境,又对被组织者、运送者有杀害、伤害、强奸、拐卖等行为</td></tr>
<tr><td colspan="2">3. 收买被拐卖的妇女,又非法拘禁、伤害、侮辱、强奸的</td></tr>
<tr><td colspan="2">4. 用放火、杀人方法制造保险事故,骗取了保险金的</td></tr>
<tr><td colspan="2">5. 出售、运输假币又使用的</td></tr>
</table>

考点13 故意伤害罪与过失致人死亡罪

项目	内容
行为模型	暴力伤害，轻伤是底线，重伤可故意，死亡限过失
加重犯	故意伤害致死＝故意伤害行为＋过失致死结果
	注意：轻微暴力不是伤害故意
区分	轻微暴力＋死亡（重伤）结果＝过失致人死亡（重伤）罪
	注意：过失致人重伤后，被害人死亡的，直接认定为过失致人死亡罪
结合犯	《刑法》第239条：绑架＋故意伤害（重伤、死亡）＝绑架罪
认定	1. 对于被害人自陷的风险，行为人不承担刑事责任
	2. 自伤无罪，但是战时自伤构成战时自伤罪
提示	1. 抢劫致人重伤的，只定抢劫罪
	2. 强奸致人重伤的，只定强奸罪
	3. 拐卖妇女、儿童致人重伤的，只定拐卖妇女、儿童罪
组织出卖人体器官罪	1. 成年人＋同意——组织出卖人体器官罪
	2. 成年人＋不同意——故意伤害罪或者故意杀人罪
	3. 未成年人同意或者不同意——故意伤害罪或者故意杀人罪
	4. 违背本人生前意愿摘取其尸体器官——盗窃、侮辱、故意毁坏尸体、尸骨、骨灰罪
司法解释	父母为教育子女而实施惩戒行为导致子女死亡、邻里之间由于民间纠纷一方殴打另一方造成死亡，以及轻微暴行致人死亡的案件，一般不能轻易地认定为故意伤害致死

考点14 强奸罪

项目	内容
行为模型	强制手段→妇女明显难以反抗→奸淫妇女
	注意:不要求压制反抗
幼女	奸淫幼女,无须强迫,不满12周岁推定“明知”,已满12周岁不满14周岁的,需要“明知”
加重犯	1.公共场所:不特定人进出;当众:不特定多数人有知悉的可能性
	2.二人以上轮奸:不问年龄精神,要求共同正犯。注意:轮奸存在教唆犯、帮助犯
	3.加重结果:奸淫行为导致,若其他目的造成加重结果,应并罚。注意:被害人自杀的,不属于强奸致人死亡,属于“造成其他严重后果”
	4.强奸致人重伤、死亡。这里必须是强奸行为本身导致的
结合犯	《刑法》第240条:拐卖+强奸=拐卖妇女、儿童罪。注意:除此之外,都要并罚
想象竞合	强奸妇女为了防止其反抗,想将其打成重伤,不小心失手打死了,属于强奸罪(未遂)致人死亡与故意伤害致人死亡的想象竞合
司法解释	已满14周岁不满16周岁的人偶尔与幼女发生性行为,情节轻微、未造成严重后果的,不认为是犯罪

考点15 拐卖妇女、儿童罪

项目		内容
行为模型	以出卖为目的+控制被害人	
构成要件	1.主体	已满16周岁的自然人。已满14不满16周岁的人拐卖妇女、儿童的,不构成犯罪,如果奸淫被拐卖妇女的,定强奸罪。丈夫出卖妻子、父母出卖子女均可构成本罪
	2.行为对象	妇女和儿童。拐卖已满14周岁男子,限制其人身自由,定非法拘禁罪、强迫劳动罪等

续表

项目	内容	
构成要件	3. 行为方式	拐骗、绑架、收买、贩卖、接送、中转。(1)拐骗与拐骗儿童罪中的"拐骗"不同。前者以出卖为目的,后者以自己抚养或奴役的目的。(2)绑架与绑架罪中的"绑架"不同。前者以出卖为目的,后者以勒索财物的目的。(3)这里的"接送""中转"是实行行为,不是帮助行为。上述行为的本质是将妇女、儿童置于自己或者第三人的非法支配下
	4. 主观要件	故意,并以出卖为目的。出卖≠营利,处于报复低价卖也构成本罪
犯罪形态	1. 着手:开始实施拐卖行为是本罪的着手。 2. 既遂:实力控制了被害人是本罪的既遂。 【提示】丈夫出卖妻子,父母出卖子女,出卖捡拾的儿童,收买妇女、儿童后又产生出卖的目的,以上四种情形不需要先控制被害人,然后再卖出。因此,着手的标准为:与买家商讨价格;既遂的标准为:实际将妇女、儿童卖出	
法定升格条件	1.【结合犯】拐卖罪+强奸罪=拐卖罪。例如,甲拐卖青莲,又奸淫青莲,因青莲反抗而未果。甲属于奸淫被拐卖的妇女,适用结合犯的法定刑和总则未遂的规定(结合犯未遂)。 2.【结合犯】拐卖罪+引诱罪、强迫罪=拐卖罪。 3.【结果加重犯】拐卖行为+重伤、死亡结果=拐卖罪+加重处罚。造成被拐卖的妇女、儿童或者其亲属重伤、死亡或者其他严重后果。 4. 将妇女、儿童卖往境外的。包括港、澳、台地区。既包括将境内的妇女、儿童卖往境外,也包括将境外的妇女、儿童卖往境内	

考点16 非法拘禁罪

项目	内容	
行为模型	画地为牢	
构成要件	1. 主体	已满16周岁的自然人。国家机关工作人员是本罪的量刑身份,利用职权犯本罪的,从重处罚
	2. 行为对象	有身体活动自由的自然人。熟睡者、严重醉酒者、植物人、瘫痪卧床的病人、婴儿等由于没有现实的活动自由,不是非法拘禁罪的对象

续表

项目	内容	
	3. 行为方式	非法拘禁他人，剥夺其人身自由
		拘禁的手段主要有两种：一是直接拘束他人的身体；二是间接拘束他人的身体。拘禁的手段既可以是有形的，也可以是无形（在女性洗澡时将其衣服拿走，使其基于羞耻心无法走出浴室）的。可以不作为（超期羁押）的方式实施
	4. 主观要件	主观上有拘禁他人的故意，过失拘禁不构成本罪。例如，甲因粗心将乙锁在房间内，不构成本罪；如果发现后不开门，是不作为的非法拘禁
从重处罚	具有殴打、侮辱情节的，从重处罚。 这是法定的从重处罚情节，对《刑法》第 238 条第 1 ~4 款全部适用。例如，甲非法拘禁乙，致其重伤，又公然用语言侮辱乙，对甲应以非法拘禁致人重伤从重处罚。如果侮辱行为构成强制猥亵、侮辱罪或者侮辱罪，应数罪并罚	
结果加重犯 拘禁行为 + 重伤、死亡 结果	1. 拘禁行为本身导致	这要求拘禁行为与重伤、死亡结果必须要有因果关系。注意：运用介入因素理论判断因果关系
		例 1：甲将乙拘禁在房间，乙跳楼自杀死亡。由于自杀是异常的介入因素，且独立导致死亡结果，拘禁行为与死亡结果无因果关系，故甲仅构成非法拘禁罪，不是非法拘禁致人死亡
		例 2：甲欲拘禁乙，用绳子将乙捆住，乙因血液流通不畅死亡。拘禁行为与死亡结果有因果关系，甲构成非法拘禁致人死亡
		例 3：甲拘禁乙后，乙的家属报警，警方正常的解救行为造成乙伤亡的，对甲应成立非法拘禁的结果加重犯
		例 4：甲拘禁乙后，乙的家属报警，警方判断失误，导致其解救行为造成乙伤亡的，甲对死亡结果不承担刑事责任，只定非法拘禁的基本犯
		【提示】警方在解救被拘禁人的时候，正常行为导致被害人重伤、死亡的，该结果归于行为人，成立结果加重犯。警方失误导致被害人重伤、死亡的，行为人不成立结果加重犯
	2. 对重伤、死亡结果只能是过失	根据《刑法》第 238 条第 2 款的规定，非法拘禁致人死亡的，处 10 年以上有期徒刑。非法拘禁故意致人死亡的，应构成故意杀人罪。因此，对重伤、死亡结果只能是过失
		例 1：甲欲拘禁乙，用绳子将其捆住，乙因呼吸不畅死亡。客观上，拘禁行为与死亡结果有因果关系；主观上，甲对死亡结果有过失，故甲构成非法拘禁致人死亡

续表

<table>
<tr><th>项 目</th><th colspan="2">内 容</th></tr>
<tr><td></td><td></td><td>例 2:甲欲拘禁乙,用绳子将其捆住。甲明知捆绑过紧,可能致乙死亡,仍然放任,致乙窒息死亡。由于甲对乙的死亡是故意,故不是非法拘禁致人死亡。甲为了拘禁而捆绑乙,客观上只有一个行为,同时触犯非法拘禁罪和故意杀人罪,想象竞合,从一重罪处罚,定故意杀人罪</td></tr>
<tr><td rowspan="2"></td><td rowspan="2">3. 拘禁以外的第二个行为导致重伤、死亡结果,应数罪并罚</td><td>例 1:甲拘禁乙 3 天,乙辱骂甲,甲将乙捅死。这属另起犯意,对甲应以非法拘禁罪和故意杀人罪并罚</td></tr>
<tr><td>例 2:甲拘禁乙 3 天,甲随手丢烟头引发火灾,致乙被烧死。对甲应以非法拘禁罪和过失致人死亡罪并罚</td></tr>
<tr><td rowspan="4">法律拟制</td><td colspan="2">1. 这是指《刑法》第 238 条第 2 款第 2 句:使用(拘禁需要的暴力范围之外更高的)暴力(过失)致人伤残、死亡的,依照《刑法》第 234 条(故意伤害罪)、第 232 条(故意杀人罪)的规定定罪处罚。该拟制规定适用已满 14 周岁不满 16 周岁的未成年人</td></tr>
<tr><td colspan="2">2. 适用条件为:非法拘禁罪 + 过失致人重伤、死亡 = 故意伤害罪(重伤)、故意杀人罪</td></tr>
<tr><td colspan="2">3. 拘禁范围外的暴力过失致人伤残、死亡的,才属于法律拟制。如果故意致人伤残、死亡原本就应定故意杀人罪或故意伤害罪,这不是法律拟制</td></tr>
<tr><td colspan="2">4. 法律后果:拟制后以故意伤害罪、故意杀人罪一罪处罚,不再与非法拘禁罪并罚。由于在拟制的时候已经用了非法拘禁罪,所以就不再单独与非法拘禁罪并罚了,否则重复评价</td></tr>
<tr><td rowspan="3">索债型非法拘禁</td><td colspan="2">为索取债务非法扣押、拘禁他人的,构成非法拘禁罪</td></tr>
<tr><td colspan="2">1. 债务的范围:既包括合法债务,也包括非法债务,但不包括单方面主张的债务。例如,甲谎称乙欠债不还,将乙拘禁,向其家属要钱,这是单方面主张的债务,甲主观上有勒索财物的目的,构成绑架罪</td></tr>
<tr><td colspan="2">2. 他人的范围:既包括债务人本人,也包括与债务人有共同财产关系,扶养、抚养关系的亲属,但不包括其他人</td></tr>
<tr><td rowspan="2">罪数问题</td><td colspan="2">1. 吸收犯:在绑架、抢劫、拐卖等犯罪中,非法拘禁他人的,拘禁行为被吸收,不再定非法拘禁罪</td></tr>
<tr><td colspan="2">2. 结合犯:在组织他人偷越国(边)境罪中,剥夺或者限制被组织人人身自由的,定组织他人偷越国(边)境罪,适用更重的法定刑。结构:组织罪 + 拘禁罪 = 组织罪 + 加重处罚</td></tr>
</table>

考点17 绑架罪

<table>
<tr><th>项 目</th><th colspan="3">内 容</th></tr>
<tr><td>行为模型</td><td colspan="3">绑架罪=非法拘禁小甲+敲诈勒索甲</td></tr>
<tr><td rowspan="5">构成要件</td><td>1. 主体</td><td colspan="2">已满16周岁的自然人。已满14周岁不满16周岁的人杀害、强奸人质的,构成故意杀人罪、强奸罪</td></tr>
<tr><td>2. 行为对象</td><td colspan="2">任何人。熟睡者、严重醉酒者、植物人、瘫痪卧床的病人、婴儿等虽无人身自由,但有人身安全法益。例如,挟持瘫痪患者,向其家属勒索赎金</td></tr>
<tr><td rowspan="3">3. 行为方式:实力控制人质</td><td colspan="2">(1)以提出不法要求为目的。
第一,不法要求包括索要财物或者其他非法目的。例如,甲绑架乙,要求政府释放罪犯。
第二,如果提出合法要求,不构成绑架罪。例如,甲绑架乙,要求其家人偿还债务。由于甲没有勒索财物的目的,故应构成非法拘禁罪</td></tr>
<tr><td colspan="2">(2)实力控制人质:非法拘禁小甲。
实力控制人质是指非法剥夺人质的身体自由,但必须具有强制性,包括以暴力、胁迫或者麻醉方法控制他人</td></tr>
<tr><td colspan="2">(3)向第三人提出不法要求:敲诈勒索甲。
不要求小甲和甲是亲属或者朋友关系,只要甲有担忧小甲人身安全的可能性就可以。例如,外国人乙绑架中国劳工,向中国政府勒索赎金,构成绑架罪</td></tr>
<tr><td rowspan="4">犯罪形态</td><td rowspan="2">一般情形</td><td>着手</td><td>开始实施强力行为。例如,开始对他人实施暴力控制</td></tr>
<tr><td>既遂</td><td>实力控制了人质,具有实现非法目的的可能性。例如,甲绑架乙,控制乙后就既遂,不要求向第三人提出不法要求</td></tr>
<tr><td rowspan="2">特殊情形</td><td>着手</td><td>开始向第三人提出不法要求</td></tr>
<tr><td>既遂</td><td>勒索到赎金成立本罪既遂。例如,捡拾婴儿后产生勒索赎金的意思,开始提出勒索要求时是着手,拿到赎金时为既遂</td></tr>
<tr><td rowspan="3">结合犯</td><td colspan="3">绑架罪+故意杀人/故意伤害致人重伤、死亡=绑架罪</td></tr>
<tr><td colspan="3">1. 结合的时间:杀害被绑架人发生在着手绑架后、释放人质前</td></tr>
<tr><td colspan="3">2. 结合的方式:多数观点认为,杀害被绑架人是指杀人的既遂形态,如果人质未死亡,则应以绑架罪与故意杀人罪未遂实行数罪并罚</td></tr>
</table>

考点 18 抢劫罪

(一)抢劫罪的类型

项　目	内　容
普通抢劫	以暴力、胁迫或者其他方法抢劫公私财物
准抢劫	携带凶器抢夺的,依照《刑法》第 263 条(抢劫罪)的规定定罪处罚
转化抢劫	犯盗窃、诈骗、抢夺罪,为窝藏赃物、抗拒抓捕或者毁灭罪证而当场使用暴力或者以暴力相威胁的,依照《刑法》第 263 条(抢劫罪)的规定定罪处罚
聚众“打砸抢”	聚众“打砸抢”,毁坏或者抢走公私财物的,除判令退赔外,对首要分子,依照《刑法》第 263 条(抢劫罪)的规定定罪处罚

(二)普通抢劫罪

项　目	内　容	
结构	强制手段→压制对方反抗→对方无法反抗而放弃财物→行为人取得财物	
行为	1. 暴力	对被害人实施强制力,使其无法反抗的行为。例如,殴打、捆绑等。 (1)这里的被害人不限于财物的直接持有者。 (2)包括有一定看守能力的儿童。 (3)不包括无关的第三人
	2. 胁迫	以恶害相通告,使对方产生恐惧心理,足以压制对方反抗的行为。一般是以当场实施暴力相威胁,不要求有能力真正实现,只要有可能足以抑制对方反抗
	3. 其他	与暴力、胁迫方法具备相当性(同类解释):(1)使被害人不知反抗;(2)使被害人不能反抗
对象	1. 财物,包括财产性利益	
	2. 债权凭证	
罪过	故意,并且具有非法占有目的。在聚众“打砸抢”过程中,毁坏或者抢走公私财物的,即使没有非法占有目的,对首要分子也要定抢劫罪	

（三）准抢劫

项目		内容
携带	含义	这是指一种现实上的支配，行为人随时可以使用自己所携带的物品
	方式	1. 不要求本人随身携带，可以让第三人携带
		2. 不能使用、显示或暗示凶器，否则属于暴力胁迫手段，成立抢劫罪
凶器		包括性质上的凶器和用法上的凶器
性质		本规定属于法律拟制，即将不符合抢劫罪的行为拟制为抢劫罪，如果没有该款的规定，携带凶器抢夺，只能定抢夺罪
标准		携带凶器的认定标准：主观上有随时使用的意思＋客观上有随时使用的可能性＋没有对被害人显示凶器

（四）转化型抢劫

项目		内容
前提条件		实施了盗窃、诈骗、抢夺罪的着手行为。注意：在预备阶段不能转化为抢劫
主体条件		年满16周岁的自然人
	司法解释	已满14周岁不满16周岁的人盗窃、诈骗、抢夺他人财物，为窝藏赃物、抗拒抓捕或者毁灭罪证，当场使用暴力，故意伤害致人重伤或者死亡，或者故意杀人的，以故意伤害罪或者故意杀人罪定罪处罚
客观条件	含义	当场使用暴力或者以暴力相威胁
	当场	主要指的是时间概念，现场主要指的是空间概念
	暴力威胁	这里的暴力和以暴力相威胁，与普通抢劫罪中的暴力和以暴力相威胁应当作相同的解释
	提示	1. 性质：足以抑制被害人反抗的程度
		2. 对象：要求是特定的自然人。不限于被害人，包括其他可能妨碍的人，但不包括动物
目的条件		为窝藏赃物、抗拒抓捕或者毁灭罪证。注意：司法解释规定，行为人实施抢劫后，为灭口而故意杀人的，以抢劫罪和故意杀人罪定罪，实行数罪并罚
提示		准抢劫与转化型抢劫。例如，甲携带匕首抢夺乙的手机，为抗拒抓捕当场将乙捅成重伤，对甲有两个处理方案：(1)携带凶器抢夺定抢劫罪，再与故意伤害罪致人重伤并罚；(2)将携带凶器抢夺评价为抢夺罪，构成事后转化型抢劫，属于抢劫致人重伤。两个处理方案，想象竞合，从一重处罚

(五)法定刑升格条件

项　目	内　容	
入户抢劫	标准	具备生活功能与隔离功能
	目的	具备非法性,即以实施抢劫等犯罪为目的。注意:合法入户,在户内抢劫的,不属于入户抢劫,而是在户抢劫
	时空	暴力、胁迫等强制行为必须发生在户内
	认识	必须认识到自己进入的是他人的“户”
在公共交通工具上抢劫	含义	这是指在公共交通工具上抢劫
	特征	具有公共性与运营性
	范围	公共汽车、大中型出租车,单位班车和接送师生的校车,等等。但不包含小型出租车
	状态	公共交通工具处于运营状态
抢劫银行或者其他金融机构	对象	银行或者其他金融机构的经营资金、有价证券和客户资金。不包括: (1)抢劫银行的办公用品; (2)抢劫银行大厅储户身上的现金
	扩大	抢劫正在使用中的金融机构的运钞车的,属于抢劫金融机构
多次抢劫或者抢劫数额巨大	多次	是指3次以上抢劫;基于一个犯意实施的抢劫,一般应认定为一次犯罪
	巨大	对抢劫博物馆、重要文物的,按照抢劫数额巨大处理
抢劫致人重伤、死亡	性质	本规定属于结果加重犯,要求抢劫行为与重伤、死亡之间具备直接的因果关系
	对象	“致人重伤、死亡”:这里的“人”既包括被害人,也包括其他人
	认识	对加重结果既可以是故意,也可以是过失
冒充军警人员抢劫	这是指假冒军人或警察抢劫,包括军人冒充警察抢劫,也包括警察冒充军人抢劫。但不包括真正的军人或者警察抢劫	
持枪抢劫	枪支	这里的枪要求是真枪,不要求实弹
	显示	枪支必须向被害人显示
	提示	因携带枪支抢夺而成立抢劫罪的,不属于持枪抢劫
抢劫特殊物资	含义	这是指抢劫军用物资或者抢险、救灾、救济物资
	认识	明知抢劫的是军用物资或者抢险、救灾、救济物资

考点19 抢夺罪

项　目	内　容
行为模型	对物有暴力→对人有危险
对物有暴力	如果对人与对物都没有暴力,属于平和手段转移财物占有,构成盗窃罪。如果对人直接实施暴力,构成抢劫罪。对物的暴力有两种方式: (1)乘人不备。例如,甲躲在偏僻角落,等乙走过来时,甲突然冲过去将乙的包夺走。 (2)乘人有备。例如,甲发觉乙想抢自己的手包,便紧紧握住。乙冲上去还是将包夺走,虽然甲有所防备,乙依然构成抢夺罪
对人有危险	对物有暴力时,对人有无危险应根据主人对财物的占有状态来判断。一般地,只有抢夺他人紧密占有的财物,才可能对人有危险
	例1:甲的手机从公交车上落下,在公交车发动前,乙捡走手机逃离。甲对手机没有紧密占有,乙的行为对甲没有人身危险性,属于平和手段转移财物占有,乙构成盗窃罪
	例2:甲用绳子套住乙的自行车后轮,趁乙下车查看时,抢走车筐中的提包。提包是乙紧密占有的财物,甲的行为对乙有人身危险性,构成抢夺罪
	例3:甲看着乙戴的耳环,一把将耳环夺走,致乙鲜血直流。耳环是乙紧密占有的财物,甲的行为对乙有人身危险性,构成抢夺罪
多次抢夺	这是指2年以内有3次以上的抢夺行为,不要求每次抢夺行为都既遂
加重情节	1. 抢夺行为过失致人重伤,属于"其他严重情节",定抢夺罪
	2. 抢夺行为过失致人死亡,属于"其他特别严重情节",定抢夺罪

考点20 盗窃罪

项　目	内　容	
行为模型	将他人占有的财物→以平和手段→转移为自己或第三人占有	
构成要件	1. 盗窃公私财物,数额较大	财物价值在1000元以上3000元以下。有下列情形之一(第2~5种情形),数额较大的标准为500元以上1500元以下
	2. 多次盗窃	2年以内有3次以上的盗窃行为

续表

项　目	内　容	
	3. 入户盗窃	非法进入供他人生活，与外界相对隔离的住所盗窃。这里的“户”与入户抢劫中的“户”含义相同。强调“入”的非法性，即入户目的具有非法性，但不限于盗窃目的。合法入户，在户内临时起意盗窃的，不属于入户盗窃
	4. 携带凶器盗窃	携带枪支、爆炸物、管制刀具等国家禁止个人携带的器械进行盗窃，或者为了实施犯罪而携带其他足以危害人身安全的器械进行盗窃。 (1)可以本人携带，也可以让第三人携带。 (2)不能明示或暗示使用凶器。如果对被害人明示或者暗示使用凶器，则属于以暴力相威胁，构成抢劫罪
	5. 扒窃	在公共场所或者公共交通工具上盗窃他人随身携带的财物。扒窃的财物不限于体积较小的财物，也不要求技术性
犯罪形态	1. 入罪	行为人具有盗窃数额较大财物的目的，并着手实行盗窃行为，如果有取得数额较大财物的可能性，就构成盗窃罪
	2. 既遂	取得数额较大的财物，构成盗窃罪既遂

考点21 诈骗罪

项　目	内　容
行为过程	行为人以非法占有为目的实施欺诈行为→对方产生或者继续维持错误认识→对方基于错误认识处分财物→行为人取得财物→被害人遭受损失
三角诈骗	财产处分人与受害人不是同一人的情况，但被骗人与财产处分人必须是同一人，称三角诈骗，最典型的就是甲找法院“告”乙还钱。 甲是行为人，法院是被骗人和财产处分人，乙是受害人，即只要是三角诈骗一定有“甲”“法院”“乙”三个模块，没有的话就不属于三角诈骗
赌博诈骗	行为人伪装，诱使对方参加赌博，从而不法取得对方财物的行为，参赌者识破骗局要求退还所输钱财，设赌者又使用暴力或者以暴力相威胁，拒绝退还的，应以赌博罪从重处罚，致参赌者重伤或者死亡的，应以赌博罪和故意伤害罪或故意杀人罪，依法实行数罪并罚
无钱饮食、住宿	原本没有支付饮食、住宿费用的意思，而伪装成具有支付费用的意思，欺骗对方，使对方提供饮食、住宿的，如果数额较大，成立诈骗罪

续表

项目	内容
二重买卖	行为人A将自己所有的物品出卖给B之后，又将该物出卖给C，并将此物登记到C的名下，在C善意的场合，由于C获得了财产，不存在财产损失，故A对C不可能成立诈骗罪，由于C并不具有处分B财产的权限，故不能认定A的行为构成以C为受骗者、B为被害人的三角诈骗。但倘若A已经将财物登记到B名下，然后再卖给C，C将对价交付给A，则C存在财产损失，A的行为构成诈骗罪。在C恶意的场合，则C有可能与A构成侵占罪的共犯
诈骗罪与盗窃罪	1. 诈骗罪是指以非法占有为目的，使用欺骗方法，让受骗者产生错误认识，然后基于错误认识处分数额较大财物的行为
	2. 机器不会成为被骗者，所以使用游戏币在售货机上“购买”商品的行为不构成诈骗罪，只能成立盗窃罪
	3. 不具有处分能力的人也是不能成为被骗者的，题目中出现欺骗小孩或者精神病人的话，行为人只能成立盗窃罪
	4. 暗中调包、调虎离山均属于盗窃罪
诈骗罪与侵占罪	行为人出于非法占有目的，欺骗被害人，使其将财物交付给行为人“代为保管”，行为人进而非法占为己有的，应认定为诈骗罪

考点22 窝藏、包庇罪

<table>
<tr><th>项目</th><th colspan="2">内容</th></tr>
<tr><td>主体</td><td colspan="2">已满16周岁的自然人</td></tr>
<tr><td rowspan="2">行为</td><td rowspan="2">窝藏</td><td>为犯罪人提供隐藏处所、财物以及其他帮助其逃匿的行为。以下情形属于窝藏：
(1)为犯罪的人提供房屋或者其他可以用于隐藏的处所的；
(2)为犯罪的人提供车辆、船只、航空器等交通工具，或者提供手机等通信工具的；
(3)为犯罪的人提供金钱的；
(4)其他为犯罪的人提供隐藏处所、财物，帮助其逃匿的情形。
窝藏的本质：直接使犯罪的人的逃离更容易，使犯罪的人难以被发现</td></tr>
<tr><td>常见的还有：
(1)向犯罪的人通报侦查或追捕动静；
(2)向犯罪的人提供化装的用品；
(3)向犯罪的人提供虚假的身份证件等。</td></tr>
</table>

续表

<table>
<tr><th>项　目</th><th colspan="2">内　容</th></tr>
<tr><td rowspan="3"></td><td></td><td>但是，以下情形不是窝藏行为：
（1）犯罪的人想自首而行为人劝诱其不自首；
（2）受逃匿的犯罪的人委托，向犯罪的人的妻子提供财物</td></tr>
<tr><td>包庇</td><td>向公安、司法机关提供虚假证明掩护犯罪的人的行为。以下属于包庇：
（1）故意顶替犯罪的人欺骗司法机关的；
（2）故意向司法机关作虚假陈述或者提供虚假证明，以证明犯罪的人没有实施犯罪行为或者犯罪的人所实施行为不构成犯罪的；
（3）故意向司法机关提供虚假证明，以证明犯罪的人具有法定从轻、减轻、免除处罚情节的；
（4）其他作假证明包庇的行为</td></tr>
<tr><td>提示</td><td>包庇行为只能以作为方式实施</td></tr>
<tr><td rowspan="3">对象</td><td colspan="2">本罪的对象是犯罪的人</td></tr>
<tr><td colspan="2">1. 认定窝藏、包庇罪，以被窝藏、包庇的人的行为构成犯罪为前提。
被窝藏、包庇的人实施的犯罪事实清楚，证据确实、充分，但尚未到案、尚未依法裁判或者因不具有刑事责任能力依法未予追究刑事责任的，不影响窝藏、包庇罪的认定</td></tr>
<tr><td colspan="2">2. 被窝藏、包庇的人归案后被宣告无罪的，应当依照法定程序宣告窝藏、包庇行为人无罪</td></tr>
<tr><td rowspan="2">罪过</td><td colspan="2">本罪的罪过为故意，要求明知是犯罪的人而予以窝藏、包庇</td></tr>
<tr><td colspan="2">事前通谋的，以共同犯罪论处。窝藏、包庇发生在他人犯罪之后，如果事先与他人共谋，事后实施窝藏、包庇行为，构成共同犯罪。例如，甲、乙通谋，由甲抢劫银行，乙门外等待。甲抢到钱后，乙开车载甲逃跑。甲、乙事前有共同抢劫的故意，构成抢劫罪的共同犯罪，对乙不再定窝藏罪</td></tr>
<tr><td>形态</td><td colspan="2">窝藏、包庇罪属于抽象的危险犯。
即使公安、司法机关知道犯罪的人被行为人隐藏在何处，即使公安、司法机关明知行为人提供的是虚假证明，也不妨碍窝藏、包庇罪的成立</td></tr>
<tr><td colspan="3">《刑法》第 362 条规定：“旅馆业、饮食服务业、文化娱乐业、出租汽车业等单位的人员，在公安机关查处卖淫、嫖娼活动时，为违法犯罪分子通风报信，情节严重的，依照本法第三百一十条的规定定罪处罚。”</td></tr>
<tr><td>法律拟制</td><td colspan="2">如果行为人通风报信的是卖淫、嫖娼等违法行为，则该条是法律拟制。因为卖淫、嫖娼者是违法分子，不是犯罪分子，而窝藏罪要求的对象是犯罪分子</td></tr>
<tr><td>注意规定</td><td colspan="2">如果行为人为强迫卖淫、组织卖淫等犯罪分子通风报信，则该条是注意规定</td></tr>
</table>

考点23 掩饰、隐瞒犯罪所得、犯罪所得收益罪

项　目	内　容
定义	掩饰、隐瞒犯罪所得、犯罪所得收益罪是指明知是犯罪所得及其收益，而予以窝藏、转移、代为销售、收购或者以其他方法掩饰、隐瞒的行为
主体	仅限于本犯以外的人。这里的本犯包括上游犯罪的实行犯、教唆犯、帮助犯。本犯实施赃物犯罪，不构成本罪，因为缺乏期待可能性
犯罪所得的范围	1. 虚拟财产能够成为赃物。比如盗窃虚拟游戏币，帮助销赃的行为。 2. 违禁品能够成为赃物。比如盗窃大量的管制刀具，知道真相还予以收购的行为。 3. 人的身体不是赃物。比如收买被拐卖妇女后，得知警察要来解救，帮忙窝藏的行为，不成立本罪，成立非法拘禁罪。 4. 犯罪工具不是赃物。比如行为人骑摩托车抢劫乙的项链，把真相告知丙以后，丙把摩托车给藏起来了，丙的行为不成立本罪，而是帮助毁灭证据罪
参与时间	必须在上游犯罪既遂以后，如果上游犯罪没有既遂，行为人参与进来，则构成上游犯罪承继的共犯
此罪与彼罪	1. 本罪与洗钱罪，窝藏、转移、隐瞒毒品、毒赃罪。 (1)洗钱罪的上游犯罪只有7种(贪金走破黑毒恐)，本罪的行为对象包括所有的犯罪所得及其收益。触犯洗钱罪必然会触犯本罪，洗钱罪是本罪的特殊法条；同理，窝藏、转移、隐瞒毒品、毒赃罪也是本罪的特殊法条。根据法条竞合的处理原则，洗钱罪与窝藏、转移、隐瞒毒品、毒赃罪原应优先适用。 (2)根据司法解释，明知是犯罪所得及其产生的收益而予以掩饰、隐瞒，构成掩饰、隐瞒犯罪所得、犯罪所得收益罪，同时又构成洗钱罪或者窝藏、转移、隐瞒毒品、毒赃罪的，依照处罚较重的规定定罪处罚。 结论：本罪与洗钱罪虽是法条竞合，但应从一重罪处罚；本罪与窝藏、转移、隐瞒毒品、毒赃罪虽是法条竞合，但应从一重罪处罚。 2. 本罪与侵占罪。 (1)侵占基于不法原因委托保管的财物。例如，甲将盗窃的手机交给知情的乙代为销售，乙将销售的赃款据为己有。乙构成掩饰、隐瞒犯罪所得罪，是否还构成侵占罪理论上有争议，多数观点认为，不再定侵占罪。 (2)侵占基于生活原因委托保管的财物。例如，甲将盗窃的手机借给知情的乙使用，乙将手机据为己有，构成侵占罪。这是因为，甲对赃物的占有事实值得刑法保护，明知是赃物而盗窃、诈骗、抢夺、侵占、故意毁坏的，构成相应的财产犯罪。

续表

项　目	内　容
	3. 本罪与诈骗罪。 (1)告知真相的销赃行为。例如,甲将盗窃的手机卖给知情的乙,构成本罪。甲没有欺骗行为,不构成诈骗罪。 (2)隐瞒真相的销赃行为。例如,甲代乙销售盗窃的手机,谎称是自己的手机卖给丙。甲构成本罪,是否还构成诈骗罪理论上有争议,多数观点认为,乙以正常的价格购买了有瑕疵的手机,甲对丙构成诈骗罪。因此,甲的行为同时触犯本罪与诈骗罪,想象竞合,从一重罪处罚

考点24 贪污罪

项　目	内　容
主体	本罪是真正的身份犯,行为主体是国家工作人员
行为	利用职务上的便利+侵吞、窃取、骗取或者以其他手段非法占有公共财物的行为
	1. 利用职务便利。贪污罪的本质是监守自取,这里的"监"就是职务便利,是指利用职务上主管、管理、经营、经手公共财物的权力。 有两种情形: (1)利用本人主管、管理公共财物的职务便利。 (2)利用职务上有隶属关系的其他国家工作人员的职务便利
	2. 取得型财产犯罪:侵吞、窃取、骗取或者其他手段
对象	贪污罪的对象是公共财物,公共财物不仅包括国有财物,也包括其他公共财产
提示	贪污罪=国家工作人员+利用职务便利+取得型财产犯罪+公共财物。 四个环节缺一不可,否则构成普通的财产犯罪
特别从宽	贪污数额较大或者有其他较重情节,在提起公诉前如实供述自己罪行、真诚悔罪、积极退赃,避免、减少损害结果的发生,可以从轻、减轻或者免除处罚。对于贪污数额巨大或者特别巨大的,可以从轻处罚
终身监禁	贪污数额特别巨大或者有其他特别严重情节被判处死刑缓期执行的,人民法院根据犯罪情节等情况可以同时决定在其死刑缓期执行2年期满依法减为无期徒刑后,终身监禁,不得减刑、假释。注意:对怀孕或正在哺乳自己婴儿的妇女,可适用暂予监外执行

考点25 受贿罪

(一)普通受贿罪

<table>
<tr><th colspan="2">项　目</th><th>内　容</th></tr>
<tr><td colspan="2">行为模型</td><td>利用职务便利→将职务行为与财物进行交换→侵犯职务行为的不可收买性</td></tr>
<tr><td colspan="2">主体</td><td>本罪是真正的身份犯,行为主体是国家工作人员</td></tr>
<tr><td rowspan="6">行为</td><td>含义</td><td>利用职务上的便利,索取他人财物或者非法收受他人财物,为他人谋取利益</td></tr>
<tr><td rowspan="2">类型</td><td>1. 索取他人财物(索取型)</td></tr>
<tr><td>2. 非法收受他人财物为他人谋取利益(收受型)。注意:这里的财物就是贿赂</td></tr>
<tr><td>职务</td><td>索取或收受的财物与其职务行为有关,就属于利用职务上的便利</td></tr>
<tr><td>提示</td><td>索取贿赂只需要利用职务上的便利就成立受贿罪,不要求为他人谋取利益</td></tr>
<tr><td>考点</td><td>为他人谋取利益,这里的“利益”既包括正当利益,也包括不正当利益;只要求许诺为他人谋取利益,不要求为他人实现利益</td></tr>
</table>

(二)斡旋受贿

<table>
<tr><th>项　目</th><th>内　容</th></tr>
<tr><td>主体</td><td>国家工作人员,不包括单位</td></tr>
<tr><td>行为</td><td>行为人利用本人职权或者地位形成的便利条件,通过其他国家工作人员职务上的行为,为请托人谋取不正当利益</td></tr>
<tr><td rowspan="2">提示</td><td>1. 不要求行为人积极地利用其职权或地位,只要求基于国家工作人员的立场实施斡旋</td></tr>
<tr><td>2. 不要求其他国家工作人员许诺、答应行为人的请求,更不要求其他国家工作人员为请托人谋取了不正当利益</td></tr>
</table>

(三)利用影响力受贿

项　目	内　容
主体	国家工作人员的近亲属及其关系密切的人
行为	1.通过国家工作人员职务上的行为,为请托人谋取不正当利益,索取、收受贿赂 2.利用国家工作人员职权或者地位形成的便利条件,通过其他国家工作人员职务上的行为,为请托人谋取不正当利益,索取、收受贿赂
提示	成立本罪要求国家工作人员许诺为请托人谋取不正当利益

考点26 滥用职权罪;玩忽职守罪

(一)滥用职权罪

项　目	内　容	
主体	国家机关工作人员	
行为	越权	擅自决定没有具体决定权限的事项
	擅权	随心所欲地对事项作出决定或者处理
	弃权	故意不履行应当履行的职责
	谋私	以权谋私、假公济私,不正确地履行职责
结果	致使公共财产、国家和人民利益遭受重大损失	
罪数	具体的滥用职权犯罪(如徇私枉法罪)与滥用职权罪是特殊法条与一般法条的关系,一个行为同时构成两罪,优先适用特殊法条	

(二)玩忽职守罪

项　目	内　容
主体	国家机关工作人员
行为	严重不负责任,不履行职责或者不正确履行职责
结果	致使公共财产、国家和人民利益遭受重大损失
罪数	本章具体的玩忽职守犯罪(如失职致使在押人员脱逃罪)与玩忽职守罪是特殊法条与一般法条的关系,一个行为同时构成两罪,优先适用特殊法条

考点27 徇私枉法罪

<table>
<tr><th>项　目</th><th colspan="2">内　容</th></tr>
<tr><td>主体</td><td colspan="2">司法工作人员。这是指有侦查、检察、审判、监管职责的工作人员</td></tr>
<tr><td rowspan="5">行为</td><td>含义</td><td>无罪定有罪、有罪判无罪;重罪轻判、轻罪重判</td></tr>
<tr><td rowspan="3">类型</td><td>1. 明知是无罪的人而使他受追诉</td></tr>
<tr><td>2. 明知是有罪的人而故意包庇不使他受追诉</td></tr>
<tr><td>3. 在刑事审判活动中故意违背事实和法律,作出枉法判决、裁定</td></tr>
<tr><td>提示</td><td>这里的“刑事审判活动”包括刑事附带民事诉讼中的民事部分</td></tr>
<tr><td>处罚</td><td colspan="2">司法工作人员收受贿赂,有上述三种行为的,同时又构成受贿罪的,依照处罚较重的规定定罪处罚,不需要数罪并罚</td></tr>
<tr><td>罪数</td><td colspan="2">1. 本罪与帮助毁灭、伪造证据罪。
(1)本罪的主体是具体承办案件的司法工作人员。未具体承办案件的司法工作人员,帮助当事人毁灭、伪造证据的,构成帮助毁灭、伪造证据罪。
(2)具体承办案件的司法工作人员通过毁灭、伪造证据的方法实施枉法行为的,同时触犯了徇私枉法罪与帮助毁灭、伪造证据罪。但由于只有一个行为,应从一重罪(徇私枉法罪)论处。
2. 本罪与受贿罪。司法工作人员先收受贿赂,又徇私枉法等的,才能从一重罪论处。(2023 年刑法案例考查)</td></tr>
</table>

三、刑事诉讼法

考点28 认罪认罚从宽制度

项目		内容
基本原则		犯罪嫌疑人、被告人自愿如实供述自己的罪行，承认指控的犯罪事实，愿意接受处罚的，可以依法从宽处理
		认罪：犯罪嫌疑人、被告人自愿如实供述自己的罪行，对指控的犯罪事实没有异议
		认罚：犯罪嫌疑人、被告人真诚悔罪，愿意接受处罚。认罚，在侦查阶段表现为表示愿意接受处罚；在审查起诉阶段表现为接受人民检察院拟作出的起诉或不起诉决定，认可人民检察院的量刑建议，签署认罪认罚具结书；在审判阶段表现为当庭确认自愿签署具结书，愿意接受刑罚处罚
		从宽：既包括实体法上的从宽，也包括程序上的从宽
不同阶段认罪认罚的处理	1. 侦查阶段	（1）对移送审查起诉的案件，公安机关应当在起诉意见书中写明犯罪嫌疑人自愿认罪认罚情况。认为案件符合速裁程序适用条件的，可以在起诉意见书中建议人民检察院适用速裁程序办理，并简要说明理由
		（2）犯罪嫌疑人自愿如实供述涉嫌犯罪的事实，有重大立功或者案件涉及国家重大利益的，经最高人民检察院核准，公安机关可以撤销案件
	2. 审查起诉阶段	（1）起诉： ①犯罪嫌疑人认罪认罚的，人民检察院应当就主刑、附加刑、是否适用缓刑等提出量刑建议。量刑建议一般应当为确定刑。对新类型、不常见犯罪案件，量刑情节复杂的重罪案件等，也可以提出幅度刑量刑建议。 ②犯罪嫌疑人认罪认罚，人民检察院经审查，认为符合速裁程序适用条件的，提起公诉时，可以建议人民法院适用速裁程序审理
		（2）不起诉： ①自愿认罪认罚，且符合酌定不起诉条件的，可以作出不起诉决定。 ②犯罪嫌疑人自愿如实供述涉嫌犯罪的事实，有重大立功或者案件涉及国家重大利益的，经最高人民检察院核准，人民检察院可以作出不起诉决定，也可以对涉嫌数罪中的一项或者多项不起诉
	3. 审判阶段	人民法院一般应当对被告人从轻处罚；符合非监禁刑适用条件的，应当适用非监禁刑；具有法定减轻处罚情节的，可以减轻处罚

续表

项　目	内　容
被害方异议	1. 听取意见：办理认罪认罚案件，应当听取被害人及其诉讼代理人的意见，并将被追诉人是否与被害方达成和解协议、调解协议或赔偿被害方损失、取得被害方谅解，作为从宽处罚的重要考虑因素。公安机关、检察院听取意见情况应当记录在案并随案移送。 2. 被害方异议的处理： （1）被害人及其诉讼代理人不同意对认罪认罚的被追诉人从宽处理的，不影响认罪认罚从宽制度的适用。 （2）被追诉人认罪认罚，但没有退赃退赔、赔偿损失，未能与被害方达成调解或和解协议的，从宽时应当予以酌减。 （3）被追诉人自愿认罪并且愿意积极赔偿损失，但由于被害方赔偿请求明显不合理，未能达成调解或和解协议的，一般不影响对犯罪嫌疑人、被告人从宽处理
反悔认罪认罚的处理	1. 不起诉后反悔：因犯罪嫌疑人认罪认罚，检察院作出酌定不起诉决定后，犯罪嫌疑人否认指控的犯罪事实或不积极履行赔礼道歉、退赃退赔、赔偿损失等义务，检察院应当进行审查，区分下列情形依法作出处理： （1）发现犯罪嫌疑人没有犯罪事实，或符合《刑事诉讼法》第 16 条规定的情形之一的，应当撤销原不起诉决定，重新作出不起诉决定。 （2）认为犯罪嫌疑人仍属于犯罪情节轻微，依照《刑法》规定不需要判处刑罚或免除刑罚的，可以维持原不起诉决定。 （3）排除认罪认罚因素后，符合起诉条件的，应当根据案件具体情况撤销原不起诉决定，提起公诉。 2. 起诉前反悔：犯罪嫌疑人认罪认罚，签署认罪认罚具结书，在检察院提起公诉前反悔的，具结书失效，检察院应当在全面审查事实证据的基础上，依法提起公诉。 3. 审判阶段反悔。案件审理过程中，被告人反悔，不再认罪认罚的，法院应当根据审理查明的事实作出裁判

考点29 管辖

（一）检察院立案管辖

项　目	内　容
立案范围	1. 司法工作人员利用职权实施 2. 14类罪名： (1)非法拘禁罪；(2)非法搜查罪；(3)刑讯逼供罪；(4)暴力取证罪；(5)虐待被监管人罪；(6)滥用职权罪；(7)玩忽职守罪；(8)徇私枉法罪；(9)民事、行政枉法裁判罪；(10)执行判决、裁定失职罪；(11)执行判决、裁定滥用职权罪；(12)私放在押人员罪；(13)失职致使在押人员脱逃罪；(14)徇私舞弊减刑、假释、暂予监外执行罪
经批准才可管辖的情形	1. 对于公安机关管辖的国家机关工作人员利用职权实施的重大犯罪案件，需要由人民检察院直接受理的时候，经省级以上人民检察院决定，可以由人民检察院立案侦查 2. 省级人民检察院可以决定由设区的市级人民检察院立案侦查，也可以自行立案侦查

（二）监察委员会管辖范围

项　目	内　容
性质	监察机关是国家的反腐败机关，主要对国家工作人员的职务犯罪进行管辖
范围	监察机关力求实现“公职人员全覆盖”，因此我们可以根据行为人的身份来判断案件是否属于监察机关的管辖范围。常见的由监察机关管辖的罪名主要有贪污罪、受贿罪、利用影响力受贿罪、挪用公款罪、滥用职权罪、玩忽职守罪、巨额财产来源不明罪等

（三）管辖权竞合

项　目	内　容
全案由监察委员会管辖	全案由监察委员会管辖更为适宜的，检察院应当撤销案件，将案件和相应职务犯罪线索一并移送监察委员会
分别管辖	由监察委员会和检察院分别管辖更为适宜的，检察院应当将监察委员会管辖的相应职务犯罪线索移送监察委员会，对依法由检察院管辖的犯罪案件继续侦查

续表

项目	内容
注意： (1)检察院应当及时将沟通情况报告上一级检察院，沟通期间，检察院不得停止对案件的侦查； (2)监察委员会和检察院分别管辖的案件，调查（侦查）终结前，检察院应当就移送审查起诉有关事宜与监察委员会加强沟通，协调一致，由检察院依法对全案审查起诉	

（四）级别管辖

项目	内容
最高人民法院	全国性的重大刑事案件
高级人民法院	全省（自治区、直辖市）性的重大刑事案件
中级人民法院	1. 危害国家安全、恐怖活动案件
	2. 可能判处无期徒刑、死刑的案件
	3. 犯罪嫌疑人、被告人逃匿、死亡案件违法所得的没收程序
	4. 缺席审判案件
基层人民法院	除上级人民法院管辖以外的案件

考点30 法律援助辩护

项目	内容	
援助主体	律师	
法律援助阶段	侦查、审查起诉、审判	
通知法律援助	1. 应当通知的法定情形	(1)视力、听力、言语残疾人
		(2)未成年人
		(3)不能完全辨认自己行为的成年人
		(4)申请法律援助的死刑复核案件被告人
		(5)可能被判处无期徒刑、死刑的人
		(6)缺席审判案件的被告人
	2. 法援机构指派	法援机构收到通知后3日以内应当指派律师，并将律师的姓名、单位、联系方式书面通知法院、检察院、公安机关

续表

项　目	内　容
指派辩护与委托辩护并存的处理	对法律援助机构指派律师为被告人提供辩护，被告人的监护人、近亲属又代为委托辩护人的，应当听取被告人的意见，由其确定辩护人人选

考点31　值班律师制度

项　目	内　容
派驻地点	看守所、法院、检察院等地方
适用条件	犯罪嫌疑人、被告人没有委托辩护人且法律援助机构未指派律师为其辩护
职责	为犯罪嫌疑人、被告人提供必要的、最低限度的法律帮助
与辩护人的区别	1. 值班律师无出庭资格（值班律师不得出庭）； 2. 值班律师无调查取证权； 3. 值班律师不得带律师助理
适用阶段	值班律师可以适用于所有案件的所有诉讼阶段
值班律师依法提供以下法律帮助	1. 提供法律咨询； 2. 提供程序选择建议； 3. 帮助犯罪嫌疑人、被告人申请变更强制措施； 4. 对案件处理提出意见； 5. 帮助犯罪嫌疑人、被告人及其近亲属申请法律援助； 6. 法律法规规定的其他事项
值班律师在认罪认罚案件中，还应当提供以下法律帮助	1. 向犯罪嫌疑人、被告人释明认罪认罚的性质和法律规定； 2. 对人民检察院指控罪名、量刑建议、诉讼程序适用等事项提出意见； 3. 犯罪嫌疑人签署认罪认罚具结书时在场。 值班律师办理案件时，可以应犯罪嫌疑人、被告人的约见进行会见，也可以经办案机关允许主动会见；自人民检察院对案件审查起诉之日起可以查阅案卷材料、了解案情
值班律师可衔接不同阶段	对于被羁押的犯罪嫌疑人、被告人，在不同诉讼阶段，可以由派驻看守所的同一值班律师提供法律帮助。对于未被羁押的犯罪嫌疑人、被告人，前一诉讼阶段的值班律师可以在后续诉讼阶段继续为犯罪嫌疑人、被告人提供法律帮助

考点32 辩护人的诉讼权利

<table>
<tr><th>比较项目</th><th>辩护律师</th><th>非律师辩护人</th></tr>
<tr><td rowspan="2">阅卷权</td><td>1. 自人民检察院对案件审查起诉之日起，可以查阅、摘抄、复制本案的案卷材料。案卷材料包括案件的诉讼文书和证据材料</td><td rowspan="2">需经许可</td></tr>
<tr><td>2. 合议庭、审判委员会的讨论记录以及其他依法不公开的材料不得查阅、摘抄、复制</td></tr>
<tr><td rowspan="5">会见通信权</td><td>1. 辩护律师凭“三证”即可要求会见：律师执业证书、律师事务所证明和委托书或者法律援助公函</td><td rowspan="5">需经许可</td></tr>
<tr><td>2. 看守所应当在48小时内安排会见</td></tr>
<tr><td>3. 以下两类案件，在侦查阶段会见在押或被监视居住的犯罪嫌疑人，仍须经侦查机关的许可：危害国家安全犯罪、恐怖活动犯罪。
公安机关对危害国家安全犯罪案件、恐怖活动犯罪案件，除有碍侦查或者可能泄露国家秘密的情形外，应当作出许可的决定</td></tr>
<tr><td>4. 自案件移送审查起诉之日起，可以向犯罪嫌疑人、被告人核实有关证据</td></tr>
<tr><td>5. 辩护律师会见犯罪嫌疑人、被告人时不被监听</td></tr>
<tr><td rowspan="4">调查取证权</td><td>1. 向证人或者有关单位和个人取证，须经证人或者单位及个人同意</td><td rowspan="4">无此权利</td></tr>
<tr><td>2. 向被害人、被害人近亲属及其提供的证人取证：须经检察院、法院许可，且经被害人、被害人近亲属及其提供的证人本人同意（《刑事诉讼法》第43条）</td></tr>
<tr><td>3. 申请检察院、法院调取证据材料。法院认为确有收集、调取必要，且不宜或者不能由辩护律师收集、调取的，应当同意。法院收集、调取证据材料时，辩护律师可以在场（不得向律师签发准许调查决定书，应当自己取证）</td></tr>
<tr><td>4. 辩护人认为在侦查、审查起诉期间公安机关、检察院收集的证明犯罪嫌疑人、被告人无罪或者罪轻的证据材料未提交的，有权申请检察院、法院调取有关证据</td></tr>
<tr><td colspan="3">律师担任辩护人、诉讼代理人，经法院准许，可以带一名助理参加庭审。律师助理参加庭审的，可以从事辅助工作，但不得发表辩护、代理意见</td></tr>
</table>

考点33 证据的种类及排除规则

种　类	如何排除	排除规则
物证、书证	应当排除	1. 原物的照片、录像或者复制品,不能反映原物的外形和特征的,不能作为定案的根据
		2. 书证有更改或者更改迹象不能作出合理解释的,书证的副本、复制件不能反映书证原件及其内容的,不能作为定案的根据
		3. 经勘验、检查、搜查提取、扣押的物证、书证,未附有勘验、检查笔录,搜查笔录,提取笔录,扣押清单,不能证明物证、书证来源的,不能作为定案的根据
证人证言	应当排除	1. 以暴力、威胁、非法限制人身自由等非法手段取得的证人证言,不能作为定案的根据
		2. 处于明显醉酒、麻醉品中毒或者精神药物麻醉状态,以致不能正确表达的证人所提供的证言,不能作为定案的根据
		3. 证人的猜测性、评论性、推断性的证言,不能作为证据使用,但根据一般生活经验判断符合事实的除外
		4. 询问证人没有个别进行而取得的证言
		5. 没有经证人核对确认的书面证言
		6. 询问聋、哑人或者不通晓当地通用语言、文字的证人,应当提供通晓聋、哑手势的人员或者翻译人员而未提供的
犯罪嫌疑人、被告人供述	直接排除	1. 采用刑讯逼供等非法方法收集的犯罪嫌疑人、被告人供述
		2. 采用冻、饿、晒、烤、疲劳审讯等非法方法收集的被告人供述,应当排除
		3. 除情况紧急必须现场讯问以外,在规定的办案场所外讯问取得的供述,应当排除
		4. 未依法对讯问进行全程录音录像取得的供述(应当全程录音录像的案件:无期、死刑及职务犯罪案件)
		5. 采用暴力或者严重损害本人及其近亲属合法权益等进行威胁的方法,使犯罪嫌疑人、被告人遭受难以忍受的痛苦而违背意愿作出的供述
		6. 采用非法拘禁等非法限制人身自由的方法收集的犯罪嫌疑人、被告人供述

续表

种　类	如何排除	排除规则
		7. 采用刑讯逼供方法使犯罪嫌疑人、被告人作出供述，之后犯罪嫌疑人、被告人受该刑讯逼供行为影响而作出的与该供述相同的重复性供述，应当一并排除，但下列情形除外： （1）侦查期间，根据控告、举报或者自己发现等，侦查机关确认或者不能排除以非法方法收集证据而更换侦查人员，其他侦查人员再次讯问时告知有关权利和认罪的法律后果，犯罪嫌疑人自愿供述的；（换人） （2）审查逮捕、审查起诉和审判期间，检察人员、审判人员讯问时告知诉讼权利和认罪的法律后果，犯罪嫌疑人、被告人自愿供述的（换阶段）
		8. 讯问笔录没有经被告人核对确认并签名（盖章）、捺指印的
		9. 讯问聋、哑人或者不通晓当地通用语言、文字的人员时，应当提供通晓聋、哑手势的人员或者翻译人员而未提供的
鉴定意见	直接排除	1. 有违法之处就排除
		2. 经法院通知，鉴定人拒不出庭作证的，其鉴定意见不得作为定案根据
辨认笔录	直接排除	1. 辨认不是在侦查人员主持下进行的
		2. 辨认前使辨认人见到辨认对象的
		3. 辨认人的辨认活动没有个别进行的
		4. 辨认对象没有混杂在具有类似特征的其他对象中，或者供辨认的对象数量不符合规定的；尸体、场所等特定辨认对象除外
		5. 辨认中给辨认人明显暗示或者明显有指认嫌疑的
侦查实验笔录	直接排除	侦查实验的条件与事件发生时的条件有明显差异，或者存在影响实验结论科学性的其他情形的
视听资料、电子数据	直接排除	1. 电子数据系篡改、伪造或者无法确定真伪的
		2. 电子数据有增加、删除、修改等情形，影响电子数据真实性的
		3. 其他无法保证电子数据真实性的情形

考点34 非法证据排除程序

项目	内容		
启动	1. 依申请	(1)申请的主体	当事人及其辩护人、诉讼代理人
		(2)申请人提出证据	申请排除以非法方法收集的证据的,应当提供相关线索或者材料(指涉嫌非法取证的人员、时间、地点、方式、内容等)
		(3)申请时间	应当在开庭审理前提出,但在庭审期间才发现相关线索或者材料的除外
	2. 依职权	法庭审理过程中,审判人员认为可能存在以非法方法收集证据情形的,应当对证据收集的合法性进行法庭调查	
调查	1. 调查时间	庭审期间,法庭决定对证据收集的合法性进行调查的,应当先行当庭调查。但为防止庭审过分迟延,也可以在法庭调查结束前进行调查	
	2. 举证责任	检察院应当对证据收集的合法性加以证明,辩方不承担举证责任	
	3. 证明方式	公诉人对证据收集的合法性加以证明,可以出示讯问笔录、提讯登记、体检记录、采取强制措施或者侦查措施的法律文书、侦查终结前对讯问合法性的核查材料等证据材料,有针对性地播放讯问录音录像,提请法庭通知侦查人员或者其他人员出庭说明情况	
结果	经审理,确认或不能排除存在以非法方法收集证据情形的,对有关证据应当予以排除		

考点35 不起诉总结

类型	内容
法定不起诉	《刑事诉讼法》第177条第1款规定:“犯罪嫌疑人没有犯罪事实,或者有本法第十六条规定的情形之一的,人民检察院应当作出不起诉决定。” 《刑事诉讼法》第16条规定,有下列情形之一的,不追究刑事责任,已经追究的,应当撤销案件,或者不起诉,或者终止审理,或者宣告无罪:

续表

类　型	内　容
	(1)情节显著轻微、危害不大,不认为是犯罪的; (2)犯罪已过追诉时效期限的; (3)经特赦令免除刑罚的; (4)依照《刑法》告诉才处理的犯罪,没有告诉或者撤回告诉的; (5)犯罪嫌疑人、被告人死亡的; (6)其他法律规定免予追究刑事责任的
酌定不起诉	《人民检察院刑事诉讼规则》第370条规定,人民检察院对于犯罪情节轻微,依照《刑法》规定不需要判处刑罚或者免除刑罚的,经检察长批准,可以作出不起诉决定
证据不足不起诉/存疑不起诉	《人民检察院刑事诉讼规则》第346条规定,退回监察机关补充调查、退回公安机关补充侦查的案件,均应当在1个月以内补充调查、补充侦查完毕。补充调查、补充侦查以2次为限。补充调查、补充侦查完毕移送起诉后,人民检察院重新计算审查起诉期限。人民检察院负责捕诉的部门退回本院负责侦查的部门补充侦查的期限、次数按照本条第1款至第3款的规定执行
	《人民检察院刑事诉讼规则》第367条规定,人民检察院对于2次退回补充调查或者补充侦查的案件,仍然认为证据不足,不符合起诉条件的,经检察长批准,依法作出不起诉决定。 人民检察院对于经过一次退回补充调查或者补充侦查的案件,认为证据不足,不符合起诉条件,且没有再次退回补充调查或者补充侦查必要的,经检察长批准,可以作出不起诉决定
附条件不起诉	《刑事诉讼法》第282条第1款规定,对于未成年人涉嫌《刑法》分则第四章、第五章、第六章规定的犯罪,可能判处1年有期徒刑以下刑罚,符合起诉条件,但有悔罪表现的,人民检察院可以作出附条件不起诉的决定。人民检察院在作出附条件不起诉的决定以前,应当听取公安机关、被害人的意见
认罪认罚不起诉	《刑事诉讼法》第182条规定,犯罪嫌疑人自愿如实供述涉嫌犯罪的事实,有重大立功或者案件涉及国家重大利益的,经最高人民检察院核准,公安机关可以撤销案件,人民检察院可以作出不起诉决定,也可以对涉嫌数罪中的一项或者多项不起诉。 根据前款规定不起诉或者撤销案件的,人民检察院、公安机关应当及时对查封、扣押、冻结的财物及其孳息作出处理

考点36 羁押必要性审查

<table>
<tr><th>类 型</th><th colspan="2">内 容</th></tr>
<tr><td>羁押必要性审查的启动</td><td colspan="2">1. 依职权：人民检察院在办案过程中可以依职权主动进行羁押必要性审查。
2. 依申请：犯罪嫌疑人、被告人及其法定代理人、近亲属或者辩护人可以申请人民检察院进行羁押必要性审查。申请时应当说明不需要继续羁押的理由，有相关证据或者其他材料的，应当提供。
3. 依建议：看守所根据在押人员身体状况，可以建议人民检察院进行羁押必要性审查</td></tr>
<tr><td rowspan="2">审查主体</td><td>1. 负责羁押必要性审查的主体为检察院负责捕诉的部门</td><td>(1)负责捕诉的部门依法对侦查和审判阶段的羁押必要性进行审查。经审查认为不需要继续羁押的，应当建议公安机关或者人民法院释放犯罪嫌疑人、被告人或者变更强制措施。
(2)审查起诉阶段，负责捕诉的部门经审查认为不需要继续羁押的，应当直接释放犯罪嫌疑人或者变更强制措施</td></tr>
<tr><td>2. 其他部门应该及时移送申请或材料</td><td>(1)负责刑事执行检察的部门收到有关材料或者发现不需要继续羁押的，应当及时将有关材料和意见移送负责捕诉的部门。
(2)办案机关对应的同级人民检察院负责控告申诉检察的部门或者负责案件管理的部门收到羁押必要性审查申请后，应当在当日移送该院负责捕诉的部门</td></tr>
<tr><td>羁押必要性审查方式</td><td colspan="2">1. 审查犯罪嫌疑人、被告人不需要继续羁押的理由和证明材料；
2. 听取犯罪嫌疑人、被告人及其法定代理人、辩护人的意见；
3. 听取被害人及其法定代理人、诉讼代理人的意见，了解是否达成和解协议；
4. 听取办案机关的意见；
5. 调查核实犯罪嫌疑人、被告人的身体健康状况；
6. 需要采取的其他方式</td></tr>
<tr><td>羁押必要性审查结果</td><td colspan="2">1. 应当建议：人民检察院发现犯罪嫌疑人、被告人具有下列情形之一的，应当向办案机关提出释放或者变更强制措施的建议：
(1)案件证据发生重大变化，没有证据证明有犯罪事实或者犯罪行为系犯罪嫌疑人、被告人所为的；
(2)案件事实或者情节发生变化，犯罪嫌疑人、被告人可能被判处拘役、管制、独立适用附加刑、免予刑事处罚或者判决无罪的；
(3)继续羁押犯罪嫌疑人、被告人，羁押期限将超过依法可能判处的刑期的；
(4)案件事实基本查清，证据已经收集固定，符合取保候审或者监视居住条件的</td></tr>
</table>

续表

类　型	内　容
羁押必要性审查结果	2. 可以建议：人民检察院发现犯罪嫌疑人、被告人具有下列情形之一，且具有悔罪表现，不予羁押不致发生社会危险性的，可以向办案机关提出释放或者变更强制措施的建议： (1)预备犯或者中止犯； (2)共同犯罪中的从犯或者胁从犯； (3)过失犯罪的； (4)防卫过当或者避险过当的； (5)主观恶性较小的初犯； (6)系未成年人或者已满75周岁的人； (7)与被害方依法自愿达成和解协议，且已经履行或者提供担保的； (8)认罪认罚的； (9)患有严重疾病、生活不能自理的； (10)怀孕或者正在哺乳自己婴儿的妇女； (11)系生活不能自理的人的唯一扶养人； (12)可能被判处一年以下有期徒刑或者宣告缓刑的； (13)其他不需要继续羁押的情形

考点37 上诉不加刑原则

项　目	内　容
适用情形	1. 原判认定的罪数不当的，可以改变罪数，并调整刑罚，但不得加重决定执行的刑罚或者对刑罚执行产生不利影响
	2. 原判对被告人宣告缓刑的，不得撤销缓刑或者延长缓刑考验期
	3. 原判没有宣告职业禁止、禁止令的，不得增加宣告；原判宣告职业禁止、禁止令的，不得增加内容、延长期限
	4. 原判对被告人判处死刑缓期执行没有限制减刑、决定终身监禁的，不得限制减刑、决定终身监禁
	5. 原判事实清楚，证据确实、充分，只是认定罪名不当的，可以改变罪名，但不得加重刑罚或者对刑罚执行产生不利影响
	6. 同案审理的案件，只有部分被告人上诉的，既不得加重上诉人的刑罚，也不得加重其他同案被告人的刑罚

续表

项　目	内　容
发回重审中的不加刑	1. 被告人或者其法定代理人、辩护人、近亲属提出上诉，检察院未提出抗诉的案件，第二审法院发回重新审判后，除有新的犯罪事实且检察院补充起诉的以外，原审法院不得加重被告人的刑罚
	2. 对上述规定的案件，原审法院对上诉发回重新审判的案件依法作出判决后，检察院抗诉的，第二审法院不得改判为重于原审法院第一次判处的刑罚
刑罚不当的处理	原判判处的刑罚不当、应当适用附加刑而没有适用的，不得直接加重刑罚、适用附加刑。原判判处的刑罚畸轻，必须依法改判的，应当在第二审判决、裁定生效后，依照审判监督程序重新审判

考点38 二审审理的结果

项　目	内　容	
维持原判裁定	1. 一审裁判没有错误，二审维持原判	
	2. 一审量刑过轻，但受上诉不加刑原则的限制，维持原判	
改判判决	1. 应当改判	原判决认定事实没有错误，但适用法律有错误或者量刑不当的，应当改判
	2. 可以改判	原判决事实不清楚或者证据不足的，可以在查清事实后改判
发回重审裁定	1. 可以发回	原判决事实不清楚或者证据不足的，可以裁定撤销原判，发回原审人民法院重新审判（只能发回一次）
	2. 应当发回	《刑事诉讼法》第238条规定，第二审人民法院发现第一审人民法院的审理有下列违反法律规定的诉讼程序的情形之一的，应当裁定撤销原判，发回原审人民法院重新审判： （1）违反本法有关公开审判的规定的； （2）违反回避制度的； （3）剥夺或者限制了当事人的法定诉讼权利，可能影响公正审判的； （4）审判组织的组成不合法的； （5）其他违反法律规定的诉讼程序，可能影响公正审判的

考点39 死刑立即执行案件的复核程序

项目	内容	
核准权	最高院核准	
报请复核的程序	1. 一审案件	中院：在上诉、抗诉期满后10日内报请高院复核。高院同意的，应在作出裁定后10日内报请最高院核准；不同意的，应依第二审程序提审或发回重新审判
		高院：应当在上诉、抗诉期满后10日内报请最高院核准
	2. 二审案件	中级法院判处死刑的第一审案件，高院裁定维持的，应在作出裁定后10日内报请最高院核准
复核程序	1. 应当讯问被告人	
	2. 辩护律师提出要求的，应当听取辩护律师的意见	
	3. 向最高人民检察院通报死刑复核结果	
复核结果	1. 核准	都正确。存在瑕疵纠正后核准
	2. 裁定不予核准，并撤销原判，发回重审	原则上任何一个环节出问题全都适用撤销原判、发回重审： (1)原判事实不清、证据不足的。 (2)复核期间出现新的影响定罪量刑的事实、证据的。 (3)原判认定事实正确、证据充分，但依法不应当判处死刑的。 (4)原审违反法定诉讼程序，可能影响公正审判的
	3. 改判	原判认定事实正确、证据充分，但依法不应当判处死刑的，必要时，也可以依法改判
发回重审的处理程序	1. 最高院直接发回	(1)最高院裁定不予核准的，根据案件情况，可以发回第二审法院或第一审法院重新审判
		(2)第一审法院重新审判的，应当开庭审理
		(3)第二审法院重新审判的，可以直接改判；必须通过开庭查清事实、核实证据或纠正原审程序违法的，应当开庭审理
	2. 高院二次发回	高院依复核程序审理后报请最高院核准，最高院裁定不予核准，发回高院重审的，高院可依照第二审程序提审或发回重审
	3. 另组合议庭例外	复核期间出现新事实、证据，发回重审的
		原判认定事实正确、证据充分，但依法不应当判处死刑，发回重审的

考点40 审判监督程序启动

主 体	内 容	
法院	1. 本院院长+审判委员会	各级人民法院院长对本院已经发生法律效力的判决和裁定,如果发现在认定事实上或在适用法律上确有错误,必须提交审判委员会处理——决定本院来审
	2. 最高院、上级法院	最高人民法院对各级法院已经发生法律效力的判决和裁定,上级法院对下级法院已经发生法律效力的判决和裁定,如果发现确有错误,有权提审或者指令下级法院再审
		注意:上级法院指令下级法院再审的,一般应当指令原审法院以外的下级法院审理;由原审法院审理更有利于查明案件事实、纠正裁判错误的,可以指令原审法院审理
检察院	最高人民检察院对各级人民法院已经发生法律效力的判决和裁定,上级人民检察院对下级法院已经发生法律效力的判决和裁定,如果发现确有错误,有权按照审判监督程序向同级人民法院提起抗诉	

考点41 未成年人刑事案件诉讼程序

项 目	内 容
特有原则和制度	1. 对犯罪的未成年人实行教育、感化、挽救的方针,坚持教育为主、惩罚为辅的原则
	2.《刑事诉讼法》第280条第2款规定,对被拘留、逮捕和执行刑罚的未成年人与成年人应当分别关押、分别管理、分别教育
	3. 审判的时候被告人不满18周岁的案件,不公开审理(不是犯罪时不满18周岁)
	4.《刑事诉讼法》第286条第1款规定,犯罪的时候不满18周岁,被判处5年有期徒刑以下刑罚的,应当对相关犯罪记录予以封存

续表

项目	内容	
程序特点	1. 特殊讯问规则	《刑事诉讼法》第 281 条规定，对于未成年人刑事案件，在讯问和审判的时候，应当通知未成年犯罪嫌疑人、被告人的法定代理人到场。无法通知、法定代理人不能到场或者法定代理人是共犯的，也可以通知未成年犯罪嫌疑人、被告人的其他成年亲属，所在学校、单位、居住地基层组织或者未成年人保护组织的代表到场，并将有关情况记录在案。到场的法定代理人可以代为行使未成年犯罪嫌疑人、被告人的诉讼权利。 到场的法定代理人或者其他人员认为办案人员在讯问、审判中侵犯未成年人合法权益的，可以提出意见。讯问笔录、法庭笔录应当交给到场的法定代理人或者其他人员阅读或者向他宣读。 讯问女性未成年犯罪嫌疑人，应当有女工作人员在场。 审判未成年人刑事案件，未成年被告人最后陈述后，其法定代理人可以进行补充陈述。 询问未成年被害人、证人，适用第 1 款、第 2 款、第 3 款的规定
	2. 逮捕程序	《刑事诉讼法》第 280 条第 1 款规定，对未成年犯罪嫌疑人、被告人应当严格限制适用逮捕措施。人民检察院审查批准逮捕和人民法院决定逮捕，应当讯问未成年犯罪嫌疑人、被告人，听取辩护律师的意见
附条件不起诉	1. 适用情形	未成年人涉嫌《刑法》分则第四章、第五章、第六章规定的犯罪，可能判 1 年有期徒刑以下刑罚，符合起诉条件，但有悔罪表现的，检察院可以作出附条件不起诉的决定 （检察院在作出附条件不起诉的决定以前，应当听取公安机关、被害人的意见，并制作笔录附卷）
	2. 对附条件不起诉的制约	（1）对附条件不起诉的决定，公安机关可以提出复议和复核
		（2）被害人对检察院对未成年犯罪嫌疑人作出的附条件不起诉的决定和考验期满的不起诉的决定，可以向上一级检察院申诉，不可以向法院起诉
		（3）未成年犯罪嫌疑人及其法定代理人对检察院决定附条件不起诉有异议的，检察院应当作出起诉的决定
犯罪记录封存	检察院封存	（1）人民检察院对未成年犯罪嫌疑人作出不起诉决定后，应当对相关记录予以封存。此处的不起诉不包含附条件不起诉。 （2）上下级检察院都应封存记录。生效判决、裁定由第二审人民法院作出的，同级人民检察院依照规定封存犯罪记录时，应当通知下级人民检察院对相关犯罪记录予以封存

续表

项　目	内　容	
犯罪记录封存	法院封存	(1)封存条件:犯罪时不满 18 周岁,被判处 5 年有期徒刑以下刑罚以及免予刑事处罚的未成年人的犯罪记录,应当封存。 (2)应当保密:犯罪记录被封存的,不得向任何单位和个人提供,但司法机关为办案需要或者有关单位根据国家规定进行查询的除外。依法进行查询的单位,应当对被封存的犯罪记录的情况予以保密。 (3)不得旁听:对依法公开审理,但可能需要封存犯罪记录的案件,不得组织人员旁听;有旁听人员的,应当告知其不得传播案件信息

考点42 缺席审判程序

项　目	内　容
适用范围	1.《刑事诉讼法》第 291 条第 1 款规定,对于贪污贿赂犯罪案件,以及需要及时进行审判,经最高人民检察院核准的严重危害国家安全犯罪、恐怖活动犯罪案件,犯罪嫌疑人、被告人在境外,监察机关、公安机关移送起诉,人民检察院认为犯罪事实已经查清,证据确实、充分,依法应当追究刑事责任的,可以向人民法院提起公诉。人民法院进行审查后,对于起诉书中有明确的指控犯罪事实,符合缺席审判程序适用条件的,应当决定开庭审判
	2. 因被告人患有严重疾病无法出庭,中止审理超过 6 个月,被告人仍无法出庭,被告人及其法定代理人、近亲属申请或者同意恢复审理的,人民法院可以在被告人不出庭的情况下缺席审理,依法作出判决
	3. 被告人死亡的,人民法院应当裁定终止审理,但有证据证明被告人无罪,人民法院经缺席审理确认无罪的,应当依法作出判决
	4. 人民法院按照审判监督程序重新审判的案件,被告人死亡的,人民法院可以缺席审理,依法作出判决
管辖法院	由犯罪地、被告人离境前居住地或者最高人民法院指定的中级人民法院组成合议庭进行审理
上诉权	人民法院应当将判决书送达被告人及其近亲属、辩护人。被告人或者其近亲属不服判决的,有权向上一级人民法院上诉。辩护人经被告人或者其近亲属同意,可以提出上诉
	注意:人民检察院也有救济权,即人民检察院认为人民法院的判决确有错误的,应当向上一级人民法院提出抗诉

续表

项　目	内　容
重新审判	在审理过程中，被告人自动投案或者被抓获的，人民法院应当重新审理
	罪犯在判决、裁定发生法律效力后到案的，人民法院应当将罪犯交付执行刑罚。交付执行刑罚前，人民法院应当告知罪犯有权对判决、裁定提出异议。罪犯对判决、裁定提出异议的，人民法院应当重新审理

考点43　当事人和解的公诉案件诉讼程序

项　目	内　容
适用案件范围	《刑事诉讼法》第288条规定："下列公诉案件，犯罪嫌疑人、被告人真诚悔罪，通过向被害人赔偿损失、赔礼道歉等方式获得被害人谅解，被害人自愿和解的，双方当事人可以和解：（一）因民间纠纷引起，涉嫌刑法分则第四章、第五章规定的犯罪案件，可能判处三年有期徒刑以下刑罚的；（二）除渎职犯罪以外的可能判处七年有期徒刑以下刑罚的过失犯罪案件。犯罪嫌疑人、被告人在五年以内曾经故意犯罪的，不适用本章规定的程序。"
和解主体	最高人民法院《关于适用〈中华人民共和国刑事诉讼法〉的解释》（以下简称《刑诉解释》）第588条规定："符合刑事诉讼法第二百八十八条规定的公诉案件，被害人死亡的，其近亲属可以与被告人和解。近亲属有多人的，达成和解协议，应当经处于最先继承顺序的所有近亲属同意。被害人系无行为能力或者限制行为能力人的，其法定代理人、近亲属可以代为和解。"
	《刑诉解释》第589条规定，被告人的近亲属经被告人同意，可以代为和解。 被告人系限制行为能力人的，其法定代理人可以代为和解。 被告人的法定代理人、近亲属依照前两款规定代为和解的，和解协议约定的赔礼道歉等事项，应当由被告人本人履行
不同阶段达成和解协议的处理	1. 和解适用于侦查、起诉与审判三个阶段
	2. 达成和解协议的案件，公安、司法机关的处理方式不同。 《刑事诉讼法》第290条规定，对于达成和解协议的案件，公安机关可以向人民检察院提出从宽处理的建议。人民检察院可以向人民法院提出从宽处罚的建议；对于犯罪情节轻微，不需要判处刑罚的，可以作出不起诉的决定。人民法院可以依法对被告人从宽处罚。 《刑诉解释》第596条规定，对达成和解协议的案件，人民法院应当对被告人从轻处罚；符合非监禁刑适用条件的，应当适用非监禁刑；判处法定最低刑仍然过重的，可以减轻处罚；综合全案认为犯罪情节轻微不需要判处刑罚的，可以免予刑事处罚。 共同犯罪案件，部分被告人与被害人达成和解协议的，可以依法对该部分被告人从宽处罚，但应当注意全案的量刑平衡

考点44 犯罪嫌疑人、被告人逃匿、死亡案件违法所得的没收程序

<table>
<tr><th>项 目</th><th colspan="2">内 容</th></tr>
<tr><td>案件范围</td><td colspan="2">依照《刑法》规定应当追缴违法所得及其他涉案财产,且符合下列情形之一的,检察院可以向法院提出没收违法所得的申请:
(1)犯罪嫌疑人、被告人实施了贪污贿赂犯罪、恐怖活动犯罪等重大犯罪后逃匿,在通缉1年后不能到案的。
(2)犯罪嫌疑人、被告人死亡的</td></tr>
<tr><td>申请程序</td><td colspan="2">公安机关认为有上述规定情形的,应当写出没收违法所得意见书,移送人民检察院。人民检察院可以向人民法院提出没收违法所得的申请</td></tr>
<tr><td rowspan="3">法院的受理程序</td><td colspan="2">1.管辖法院:由犯罪地或者犯罪嫌疑人、被告人居住地的中级人民法院组成合议庭进行审理</td></tr>
<tr><td colspan="2">2.法院的公告:法院应当发出公告。公告期间为6个月</td></tr>
<tr><td colspan="2">3.利害关系人申请参加诉讼:犯罪嫌疑人、被告人的近亲属和其他利害关系人有权申请参加诉讼,也可以委托诉讼代理人参加诉讼。利害关系人申请参加诉讼的,应当在公告期间内提出</td></tr>
<tr><td>救济</td><td colspan="2">对于法院作出的裁定,犯罪嫌疑人、被告人的近亲属和其他利害关系人或者检察院可以在5日内提出上诉、抗诉</td></tr>
<tr><td rowspan="3">犯罪嫌疑人、被告人到案的处理</td><td>1.审理过程中到案的</td><td>在审理过程中,在逃的犯罪嫌疑人、被告人自动投案或者被抓获的,人民法院应当终止审理。人民检察院向原受理申请的人民法院提起公诉的,可以由同一审判组织审理</td></tr>
<tr><td>2.裁定生效后到案的</td><td>没收违法所得裁定生效后,犯罪嫌疑人、被告人到案并对没收裁定提出异议,人民检察院向原作出裁定的人民法院提起公诉的,可以由同一审判组织审理。法院经审理,应当按照下列情形分别处理:
(1)原裁定正确的,予以维持,不再对涉案财产作出判决;
(2)原裁定确有错误的,应当撤销原裁定,并在判决中对有关涉案财产一并作出处理</td></tr>
<tr><td colspan="2">注意:法院生效的没收裁定确有错误的,除前种情形外,应当依照审判监督程序予以纠正</td></tr>
</table>

四、民　　法

考点45 意思表示

项　目	内　容	
生效时间	有相对人	以对话方式作出的意思表示,相对人知道其内容时生效
		以非对话方式作出的意思表示,到达相对人时生效
	无相对人	表示完成时生效,如抛弃权利的行为
	公告方式作出	公告发布时生效
解释规则	有相对人的意思表示的解释:外观主义,即按照所使用的词句,结合相关条款、行为的性质和目的、习惯以及诚信原则,确定意思表示的含义	
	无相对人的意思表示的解释:意思主义,即不能完全拘泥于所使用的词句,而应当结合相关条款、行为的性质和目的、习惯以及诚信原则,确定行为人的真实意思	

考点46 效力待定的民事法律行为

项　目	内　容	
限制民事行为能力人	1. 法定代理人追认权	追认权为形成权,可单方决定是追认还是拒绝: (1)追认的意思表示自到达相对人时生效,合同自订立时生效; (2)代理人已经开始履行合同义务的,视为对合同的追认
	2. 相对人催告权和撤销权	(1)催告权:无论相对人是恶意还是善意,均可催告法定代理人自收到通知之日起30日内予以追认。法定代理人未作表示的,视为拒绝追认; (2)撤销权:民事法律行为被追认前,善意相对人可通知撤销
狭义无权代理	无权代理实施的民事法律行为效力待定;表见代理有效	
无权处分	无权处分不影响合同效力	

考点 47 可撤销的民事法律行为

项　目	内　容
类型	欺诈、胁迫、重大误解、显失公平
效力	可撤销的民事法律行为，撤销前有效；但一经撤销，自始无效
欺诈	1. 一方或第三人（基于欺诈的双重故意）故意告知虚假情况、故意隐瞒真实事实，其中双重故意指使被欺诈方陷入错误判断的故意 + 使被欺诈方基于错误判断而为意思表示的故意
	2. 对方因此陷入或维持错误认识，即欺诈与错误认识之间存在因果关系
	3. 对方因错误认识作出不真实的意思表示，即错误认识与作出不真实的意思表示之间存在因果关系
	4. 欺骗具有不正当性（注意：不要求发生被骗人损害的结果）
胁迫	1. 一方或第三人（基于胁迫的双重故意）故意预告实施危害，即胁迫可能来自相对人或第三人，只要符合构成要件，均可撤销
	2. 受胁迫方因此陷入恐惧，即胁迫与恐惧之间存在因果关系
	3. 受胁迫方因恐惧作出意思表示，即恐惧与意思表示的作出之间具有因果关系
显失公平	1. 乘人之危，显失公平：主、客观双重要件
	2. 显失公平发生在民事法律行为成立时，区别于情势变更（合同履行中）

考点 48 狭义无权代理与表见代理

项　目	内　容	
狭义无权代理	1. 被代理人有追认权，追认权为形成权，可单方决定是追认还是拒绝	（1）被代理人追认权的行使可向交易相对方提出，也可向无权代理人提出
		（2）追认的意思表示自到达相对人时生效，合同自订立时生效，即追认的表示具有溯及力，追认后，无权代理的行为自始有效
		（3）被代理人已经开始履行合同义务或者接受相对人履行的，视为对合同的追认

续表

<table>
<tr><th>项　目</th><th colspan="2">内　容</th></tr>
<tr><td rowspan="3"></td><td rowspan="2">2. 相对人有</td><td>（1）催告权：无论相对人是恶意还是善意，均可催告被代理人自收到通知之日起 30 日内予以追认。被代理人未作表示的，视为拒绝追认</td></tr>
<tr><td>（2）撤销权：民事法律行为被追认前，善意相对人可通知撤销</td></tr>
<tr><td colspan="2">3. 被代理人不追认，善意相对人可请求无权代理人自负其责，赔偿范围不超过被代理人追认时相对人所能获得的利益；恶意相对人，则由相对人和行为人按照各自过错承担责任</td></tr>
<tr><td>表见代理</td><td colspan="2">构成要件：无权代理 + 代理权外观 + 相对人善意且无过失地相信</td></tr>
</table>

考点49 物权的保护

<table>
<tr><th>类　型</th><th colspan="2">内　容</th></tr>
<tr><td rowspan="2">请求确认物权</td><td colspan="2">因物权的归属、内容发生争议的，利害关系人可以请求确认权利</td></tr>
<tr><td colspan="2">不动产物权归属的确认依据是不动产登记簿，具有推定效力。有相反证据予以佐证的情形下，还应当根据案件的具体情况予以认定不动产的权属</td></tr>
<tr><td rowspan="5">请求返还原物</td><td colspan="2">被请求人无权占有不动产或者动产的，权利人可以请求返还原物</td></tr>
<tr><td rowspan="4">适用条件</td><td>原物必须存在，若原物已灭失，仅能请求赔偿损失</td></tr>
<tr><td>权利人必须是具有占有权能的物权人，不包括担保物权人</td></tr>
<tr><td>被请求人必须是现时的无权占有人，可以是直接占有，也可以是间接占有，但不能是占有辅助人</td></tr>
<tr><td>被请求人是非法占有人，即占有财产没有法律上的依据，不考虑善恶</td></tr>
<tr><td rowspan="5">请求排除妨害</td><td colspan="2">妨害物权或者可能妨害物权的，权利人可以请求排除妨害或者消除危险</td></tr>
<tr><td rowspan="4">适用条件</td><td>请求权人必须是物权人，包括抵押权人</td></tr>
<tr><td>被请求人系对妨害的除去具有支配力的人</td></tr>
<tr><td>妨害具有不法性或者超越了正常的容忍限度</td></tr>
<tr><td>提出请求之时，妨害仍在持续中</td></tr>
<tr><td rowspan="4">请求消除危险</td><td rowspan="4">适用条件</td><td>请求权人必须是物权人，包括抵押权人</td></tr>
<tr><td>被请求人为对危险的除去具有支配力的人</td></tr>
<tr><td>物权的行使具有受到妨害的现实危险</td></tr>
<tr><td>提出请求之时，危险仍现实存在</td></tr>
</table>

续表

类型	内容
总结	1. 请求确认物权、返还原物、排除妨害、消除危险均属于物权的保护方法，赔偿损失属于债权的保护方法
	2. 除未登记动产物权的原物返还请求权以外，物权请求权不适用诉讼时效

考点50 不动产物权变动

（一）基本原则

项目	内容	
不动产物权变动	法律行为有效＋有权处分＋登记	
房地一体	1. 建筑物转让、互换、出资或者赠与的，占用范围内的建设用地使用权一并处分	
	2. 建设用地使用权转让、互换、出资或者赠与的，附着的建筑物一并处分	
例外	土地承包经营权设立＝法律行为有效＋处分权	无须设立登记，仍可对抗第三人
	土地承包经营权互换、转让＝有效法律行为＋处分权	未经登记不得对抗善意第三人
	地役权设立＝有效法律行为＋处分权	

（二）登记类型

类型	内容
异议登记	1. 利害关系人可申请异议登记，无须登记人同意
	2. 异议登记期间不动产登记簿记载的权利人并未丧失处分权，让与他人的合同有效，办理登记的，发生物权变动的效力
	3. 异议成立时的效力：阻却第三人善意取得
	4. 失效：(1)登记机构予以异议登记的，申请人自异议登记之日起15日内不起诉的，异议登记失效；(2)异议登记失效后不影响真实权利人针对物权归属的起诉权和胜诉权

续表

类型	内容
预告登记	当事人签订买卖房屋的协议或者签订其他不动产物权的协议时，为保障将来实现物权，按照约定可以向登记机构申请预告登记。预告登记后，未经预告登记的权利人同意，处分该不动产的，不发生物权效力。 预告登记后，债权消灭或者自能够进行不动产登记之日起90日内未申请登记的，预告登记失效

（三）登记效力

项目	内容
登记对抗	1. 以动产抵押的，抵押权自抵押合同生效时设立；未经登记，不得对抗善意第三人
	2. 船舶、航空器和机动车等的物权的设立、变更、转让和消灭，未经登记，不得对抗善意第三人
	3. 地役权自地役权合同生效时设立；未经登记，不得对抗善意第三人
	4. 土地承包经营权互换或转让未经登记的，不得对抗善意第三人
	5. 流转期限为5年以上的土地经营权，自流转合同生效时设立。当事人可以向登记机构申请土地经营权登记；未经登记，不得对抗善意第三人
	6. 出卖人对标的物保留的所有权，未经登记，不得对抗善意第三人
登记生效	1. 不动产所有权变动
	2. 不动产抵押权、建设用地使用权抵押权变动
	3. 有价证券、基金份额、股权、知识产权中的财产权出质，现有的以及将有的应收账款出质
登记处分	非基于法律行为取得的物权，未经登记，处分不发生物权效力

考点51 特殊动产物权变动

项目	内容
善意第三人	船舶、航空器和机动车等的物权的设立、变更、转让和消灭，未经登记，不得对抗善意第三人
三要件	1. 交通工具买卖合同生效，产生债权债务关系

续表

<table>
<tr><th>项 目</th><th>内 容</th></tr>
<tr><td rowspan="2"></td><td>2. 交付完成,交通工具所有权发生转移,即物权变动。
注意:物权自交付时发生变动,是否办理过户登记仅是发生对抗效力的要件。当事人只办理登记而未交付的,无法取得特殊动产所有权</td></tr>
<tr><td>3. 交通工具登记,则赋予变动的物权对抗第三人的效力</td></tr>
<tr><td colspan="2">最高人民法院《关于适用〈中华人民共和国民法典〉物权编的解释(一)》第 6 条规定,转让人转让船舶、航空器和机动车等所有权,受让人已经支付合理价款并取得占有,虽未经登记,但转让人的债权人主张其为《民法典》第 225 条所称的“善意第三人”的,不予支持,法律另有规定的除外</td></tr>
</table>

考点 52 非基于法律行为的物权变动

<table>
<tr><th>项 目</th><th>内 容</th></tr>
<tr><td rowspan="2">因生效文书发生物权变动</td><td>规则:自法律文书或者人民政府的征收决定等生效时发生效力</td></tr>
<tr><td>导致物权变动的“文书”包括:
1. 人民法院、仲裁机构的法律文书或者人民政府的征收决定等。
2. 人民法院在执行程序中作出的拍卖成交裁定书、以物抵债裁定书。
注意:拍卖机构作出的拍卖成交裁定或当事人自行达成的以物抵债协议不能直接发生物权变动。
3. 行使离婚请求权形成的分割财产的生效判决。
甲、乙离婚,法院判房子归老婆,但仍登记在老公名下,则老公卖房是无权处分,老婆卖房是有权处分。
4. 依据可撤销合同中的撤销权产生的生效判决</td></tr>
<tr><td rowspan="2">因继承取得物权</td><td>规则:适用于法定继承、遗嘱继承,被继承人死亡时,继承人取得所有权或他物权,无须登记、交付</td></tr>
<tr><td>1. 自然人的死亡时间,以死亡证明记载的时间为准。没有死亡证明的,以户籍登记或其他有效身份登记记载的时间为准。
2. 被宣告死亡的人,人民法院宣告死亡的判决作出之日视为其死亡的日期;因意外事件下落不明宣告死亡的,意外事件发生之日视为其死亡的日期。
3. 法定继承中,若继承人 2 个及以上,则在继承开始后遗产分割前,共同共有。
4. 遗嘱继承取得房屋为继受取得,非原始取得。甲通过遗嘱继承其兄 1 间房屋,为继受取得</td></tr>
<tr><td rowspan="2">特别规定</td><td>1. 因上述情形发生物权变动,当事人物权受到侵害时,有权行使物权请求权</td></tr>
<tr><td>2. 当事人办理登记之前处分不动产物权的,不发生物权效力</td></tr>
</table>

考点53 善意取得

<table>
<tr><th>类型</th><th colspan="4">内容</th></tr>
<tr><td rowspan="12">不动产</td><td rowspan="5">1. 不动产登记簿出现权属登记错误(权利外观)</td><td rowspan="3">按份共有或共同共有的不动产登记在一个或者部分共有人的名下</td><td>登记人以自己的名义</td><td>可能适用善意取得</td></tr>
<tr><td>登记人以自己和共有人的名义</td><td>无权代理,不适用善意取得</td></tr>
<tr><td>非登记人以自己的名义</td><td>无权利外观,不适用善意取得</td></tr>
<tr><td colspan="3">因履行无效合同产生的登记错误</td></tr>
<tr><td colspan="3">已经通过《民法典》第229～231条取得不动产所有权,但尚未办理宣示登记,登记名义人以自己的名义无权处分的</td></tr>
<tr><td colspan="4">2. 不动产的登记名义人以自己的名义对该不动产无权处分</td></tr>
<tr><td rowspan="4">3. 受让人受让时善意</td><td colspan="3">善意判断:不知道转让人无处分权;无重大过失</td></tr>
<tr><td colspan="3">注意:不动产登记中存在有效的“异议登记或预告登记”等信息的,即可认定受让人不构成善意</td></tr>
<tr><td colspan="3">善意时间节点:依法完成不动产物权转移登记时</td></tr>
<tr><td colspan="3">善意的证明规则:真实权利人举证证明第三人不善意</td></tr>
<tr><td colspan="4">4. 转让人须以合理的价格转让</td></tr>
<tr><td colspan="4">5. 须已经为受让人办理完毕不动产过户登记</td></tr>
<tr><td rowspan="7">动产</td><td colspan="4">1. 占有委托物,排除:脱离物;货币、无记名有价证券;禁止流通物</td></tr>
<tr><td colspan="4">2. 动产(直接或者间接)占有人以自己的名义对该动产无权处分</td></tr>
<tr><td rowspan="3">3. 受让人受让时善意</td><td colspan="3">善意判断:不知道转让人无处分权;无重大过失</td></tr>
<tr><td colspan="3">善意时间节点:交付动产时</td></tr>
<tr><td colspan="3">善意的证明规则:真实权利人举证证明第三人不善意</td></tr>
<tr><td colspan="4">4. 转让人须以合理的价格转让(同不动产)</td></tr>
<tr><td colspan="4">5. 转让人与受让人完成动产交付,包括现实交付、指示交易、简易交付,不含占有改定</td></tr>
</table>

续表

类型	内容	
担保物权善意取得	抵押权	构成要件:占有委托物、动产占有人以自己的名义对该动产实施无权处分、受让人受让时为善意
		注意: 1. 抵押权的善意取得不以"转让人须以合理的价格转让"为构成要件; 2. 动产抵押权的善意取得不以"转让人与受让人完成动产交付"为构成要件→价值判断:动产抵押中,抵押合同成立生效时抵押权设立; 3. 不动产抵押的善意取得仍以完成抵押登记为构成要件
	质权	构成要件:占有委托物、动产占有人以自己的名义对该动产实施无权处分、受让人受让时为善意、转让人与受让人完成动产交付(包括现实交付、指示交易、简易交付,不含占有改定)
		注意:质权的善意取得不以"转让人须以合理的价格转让"为构成要件

考点54 担保物权

项目	内容	
定义	担保物权人在债务人不履行到期债务或者发生当事人约定的实现担保物权的情形,依法享有就担保财产优先受偿的权利,但法律另有规定的除外	
特征	从属性	成立上的从属性:以债权存在为前提
		内容和范围上的从属性:担保范围≤主债权
		效力上的从属性:主合同无效,担保合同无效。 担保人对主合同无效没有过错的,不承担缔约过失责任;担保人对主合同无效有过错的,承担缔约过失责任,而非担保责任,但不应超过债务人不能清偿部分的1/3。 思考:主合同解除的,对担保合同有何效果
		转移上的从属性:担保物权随同债权转让给受让人
		消灭上的从属性:主债权消灭的,担保物权随之消灭
	优先受偿性	优于普通债权受偿
	物上代位性	担保期间,担保财产毁损、灭失或者被征收等,担保物权人可以就获得的保险金、赔偿金或者补偿金等优先受偿。被担保债权的履行期限未届满的,也可以提存该保险金、赔偿金或者补偿金等

续表

项 目	内 容	
	不可分性	债权的部分变化和担保物的部分变化均不影响担保物权的整体性,即使担保物被分割或转让,或被担保的债权得到部分清偿或被转让,担保物权人仍可对担保物的全部行使权利以担保全部债权的受偿
消灭	1. 主债权消灭	
	2. 担保物权实现	
	3. 债权人放弃担保物权	
	4. 法律规定担保物权消灭的其他情形	

考点55 借新还旧的担保物权

项 目	内 容
适用条件	1. 主合同当事人协议以新贷偿还旧贷,债权人请求旧贷的担保人承担担保责任的,人民法院不予支持。 2. 债权人请求新贷的担保人承担担保责任的,按照下列情形处理: (1)新贷与旧贷的担保人相同的,人民法院应予支持; (2)新贷与旧贷的担保人不同,或者旧贷无担保新贷有担保的,人民法院不予支持,但是债权人有证据证明新贷的担保人提供担保时对以新贷偿还旧贷的事实知道或者应当知道的除外。 3. 主合同当事人协议以新贷偿还旧贷,旧贷的物的担保人在登记尚未注销的情形下同意继续为新贷提供担保,在订立新的贷款合同前又以该担保财产为其他债权人设立担保物权,其他债权人主张其担保物权顺位优先于新贷债权人的,人民法院不予支持
法律后果	1. 旧贷因清偿而消灭,为旧贷设立的担保也随之消灭。 2. 对新贷设立的担保是否有效,由于新贷还旧贷,会对新贷的担保人不公平,所以在新贷还旧贷的情况下,原则上不能要求新贷的担保人承担担保责任,除非新贷和旧贷的担保人是一个人,或者新贷担保人明知有新贷还旧贷,依然愿意担保

考点56 抵押权的设立、登记与效力

项目	内容	
设立	合同有效+有权处分+登记/交付	
登记生效	1. 建筑物和其他土地附着物	
	2. 建设用地使用权	
	3. 正在建造的建筑物、船舶、航空器	
登记对抗	1. 以动产抵押的，抵押权自抵押合同生效时设立；未经登记，不得对抗善意第三人	
	2. 以动产抵押的，不得对抗正常经营活动中已经支付合理价款并取得抵押财产的买受人	
效力范围	所担保的债权范围，包括主债权及其利息、违约金、损害赔偿金、实现抵押权的费用	
	建筑物、建设用地使用权	1. 以建筑物抵押的，该建筑物占用范围内的建设用地使用权一并抵押
		2. 以建设用地使用权抵押的，该土地上的建筑物一并抵押
		3. 前述一并抵押的，同时办理抵押登记
		4. 前述未一并抵押的，未抵押的财产视为一并抵押
		5. 建设用地使用权抵押后，该土地上新增的建筑物不属于抵押财产。该建设用地使用权实现抵押权时，应当将该土地上新增的建筑物与建设用地使用权一并处分，但新增建筑物所得的价款，抵押权人无权优先受偿
抵押权人的主要权利	优先受偿权	为担保债务的履行，债务人或者第三人不转移财产的占有，将该财产抵押给债权人的，债务人不履行到期债务或者发生当事人约定的实现抵押权的情形，抵押权人可以与抵押人协议以抵押财产折价或者以拍卖、变卖该抵押财产所得的价款优先受偿
	物上代位权	担保期间，担保财产毁损、灭失或者被征收等，担保物权人可以就获得的保险金、赔偿金或者补偿金等优先受偿

续表

项　目	内　容	
抵押人的主要权利	抵押人以自己的财产进行抵押的，具有占有、使用、收益的权利	
	处分权	《民法典》第 406 条规定，抵押期间，抵押人可以转让抵押财产。当事人另有约定的，按照其约定。抵押财产转让的，抵押权不受影响。 抵押人转让抵押财产的，应当及时通知抵押权人。抵押权人能够证明抵押财产转让可能损害抵押权的，可以请求抵押人将转让所得的价款向抵押权人提前清偿债务或者提存。转让的价款超过债权数额的部分归抵押人所有，不足部分由债务人清偿
		最高人民法院《关于适用〈中华人民共和国民法典〉有关担保制度的解释》（以下简称《担保制度解释》）第 43 条规定，当事人约定禁止或者限制转让抵押财产但是未将约定登记，抵押人违反约定转让抵押财产，抵押权人请求确认转让合同无效的，人民法院不予支持；抵押财产已经交付或者登记，抵押权人请求确认转让不发生物权效力的，人民法院不予支持，但是抵押权人有证据证明受让人知道的除外；抵押权人请求抵押人承担违约责任的，人民法院依法予以支持。 当事人约定禁止或者限制转让抵押财产且已经将约定登记，抵押人违反约定转让抵押财产，抵押权人请求确认转让合同无效的，人民法院不予支持；抵押财产已经交付或者登记，抵押权人主张转让不发生物权效力的，人民法院应予支持，但是因受让人代替债务人清偿债务导致抵押权消灭的除外
注意	行使期间：主债权诉讼时效之内，未行使的，抵押权灭失	

考点 57　动产浮动抵押权

项　目	内　容
主体	企业、个体工商户、农业生产经营者
客体	现有的以及将有的生产设备、原材料、半成品、产品
注意	1. 抵押权自抵押合同生效时设立
	2. 即使登记，也不得对抗正常经营活动中已支付合理价款并取得抵押财产的买受人
	3. 抵押期间，抵押人处分抵押财产无须经过抵押权人同意

续表

项 目	内 容
动产超级抵押权	动产抵押担保的主债权是抵押物的价款,标的物交付后10日内办理抵押登记的,该抵押权人优先于抵押物买受人的其他担保物权人受偿,但是留置权人除外。例如,甲向乙银行借款,并为乙银行办理了动产浮动抵押。后甲又向丙银行借款买新的设备,设备交付后10日内为丙银行办理了抵押。 问:就该新设备,乙丙抵押权的优先顺序? 答:丙的动产超级抵押权(依据《民法典》第416条规定)优先于乙的动产浮动抵押权。故本条的目的是满足企业融资的需要,案例中丙若无动产超级抵押权的,可能不会放款给甲

考点58 担保物权的行使

项 目	内 容
留置权、抵押权、质权并存	1. 留置权成立后,若动产的所有人以自己的名义再设立质权、抵押权,则先成立的留置权 > 后设立的质权、抵押权
	2. 留置权成立后,若留置权人以自己的名义设立质权、抵押权(经留置物所有人同意),则后设立的质权、抵押权 > 先成立的留置权
同一财产上并存数个抵押权	1. 均已登记的,按照登记时间的先后顺序判断优先性
	2. 已登记的先于未登记的
	3. 均未登记,按照债权比例清偿
混合担保	清偿顺序:有约定的按约定,没有约定,有自物保的,自物保优先
动产超级优先权	动产抵押担保的主债权是抵押物的价款,标的物交付后10日内办理抵押登记的,该抵押权人优先于抵押物买受人的其他担保物权人受偿,但是留置权人除外

考点59 合同相对性

项 目	内 容
定义	依法成立的合同,仅对当事人具有法律约束力,但是法律另有规定的除外

续表

项目	内容		
典型类型	向第三人履行	当事人约定由债务人向第三人履行债务，债务人未向第三人履行债务或者履行债务不符合约定的，应当向债权人承担违约责任。 法律规定或者当事人约定第三人可以直接请求债务人向其履行债务，第三人未在合理期限内明确拒绝，债务人未向第三人履行债务或者履行债务不符合约定的，第三人可以请求债务人承担违约责任；债务人对债权人的抗辩，可以向第三人主张	
	由第三人履行	当事人约定由第三人向债权人履行债务，第三人不履行债务或者履行债务不符合约定的，债务人应当向债权人承担违约责任	
	第三人依法代债务人履行债务	债务人不履行债务，第三人对履行该债务具有合法利益的，第三人有权向债权人代为履行	
例外	纯正的利益第三人合同突破了违约责任的相对性	1. 构成要件	(1)基于有效的合同，合同债务人对合同债权人负担合同义务； (2)合同债务人与合同债权人约定，合同债务人向第三人履行合同债务； (3)依照法律的规定或者按照合同债权人与合同债务人的约定，第三人对合同债务人“享有履行请求权”； (4)第三人未放弃该履行请求权(“第三人未在合理期限内明确拒绝”)
		2. 具体特点	(1)第三人不仅享有受领权能，还对债务人享有履行请求权，因此，合同债务人未按约向第三人履行合同债务或者履行不适当，第三人有权请求合同债务人对第三人承担违约责任(当然合同债权人也有权请求合同债务人承担违约责任)。 (2)第三人拒绝受领的，债权人有权请求债务人向自己履行(但债务人已经依法提存的除外)；因第三人拒绝受领或者受领迟延给债务人造成损失的，债务人有权请求债权人承担损害赔偿责任。 (3)第三人请求合同债务人履行合同债务时，合同债务人对合同债权人享有的抗辩，可以向第三人主张。 (4)基于该合同的解除权、撤销权，只能由合同当事人(合同债权人与债务人)享有并行使，第三人不能享有。 (5)债务人向第三人履行后，该合同被依法撤销或者解除的，原则上，债务人只能请求债权人承担返还责任，而不得请求第三人承担返还责任(理由：第一，第三人仅享有权利而不负担义务；第二，给付型不当得利原则上，仅给付关系当事人之间成立不当得利之债)

考点60 双务合同中的履行抗辩权

项 目	内 容
同时履行抗辩权的成立要件	1. 当事人就同一双务合同互负对待给付义务
	2. 双方互负债务均已届清偿期且双方债务没有先后履行顺序
	3. 对方的对待给付是可能履行的
	4. 对方未履行债务或履行债务不符合约定(一方当事人不履行从给付义务或附随义务,另一方不得行使同时履行抗辩权。仅在从给付义务的履行影响合同目的的实现时,产生同时履行抗辩权)
先履行抗辩权的成立要件	1. 当事人就同一双务合同互负对待给付义务
	2. 双方债务有先后履行顺序
	3. 当事人之间的债务均已届清偿期
	4. 应先履行的一方未履行债务或履行债务不符合约定
	5. 对方的债务可能履行
不安抗辩权的成立要件	1. 当事人就同一双务合同互负对待给付义务
	2. 双方明确约定或者法律规定债务有先后履行顺序
	3. 主张不安抗辩权的一方应先履行债务且其债务已届清偿期
	4. 应当先履行债务的当事人,有确切证据证明对方有下列情形之一的,可以中止履行:(1)经营状况严重恶化;(2)转移财产、抽逃资金,以逃避债务;(3)丧失商业信誉;(4)有丧失或者可能丧失履行债务能力的其他情形。 当事人没有确切证据中止履行的,应承担违约责任
不安抗辩权的行使及效力	1. 中止履行,应当及时通知对方
	2. 对方提供适当担保的,应当恢复履行。中止履行后,对方在合理期限内未恢复履行能力且未提供适当担保的,视为以自己的行为表明不履行主要债,中止履行的一方可以解除合同并可以请求对方承担违约责任

考点 61 债权人代位权与债权人撤销权

项目	内容	
债权人代位权	规定	因债务人怠于行使其债权或者与该债权有关的从权利，影响债权人的到期债权实现的，债权人可以向人民法院请求以自己的名义代位行使债务人对相对人的权利
	构成要件	1. 债权：原则上债权人对债务人、债务人对相对人的权利均合法且到期
		2. 存在与该债权有关的从权利，如担保物权、主张保证人承担保证责任等
		3. 相对人包括次债务人、抵押人、质押人、保证人等
		4. 怠于：债务人未对次债务人起诉或申请仲裁
		5. 影响债权人的到期债权实现
		6. 若债务人与次债务人合同中有仲裁条款，亦不妨碍债权人以起诉方式行使代位权
		7. 代位权只能通过诉讼来行使，不能通过仲裁等方式来行使
	诉讼	1. 原告债权人，被告次债务人，可追加债务人为第三人
		2. 管辖：被告（次债务人）住所地法院
		3. 诉讼费用由败诉的次债务人承担；必要费用由债务人承担
债权人撤销权	构成要件	1. 债权人对债务人的债权合法有效（无须到期）
		2. 债务人实施的财产行为影响债权人债权的实现： （1）无偿行为：债务人放弃其债权、放弃债权担保、无偿转让财产、恶意延长其到期债权的履行期限等。 （2）有偿行为（要求债务人的相对人知道或应当知道该情形，但并未要求双方恶意串通损害债权人利益）：债务人以明显不合理的低价转让财产、以明显不合理的高价受让他人财产或为他人的债务提供担保，即卖低于 70%，买高于 130%
		注意：债务人是在负担债务之后实施的财产行为，不包括之前
	期间	债权人知道或应当知道撤销事由之日起 1 年内，自债务人的行为发生之日起 5 年内

续表

项目	内容	
债权人撤销权	诉讼	1. 原告是债权人、被告是债务人、可追加受益人或受让方为第三人
		2. 债务人影响债权人的债权实现的行为被撤销的，该行为自始没有法律约束力，第三人需要返还不当处分财产的，向债务人返还
		3. 行使撤销权的必要费用如律师代理费、差旅费等，由债务人负担，第三人有过错的，应当适当分担

考点62 合同的成立与缔约过失责任

项目	内容	
合同成立中主要条款认定规则	1. 当事人对合同是否成立存在争议，人民法院能够确定当事人姓名或者名称、标的和数量的，一般应当认定合同成立； 2. 能够认定合同已经成立的，对合同欠缺的内容，人民法院应当依据《民法典》第510条、第511条等规定予以确定； 3. 当事人主张合同无效或者请求撤销、解除合同等，人民法院认为合同不成立的，应当依据最高人民法院《关于民事诉讼证据的若干规定》第53条的规定将合同是否成立作为焦点问题进行审理，并可以根据案件的具体情况重新指定举证期限	
缔约过失	1. 概念	当事人为了订立合同而接触或者磋商时，虽然合同尚未成立，当事人已然进入一种特别结合关系，表现为一方的行为会对对方的利益产生影响，根据诚实信用原则，任何一方当事人均负有协助、照顾、保护、忠实、通知、保密等先合同义务。若任何一方基于过错（故意或过失）违反先合同义务，给对方造成合理的信赖利益损失或（和）固有利益损失，成立缔约过失责任，应承担赔偿对方遭受的合理的信赖利益损失或（和）固有利益损失的责任。这一责任，称为"缔约过失责任"
	2. 构成要件	（1）合同成立之前，双方为了缔结合同而接触或磋商，要约已生效，进入一种比较特别的结合关系（这是时间界限，同时也是主体界限，原则上，缔约过失责任只能在磋商当事人之间成立）； （2）一方因故意或过失违反基于诚实信用原则所生的告知、照顾、保护、通知、协助、保密忠实等先合同义务； （3）给对方造成合理的信赖利益损失或者（以及）人身、财产等固有利益的损失。"合理的信赖利益损失"包括：①合理的缔约费用及利息；②为准备履行合同所支出的合理费用及利息；③丧失与第三人订立合同的机会所遭受的损失； （4）违反先合同义务的行为与合理的信赖利益损失、固有利益损失之间具有因果关系

考点63 合同的法定解除权

类　型		享有解除权主体
一般情形	不可抗力:因不可抗力致使不能实现合同目的	双方当事人
	以持续履行的债务为内容的不定期合同,当事人在合理期限之前通知对方后可以随时解除合同,如不定期租赁合同	
	预期违约:履行期限届满之前,当事人一方明确表示或以自己的行为表明不履行主要债务	非违约方
	迟延履行:当事人迟延履行主要债务,经催告后在合理期限内仍未履行	
	根本违约:当事人迟延履行债务或有其他违约行为致使不能实现合同目的	
其他情形	【非金钱债务实际履行责任及违约责任】《民法典》第580条规定,当事人一方不履行非金钱债务或者履行非金钱债务不符合约定的,对方可以请求履行,但是有下列情形之一的除外: 1. 法律上或者事实上不能履行; 2. 债务的标的不适于强制履行或者履行费用过高; 3. 债权人在合理期限内未请求履行。 有前款规定的除外情形之一,致使不能实现合同目的的,人民法院或者仲裁机构可以根据当事人的请求终止合同权利义务关系,但是不影响违约责任的承担	双方当事人

考点 64 合同解除的程序

项目	内容	
解除权的行使	行权方式	约定解除权或法定解除权产生后，并不当然解除合同，须经解除权人行权： 1. 当事人一方依法主张解除合同的，应当通知对方。合同自通知到达对方时解除；通知载明债务人在一定期限内不履行债务则合同自动解除，债务人在该期限内未履行债务的，合同自通知载明的期限届满时解除。 2. 当事人一方未通知对方，直接以提起诉讼或者申请仲裁的方式依法主张解除合同，人民法院或者仲裁机构确认该主张的，合同自起诉状副本或者仲裁申请书副本送达对方时解除
	对方异议	对方对解除合同有异议的，任何一方当事人均可以请求人民法院或者仲裁机构确认解除行为的效力。当事人一方未通知对方，直接以提起诉讼或者申请仲裁的方式依法主张解除合同，人民法院或者仲裁机构确认该主张的，合同自起诉状副本或者仲裁申请书副本送达对方时解除
	除斥期间	1. 法律规定或当事人约定解除权行使期限，期限届满当事人不行使的，该权利消灭
		2. 法律没有规定或当事人没有约定解除权行使期限，自解除权人知道或应当知道解除事由之日起 1 年内不行使，或者经对方催告后在合理期限内不行使的，该权利消灭
解除的效力	合同解除后，尚未履行的，终止履行；已经履行的，根据履行情况和合同性质，当事人可以请求恢复原状或采取其他补救措施，并有权请求赔偿损失。 两类条款效力不终止：(1)结算和清理条款；(2)解决争议的条款。 合同无效的法律效果：行为人返还因该行为取得的财产；无法返还的或者没有必要返还的，应当折价补偿；过错方赔偿对方因此受到的损失，各方都有过错的，应当承担相应的责任	
	合同因违约解除的，解除权人可以请求违约方承担违约责任	
	主合同解除后，担保人对债务人应当承担的民事责任仍应当承担担保责任	

考点65 标的物风险负担

项目	内容	
一般规则	1. 标的物毁损、灭失的风险,自交付之后由买受人承担	
	2. 标的物交付是风险转移的依据,与所有权是否变动无关(无论动产、不动产)	
	3. 有约定交付地点,依约定地点交付,风险在约定地点完成交付时转移。无约定交付地点,依运输方式推定: (1)如果买受人上门取货,则在出卖人提供货物的地点转移; (2)如果出卖人送货上门,则买受人指定的收货地点为风险转移的地点; (3)如果约定由出卖人代办托运,则自货交第一承运人时风险转移	
特殊情形	在途标的物买卖	风险自合同成立时起由买受人承担
	无法确定交付地点且需要运输	标的物交付给第一承运人后,视为完成交付
	买受人违约未受领交付	风险自买受人违反约定之日转移
	出卖人交付标的不合格	买受人有权拒绝接受,风险不转移
		买受人解除合同后,风险由出卖人承担

考点66 租赁合同

项目	内容	
租赁期限	最长期限	租赁期限最长不得超过20年,超过20年的,超过部分无效
	不定期租赁	1. 租赁期限6个月以上的,应采用书面形式。当事人未采用书面形式,无法确定租赁期限的,视为不定期租赁
		2. 租赁期限届满,承租人继续使用租赁物,出租人未提出异议的,原租赁合同继续有效,但租赁期限为不定期
		法律效果:不定期租赁当事人可随时解除合同,但应在合理期限之前通知对方

项目	内容	
转租	合法转租（经出租人同意）	1. 两个租赁合同原则上均有效
		2. 第三人对租赁物造成损失的，承租人应当向出租人赔偿损失
		3. 转租期限超过承租人剩余租赁期限的，超过部分的约定对出租人不具有法律约束力，但出租人与承租人另有约定的除外
		4. 出租人知道或应当知道承租人转租，但是在6个月内未提出异议的，视为出租人同意转租
	非法转租（未经出租人同意）	1. 解约：承租人非法转租的，构成根本违约，出租人可以解除合同
		2. 追认：出租人知道或者应当知道6个月内明确追认转租合同，或者对此保持沉默
	次承租人的代为清偿	承租人拖欠租金的，次承租人可以代承租人支付其欠付的租金和违约金，但转租合同对出租人不具有法律约束力的除外

考点67 侵权责任一般规定

项目	内容		
归责原则	过错责任	一般过错	一般构成要件：违法行为、损害后果、因果关系、主观过错
		过错推定	《民法典》第1199条校方对于无行为能力人的校园侵害责任；《民法典》第1222条医疗机构在一些法定情形下的医疗损害责任；《民法典》第1248条动物园对于其养的动物的责任规定。《民法典》第十章关于建筑物和物件损害责任的大部分规定，即第1252~1258条，共计7个条文，唯一例外是第1252条的“建筑物、构筑物或者其他设施倒塌”采无过错责任
	无过错责任		根据法律明文规定，不考虑加害人是否具有过错，只要有行为、损害结果及因果关系，就应承担侵权责任
数人侵权	共同侵权行为		1. 二人以上共同实施侵权行为，造成他人损害的，应当承担连带责任
			2. 共同侵权行为需要共同故意
	共同危险行为		1. 二人以上实施危及他人人身、财产安全的行为，其中一人或者数人的行为造成他人损害：(1)能够确定具体侵权人的，由侵权人承担责任；(2)不能确定具体侵权人的，行为人承担连带责任
			2. 免责事由：行为人只有证明谁是真正侵权人，才能主张免责

续表

<table>
<tr><th>项　目</th><th colspan="3">内　容</th></tr>
<tr><td rowspan="3">数人侵权</td><td colspan="2">教唆、帮助行为</td><td>教唆者和帮助者仅仅只是怂恿第三人或是为第三人提供工具,并没有直接实施侵权行为:应与行为人承担连带责任;承担侵权责任(教唆、帮助无民事行为能力人、限制民事行为能力人)</td></tr>
<tr><td rowspan="2">分别侵权</td><td>共同因果</td><td>二人以上分别侵权共同造成同一损害:能确定责任大小的,各自承担相应的责任;难以确定责任大小的,平均承担责任</td></tr>
<tr><td>累积因果</td><td>二人以上分别侵权,每人的侵权行为都足以造成全部损害:连带责任</td></tr>
</table>

考点68　监护人责任

项　目	内　容
责任规则	1. 监护人对被监护人因侵权行为造成他人损害的后果承担侵权责任。 2. 监护人承担无过错赔偿责任。未与该子女形成抚养教育关系的继父或者继母不承担监护人的侵权责任,由该子女的生父母承担侵权责任
诉讼主体认定	1. 无民事行为能力人、限制民事行为能力人造成他人损害,被侵权人请求监护人承担侵权责任,或者合并请求监护人和受托履行监护职责的人承担侵权责任的,人民法院应当将无民事行为能力人、限制民事行为能力人列为共同被告。 2. 行为人在侵权行为发生时不满18周岁,被诉时已满18周岁的,被侵权人请求原监护人承担侵权人应承担的全部责任的,人民法院应当向原告释明申请追加原监护人为共同被告
免责事由	1. 判决监护人承担全部责任,法院应在判决中明确,赔偿费对有财产的无民事行为能力人、限制民事行为能力人造成他人损害的,从本人财产中支付赔偿费用。不足部分,由监护人赔偿(支付)。从被监护人财产中支付赔偿费用的,应当保留被监护人所必需的生活费和完成义务教育所必需的费用; 2. 监护人尽到监护责任,可以减轻责任,而非免除责任; 3. 特殊情况的补充责任:未成年人的父母离异的,同被监护人共同生活的一方承担民事责任(被侵权人也可以请求离异夫妻共同承担侵权责任,离异夫妻间协商责任份额,协商不成法院可以确定,实际责任超出自己责任份额可向另一方追偿);确有困难的,另一方父或母应承担无过错的补充责任;实际承担责任超过自己责任份额的一方向另一方追偿; 4. 指定监护中,擅自变更监护人的,由原被指定的监护人与变更后的监护人共同承担无过错的替代责任,依照多数观点承担连带责任

考点69 产品责任

项 目	内 容
含义	产品责任,指产品的生产者和销售者,因制造、销售的产品存在缺陷造成他人的人身或者财产损害而应当承担的侵权责任
责任规则	因产品缺陷造成损害的,被侵权人(买受人)可向生产者请求赔偿,也可向销售者请求赔偿
责任方式	1. 停止侵害、排除妨碍、消除危险等
	2. 召回制度:产品投入流通后发现存在缺陷的,生产者、销售者应当及时采取停止销售、警示、召回等补救措施。未及时采取补救措施或者补救措施不力造成损害扩大的,对扩大的损害也应当承担侵权责任。采取上述召回措施的,生产者、销售者应当负担被侵权人因此支出的必要费用
	3. 损害赔偿
	4. 惩罚性赔偿:同时满足 2 个条件: (1)生产者、销售者明知产品存在缺陷仍然生产、销售,或者没有采取召回措施进行补救。 注意:要求生产者、销售者具有主观过错(区别于一般产品侵权责任)。 (2)造成他人死亡或健康严重损害。 注意:须是人身伤亡的后果,若只是造成他人财产损害,不能请求惩罚性赔偿

考点70 机动车交通事故责任

项 目	内 容
归责原则	1. 机动车之间发生事故:过错责任
	2. 机动车与非机动车驾驶人、行人之间发生交通事故适用无过错责任原则,非机动车驾驶人或行人有过错的,根据过错程度适当减轻机动车一方的赔偿责任。机动车一方没有过错的,承担不超过 10% 的赔偿责任
	3. 免责事由:非机动车驾驶、行人故意碰撞机动车发生事故

续表

项目	内容	
承担责任主体	正常情况	(1)机动车交通事故责任强制保险的保险公司; (2)商业第三者责任险的保险公司; (3)侵权人
	租赁、借用情况	(1)机动车交通事故责任强制保险的保险公司; (2)机动车交通事故责任强制保险不足,由机动车使用人承担; (3)机动车所有人对损害的发生有过错,承担相应的赔偿责任
	免责事由	盗窃、抢劫或者抢夺的机动车发生交通事故造成损害,机动车所有人或者管理人不承担责任
	套牌车责任承担	(1)套牌机动车发生交通事故造成损害,属于该机动车一方责任,由套牌机动车的所有人或管理人承担赔偿责任。 (2)被套牌机动车所有人或管理人同意套牌的,应当与套牌机动车的所有人或管理人承担连带责任
特殊规定	机动车驾驶人离开本车后,未采取制动措施等自身过错受到本车碰撞、碾压造成损害,机动车驾驶人自己对自己的过错买单,不得请求承保本车机动车强制保险的保险人在强制保险责任限额范围内,以及承保本车机动车商业第三者责任保险的保险人按照保险合同的约定赔偿。但可以依据机动车车上人员责任保险的有关约定支持相应的赔偿请求	

五、商　　法

考点71 公司的特征

特　征	内　容
独立性	1. 独立名义：公司以自己的名义进行各种民事活动以及诉讼等 2. 独立财产：公司是企业法人，有独立的法人财产，享有法人财产权 3. 独立责任：公司以其全部财产对公司的债务承担责任
社团性	公司是社团组织，具有社团性。依法人内部组织基础的不同，可将法人分为社团法人和财团法人，公司属于社团法人。公司的社团性表现为它通常由两个或两个以上的股东出资组成
营利性	公司以营利为目的，具有营利性。营利法人的宗旨是获取利润并将利润分配给成员（出资人或股东）；而非营利法人的宗旨是发展公益、慈善、宗教、学术事业，它们即使从事商业活动、赚取利润，也只是以营利为手段，旨在实现与营利无关的目的，而且其营利所得不能直接分配给成员
股东出资	《公司法》第 48 条规定，股东可以用货币出资，也可以用实物、知识产权、土地使用权、股权、债权等可以用货币估价并可以依法转让的非货币财产作价出资；但是，法律、行政法规规定不得作为出资的财产除外。 对作为出资的非货币财产应当评估作价，核实财产，不得高估或者低估作价。法律行政法规对评估作价有规定的，从其规定

考点72 法人人格否认制度

项　目	内　容
《公司法》的规定	公司股东不得滥用股东权利损害公司或其他股东的利益，不得滥用公司法人独立地位和股东有限责任损害公司债权人的利益。公司股东滥用股东权利给公司或者其他股东造成损失的，应当依法承担赔偿责任 公司股东滥用公司法人独立地位和股东有限责任，逃避债务，严重损害公司债权人利益的，应当对公司债务承担连带责任

续表

项　目	内　容
适用情形	1. 一般公司,公司股东滥用公司法人独立地位和股东有限责任,逃避债务,严重损害公司债权人利益的
	2. 一人有限责任公司,股东不能举证证明公司财产独立于自己的财产的
	3. 股东利用其控制的两个以上公司实施上述行为的,各公司应当对任一公司的债务承担连带责任
否认的效力	1. 公司法人人格否认后,股东不能再主张其对公司的有限责任,而要对公司的债务承担连带责任
	2. "揭开法人的面纱"限制股东的有限责任,也即股东与公司一并承担连带责任。法人人格否认/刺破法人面纱不是法人人格消灭,法人人格消灭的标志是注销登记
	3. 法人人格否定不搞连坐制,无辜的其他股东不与当事人股东承担连带责任;不搞终身否定和全盘否定,当事人股东只是就该笔/单笔交易(个案认定)与公司承担连带责任
	4. 股东利用其控制的两个以上公司实施上述行为的,各公司应当对任一公司的债务承担连带责任
诉讼地位	1. 债权已由生效裁判确认,债权人另行提起人格否认之诉,请求股东担责的,股东为被告,公司为第三人; 2. 债权人对债务人公司享有的债权提起诉讼的同时,一并提起公司人格否认诉讼,请求股东对公司债务承担连带责任的,列公司和股东为共同被告; 3. 债权人对债务人公司享有的债权尚未经生效裁判确认,直接提起公司人格否认诉讼,请求公司股东对公司债务承担连带责任的,人民法院应当向债权人释明,告知其追加公司为共同被告。债权人拒绝追加的,人民法院应当裁定驳回起诉

考点73 抽逃出资的认定与责任

项　目	内　容
情形	以下情形属于抽逃出资: (1)制作虚假财务会计报表虚增利润进行分配; (2)通过虚构债权债务关系将其出资转出; (3)利用关联交易将出资转出; (4)其他未经法定程序将出资抽回的行为

续表

项　目	内　容
责任	1. 股东抽逃出资,公司或者其他股东请求其向公司返还出资本息、协助抽逃出资的其他股东、董事、高级管理人员或者实际控制人对此承担连带责任
	2. 公司债权人请求抽逃出资的股东在抽逃出资本息范围内对公司债务不能清偿的部分承担补充赔偿责任、协助抽逃出资的其他股东、董事、高级管理人员或者实际控制人对此承担连带责任的,人民法院应予支持;抽逃出资的股东已经承担上述责任,其他债权人提出相同请求的,人民法院不予支持
	3. 有限责任公司的股东抽逃全部出资,经公司催告在合理期限内没有返还,公司以股东会决议解除该有限责任公司股东的股东资格
	4. 抽逃出资的数额:以股东出资的数额为限若股东抽回金额超过其出资金额,超出部分按侵害公司财产权处理

考点74 股东失权制度 New

项　目	内　容
董事会的核查义务	1. 有限公司成立后,董事会应当对股东的出资情况进行核查; 2. 发现股东未按期足额缴纳公司章程规定的出资的,应当由公司向该股东发出书面催缴书,催缴出资; 3. 未及时履行核查、催缴义务,给公司造成损失的,负有责任的董事应当承担赔偿责任
宽限期	催缴书可以载明缴纳出资的宽限期:宽限期自公司发出催缴书之日起不得少于60日
失权通知	1. 宽限期届满,股东仍未履行出资义务的,公司经董事会决议可以向该股东发出失权通知; 2. 通知应当以书面形式发出; 3. 自通知发出之日起,该股东丧失其未缴纳出资的股权
后续处理	1. 股东丧失的股权应当依法转让,或者相应减少注册资本并注销该股权;6个月内未转让或者注销的,由公司其他股东按照其出资比例足额缴纳相应出资; 2. 救济:股东对失权有异议的,应当自接到失权通知之日起30日内向人民法院提起诉讼

考点75 股东代表诉讼

项 目	内 容
主体	1. 有限责任公司:股东
	2. 股份有限公司:连续180日以上单独或合计持有公司1%以上股份的股东(持股时间+持股比例)
前提	董监高、其他人侵害公司利益
程序	1. 董、高或者第三人侵害公司利益的,股东可以书面请求监事会或者不设监事会的有限责任公司的监事向人民法院提起诉讼;监事以外的人侵害公司利益的,均应向监事书面请求(监事专职)
	2. 监事侵害公司利益的,股东可以书面请求董事会或者不设董事会的有限责任公司的执行董事向人民法院提起诉讼
	3.《全国法院民商事审判工作会议纪要》第25条明确规定,“书面请求”的前置程序以存在公司有关机关提起诉讼的可能性为审查要素,也即若是“书面请求”后公司内部有关机关(董事会、监事会等)会去起诉则应提“书面请求”;但若是“书面请求”可能给公司带来难以弥补的损失,那么“书面请求”的前置程序可以不履行
	领导不管的,股东自己代表公司去诉讼。 上述相关人员收到股东书面请求后有下列情形的,股东有权为了公司的利益以自己的名义直接向法院提起诉讼: (1)拒绝提起诉讼; (2)怠于起诉(自收到请求之日起30日内未提起诉讼); (3)情况紧急,不立即提起诉讼将会使公司利益受到难以弥补的损害
当事人	1. 起诉的股东为原告;侵权人为被告(既可以是内部的高级管理人员也可以是外部的客户);公司为第三人
	2. 符合条件的其他股东,一审法庭辩论终结前以相同的诉讼请求申请参加诉讼的,为共同原告
后果	1. 股东代表诉讼的后果由公司承担,归于公司
	2. 胜诉后(注意以部分胜诉或全部胜诉为前提,败诉的不给予报销),股东可请求公司承担其为诉讼支出的律师费、调查费、评估费、公证费等合理费用
	3. 股东代表诉讼的反诉。 股东依据《公司法》第151条第3款的规定提起股东代表诉讼后,被告以原告股东恶意起诉侵犯其合法权益为由提起反诉的,人民法院应予受理。被告以公司在案涉纠纷中应当承担侵权或者违约等责任为由对公司提出的反诉,因不符合反诉的要件,人民法院应当裁定不予受理;已经受理的,裁定驳回起诉

续表

项　目	内　容
	4. 股东代表诉讼的调解。 公司是股东代表诉讼的最终受益人，为避免因原告股东与被告通过调解损害公司利益，人民法院应当审查调解协议是否为公司的意思。只有在调解协议经公司股东(大)会、董事会决议通过后，人民法院才能出具调解书予以确认。至于具体决议机关，取决于公司章程的规定。公司章程没有规定的，人民法院应当认定公司股东(大)会为决议机关

考点76 代持股协议

项　目	内　容
名义股东(显名股东)	没有向公司出资，但登记于股东名册及办理公司登记机关登记的主体。根据股东资格确认规则(名册＋登记)名义股东才是公司的股东
实际出资人(隐名股东)	实际出资，但其姓名或名称并未记载于公司股东名册及办理公司登记机关登记的人，也即公司的实际出资人
二者关系	名义股东与实际出资人之间是“代持关系”，二者之间存在代持股的协议
法律关系	1. 代持协议的双方(对内)：承认代持股协议的效力(有效)；投资权益按协议约定最终属于实际出资人
	2. 对公司(实际出资人“浮出水面”)： (1)实际出资人请求公司改变股东名册，应当经其他股东半数以上同意，故实际出资人不能以其实际出资的事实，来主张自己是公司的股东。 (2)实际出资人能够提供证据证明有限责任公司过半数的其他股东知道其实际出资的事实，且对其实际行使股东权利未曾提出异议的，对实际出资人提出的登记为公司股东的请求，法院依法予以支持
	3. 对债权人：债权人有权请求名义股东承担相应责任，名义股东承担责任后，可以向实际出资人追偿
	4. 对善意第三人：名义股东处分股权，属于有权处分，但符合善意取得的条件时，受让人才能取得股权(参照适用善意取得制度)
一股二卖	1. 效力定性。 (1)第一次股权处分行为：有效。 (2)第二次股权处分行为：无权处分，参照民法中善意取得的规定处理。 (3)善意第三人取得股权，受让股东有权向原股东请求赔偿损失

续表

项目	内容
一股二卖	2. 董事、高级管理人员或者实际控制人的过错责任。 (1)原股东处分股权造成受让股东损失,受让股东请求原股东承担赔偿责任,请求对于未及时办理变更登记有过错的董事、高级管理人员或者实际控制人承担相应责任的,人民法院应予支持。 (2)受让股东对于未及时办理变更登记也有过错的,可以适当减轻上述董事、高级管理人员或者实际控制人的责任
	3. 变更登记的范围(《全国法院民商事审判工作会议纪要》)。 (1)当事人之间转让有限公司的股权,受让人以其姓名或者名称已记载于股东名册为由主张其已经取得股权的,人民法院依法予以支持,但法律、行政法规规定应当办理批准手续生效的股权转让除外。 (2)未向公司登记机关办理股权变更登记的,不得对抗善意相对人

考点77 转投资和对外担保

项目	内容
情形	公司可以向其他企业投资;可以投资到合伙企业,但国有独资公司、国有企业、上市公司不能成为普通合伙人
对外担保	公司向其他企业投资或者为他人提供担保,依照公司章程的规定,由董事会或者股东会、股东大会决议
	公司章程对投资或者担保的总额及单项投资或者担保的数额有限额规定的,不得超过规定的限额
对内担保	公司为公司股东或者实际控制人提供担保的,必须经股东会或者股东大会决议
注意	1. 该股东或者该实际控制人支配的股东,不得参加上述事项的表决(利害关系人回避原则)
	2. 该项表决由出席会议的其他股东所持表决权的过半数通过
	3. 实际控制人是指虽不是公司股东,但是通过投资关系、协议或者其他安排,能够实际支配公司行为的人

考点78 发起人责任

<table>
<tr><th>责任类型</th><th colspan="4">内 容</th></tr>
<tr><td rowspan="7">对外责任</td><td rowspan="5">设立成功</td><td rowspan="3">合同之债</td><td>一般情形</td><td>合同相对性:谁的名义谁的责任</td></tr>
<tr><td rowspan="2">特殊情况</td><td>发起人名义但公司承担责任:成立后合同相对人可以选择发起人或者公司承担责任</td></tr>
<tr><td>公司名义但发起人承担责任:发起人恶意与第三人串通的,发起人承担责任</td></tr>
<tr><td rowspan="2">侵权之债</td><td colspan="2">1. 属于职务行为的,由公司承担责任,公司或无过错的发起人可以追偿</td></tr>
<tr><td colspan="2">2. 属于个人行为的,由该个人承担责任</td></tr>
<tr><td rowspan="2">设立失败</td><td colspan="3">1. 设立行为所产生的债务和费用,由全体发起人承担连带责任(对外责任)</td></tr>
<tr><td colspan="3">2. 对认股人已缴纳的股款,负返还股款并加算银行同期存款利息的连带责任(把钱退给其他参与募集资金的主体)</td></tr>
<tr><td rowspan="2">对内责任</td><td colspan="4">1. 过错发起人责任:发起人因自己的过失使公司利益受到损害的,应当对公司承担赔偿责任</td></tr>
<tr><td colspan="4">2. 发起人内部按照“约定的责任承担比例→约定的出资比例→均等份额”的顺序承担责任(注意前后次序)</td></tr>
</table>

考点79 对赌协议

项 目	内 容
对赌协议的种类	1. 投资方与“人”对赌:投资方与目标公司的股东或者实际控制人“对赌”; 2. 投资方与目标公司“对赌”; 3. 投资方与目标公司的股东、目标公司“对赌”
效力及履行	1. 人民法院在审理“对赌协议”纠纷案件时,不仅应当适用《民法典》合同编的相关规定,还应当适用《公司法》的相关规定;既要坚持鼓励投资方对实体企业特别是科技创新企业投资原则,从而在一定程度上缓解企业融资难问题,又要贯彻资本维持原则和保护债权人合法权益原则,依法平衡投资方、公司债权人、公司之间的利益

续表

项　目	内　容
	2. 投资方与"人"对赌,协议有效且可履行
	对于投资方与目标公司的股东或者实际控制人订立的"对赌协议",如无其他无效事由,人民法院应认定有效并支持实际履行
	3. 投资方与目标公司"对赌",协议原则有效,需满足合法分红或合法减资的法定程序才可履行
法院审判	1. 投资方与目标公司订立的"对赌协议"在不存在法定无效事由的情况下,目标公司仅以存在股权回购或者金钱补偿约定为由,主张"对赌协议"无效的,人民法院不予支持。但投资方主张实际履行的,人民法院应当审查是否符合《公司法》关于"股东不得抽逃出资"及股份回购的强制性规定,判决是否支持其诉讼请求。 2. 投资方请求目标公司回购股权的,人民法院应当依据《公司法》中关于"股东不得抽逃出资"或者关于股份回购的强制性规定进行审查。经审查,目标公司未完成减资程序的,人民法院应当驳回其诉讼请求。 3. 投资方请求目标公司承担金钱补偿义务的,人民法院应当依据《公司法》第53条关于"股东不得抽逃出资"和第210条关于利润分配的强制性规定进行审查。经审查,目标公司没有利润或者虽有利润但不足以补偿投资方的,人民法院应当驳回或者部分支持其诉讼请求。今后目标公司有利润时,投资方还可以依据该事实另行提起诉讼

考点80 股东会(董事会)决议的效力

项　目	内　容
有效决议	决议内容、程序均无瑕疵
无效决议(内容违法)	1. 决议内容违反法律、行政法规
	2. 诉讼中,股东、董事、监事为原告,公司为被告
	3. 决议被人民法院判决确认无效或者撤销的,公司依据该决议与善意相对人形成的民事法律关系不受影响
未成立决议	1. 含义: (1)公司未召开会议的;(2)会议未对决议事项进行表决的;(3)出席会议的人数或者股东所持表决权不符合《公司法》或公司章程规定的;(4)会议的表决结果未达到《公司法》或公司章程规定的通过比例的
	2. 诉讼中,股东、董事、监事为原告,公司为被告

续表

项目	内容
可撤销决议（程序违法、违章，内容违章）	1.(1)作出决议的程序违法；(2)作出决议的程序违反法人章程；(3)决议的内容违反法人章程。但会议召集程序或者表决方式仅有轻微瑕疵，且对决议未产生实质影响的，人民法院不予支持股东请求撤销该决议
	2.诉讼中： (1)原告需要在起诉时具有公司股东资格。一审法庭辩论终结前，其他有原告资格的人以相同的诉讼请求申请参加上述诉讼的，可以列为共同原告。 (2)公司为被告。 (3)对决议涉及的其他利害关系人，可列为第三人
	3.股东可以自决议作出之日起60日内，请求人民法院撤销。人民法院可以应公司的请求，要求股东提供相应担保

考点81 有限责任公司股权转让

项目	内容	
股权对内转让	自由转，其他股东无优先购买权	
股权对外转让（公司章程规定优先）	一般规则	1.应当将股权转让的数量、价格、支付方式和期限等事项书面通知其他股东，其他股东在同等条件下有优先购买权
		2.股东自接到书面通知之日起30日内未答复的，视为放弃优先购买权
		3.两个以上股东行使优先购买权的，协商确定各自的购买比例；协商不成的，按照转让时各自的出资比例行使优先购买权
	优先购买权受损救济	1.转让股东以欺诈、恶意串通等手段，损害其他股东优先购买权的，其他股东可以主张按照同等条件购买该转让股权。其应在自知道或应当知道行使优先购买权的同等条件之日起30日内主张，或者自股权变更登记之日起1年内主张（逾期不再享有优先购买权）
		2.其他股东仅提出确认股权转让合同及股权变动的效力等请求，未同时主张按照同等条件购买转让股权的，人民法院不予支持；但其他股东非因自身原因导致无法行使优先购买权，请求损害赔偿的除外
		3.股东以外的股权受让人，因股东行使优先购买权而不能实现合同目的的，可以依法请求转让股东承担相应民事责任

续表

项目	内容	
	股权收购请求权	1. 公司连续5年不向股东分配利润,而公司该5年连续盈利,并且符合《公司法》规定的分配利润条件的
		2. 公司合并、分立、转让主要财产的
		3. 公司章程规定的营业期限届满或者公司章程规定的其他解散事由出现,股东会会议通过决议修改公司章程使公司存续的
		4. 公司的控股股东滥用股东权利,严重损害公司或者其他股东利益的,其他股东有权请求公司按照合理的价格收购其股权

考点82 股权让与担保

项目	内容
概念	让与担保,是指债务人或者第三人通过将动产、不动产或者股权等财产转让至债权人名下的方式,为主合同项下的债务提供担保
让与担保合同的效力	1. 债务人(或第三人)与债权人约定将财产形式上转移至债权人名下,债务人不履行到期债务,债权人有权对财产折价或者以拍卖、变卖该财产所得价款偿还债务的该约定有效。 2. 约定将财产形式上转移至债权人名下,债务人不履行到期债务,财产归债权人所有的,应当认定该约定无效,但是不影响当事人有关提供担保的意思表示的效力。 3. 约定将财产转移至债权人名下,在一定期间后再由债务人(或其指定的第三人)以交易本金加上溢价款回购,债务人到期不履行回购义务,财产归债权人所有的该约定无效,但是不影响当事人有关提供担保的意思表示的效力
债权人享有优先受偿权的条件	1. 债务人不履行到期债务,当事人已经完成财产权利变动的公示,债权人请求参照《民法典》关于担保物权的有关规定对财产折价或者以拍卖、变卖该财产所得的价款优先受偿的,人民法院应予支持。 2. 债务人履行债务后请求返还财产,或者请求对财产折价或者以拍卖、变卖所得的价款清偿债务的,人民法院应予支持
禁止流质条款	在债务人不履行到期债务或者出现约定的事由时,债权人主张享有股权的,人民法院不予支持,但其与债务人事后就股权达成折价或者回购协议的除外。债务人可请求人民法院参照《民事诉讼法》"实现担保物权案件"的相关规定,拍卖、变卖股权

考点83 国有独资公司 New

项　目	内　容
不设股东会	1. 不设股东会,由履行出资人职责的机构行使股东会职权 2. 履行出资人职责的机构可以授权公司董事会行使股东会的部分职权,但公司章程的制定和修改,公司的合并、分立、解散、申请破产,增加或者减少注册资本,分配利润,应当由履行出资人职责的机构决定
董事会	1. 应当设立董事会。 2. 董事会的组成: (1)董事会成员中,应当过半数为外部董事,并应当有公司职工代表; (2)董事会由履行出资人职责的机构委派;但是,董事会成员中的职工代表由公司职工代表大会选举产生; (3)设董事长1人,可以设副董事长。董事长、副董事长由履行出资人职责的机构从董事会成员中指定
经理	1. 经理由董事会聘任或者解聘; 2. 经履行出资人职责的机构同意,董事会成员可以兼任经理
任职限制	董事、高级管理人员,未经履行出资人职责的机构同意,不得在其他公司或者其他经济组织兼职
审计委员会与监事会	国有独资公司在董事会中设置由董事组成的审计委员会行使本法规定的监事会职权的,不设监事会或者监事

考点84 清算

项　目	内　容
指定清算	有下列情形之一,债权人、公司股东、董事或其他利害关系人可以申请人民法院指定清算组进行清算: (1)公司解散逾期不成立清算组进行清算的; (2)虽成立清算组但故意拖延清算的; (3)违法清算可能严重损害债权人或者股东利益的

续表

项　目	内　容
清算组成员	1. 股东、董监高(有限责任公司的清算组由股东组成;股份有限公司的清算组由董事或者股东大会确定的人员组成)
	2. 社会中介机构(如律所、会计师事务所)
	3. 社会机构中具备相关专业知识并取得执业资格的人员(如律师)
诉讼	1. 企业法人解散,依法清算并注销前,以该企业法人为当事人
	2. 未依法清算即被注销,以该企业法人的股东、发起人或者出资人为当事人
	3. 公司成立清算组的,由清算组负责人代表公司参加诉讼
	4. 尚未成立清算组的,由原法定代表人代表公司参加诉讼
清算方案生效	1. 自行清算的,清算方案报股东(大)会决议确认
	2. 法院组织清算的,清算方案报法院确认
	3. 未经确认的清算方案,清算组不得执行
禁止行为	1. 在申报债权期间,清算组不得对债权人进行清偿
	2. 清算期间,公司存续,但不得开展与清算无关的经营活动
	3. 禁止违反顺序分配:公司财产在未清偿公司债务前,不得分配给股东
清算顺序	清算费用→职工工资→社会保险费用→法定补偿金→税款→债→股东分配剩余财产

考点85 票据的特征

项　目	内　容
流通性	票据的基本功能就是流通,票据法的立法宗旨就是保证票据流通的安全
无因性	票据权利人在行使票据权利时,无须证明给付原因,票据债务人也不得以原因关系对抗善意第三人。(1)票据上的法律关系是一种单纯的金钱支付关系,权利人享有票据权利只以持有符合《票据法》规定的有效票据为必要。至于票据赖以发生的原因则在所不问。(2)票据的无因性仍有例外情况,不能将“无因性”绝对化(参见票据抗辩)
文义性	票据上权利义务的内容必须以票据上记载的事项为准
独立性	同一票据所涉及的若干票据行为互不牵连,都分别依各行为人在票据上记载的内容,独立地发生效力。该性质说明,在先票据行为无效,不影响后续票据行为的效力;某一票据行为无效,不影响其他票据行为的效力

续表

项　目	内　容
设权性	无票据无权利,行使票据权利必须出示票据(与股票进行区分,股票是证权证券)
要式性	票据的制作格式和记载事项,必须严格遵守法律的规定,才能产生正常的票据效力,否则,票据效力受到一定程度的影响

考点86 背书转让

项　目	内　容
背书转让的法律效力	1. 背书转让无须经票据债务人同意。行为人无须向票据债务人发出通知或经其承诺。只要持票人完成背书行为,就构成有效的票据权利转让
	2. 背书转让的转让人不退出票据关系。背书转让后,转让人并不退出票据关系,而是由先前的票据权利人转变为票据义务人,并承担担保承兑和担保付款的责任
	3. 背书转让具有更强的转让效力
背书转让的限制	1. 出票人的限制背书:汇票的出票人在票据上记载“不得转让”字样,汇票不得转让。如果持票人背书转让,背书行为无效
	2. 背书人的限制背书:背书人在汇票上记载“不得转让”字样,其后手再背书转让的,原背书人对后手的被背书人不承担保证责任
	3. 回头背书及其效力:被背书人是出票人的,事实上是不能行使追索权的,只有在汇票已经承兑的情况下,才可以向承兑人行使追索权。 回头背书的被背书人是先前的背书人的,他既是票据的债务人,又是票据的权利人,他要对其后手承担担保责任,且不能向他们行使追索权
	4. 附条件背书及其效力:背书不得附有条件,背书时附有条件的,所附条件不具有汇票上的效力
	5. 分别背书和部分背书及其效力:将汇票金额的一部分转让的背书或将汇票金额分别转让给 2 人以上的背书无效
	6. 期后背书及其效力:汇票被拒绝承兑、被拒绝付款或者超过付款提示期限的,不得背书转让;背书转让的,背书人应当承担汇票责任。 注意:期后背书应当属于无效背书,不能发生一般背书的效力,而只具有通常的债权转让的效力
	7. 委托收款背书及其效力:委托收款背书不是实质上的票据权利转让,而是以背书形式进行的委托。 背书人是委托人,被背书人是受托人。背书记载“委托收款”字样的,被背书人有权代背书人行使被委托的汇票权利。但是,被背书人不得再以背书转让汇票权利

考点87 保险费缴纳与退保的处理

项 目	内 容
缴费	投保人可以按照合同约定向保险人一次支付全部保险费或者分期支付保险费
	(其他人付费)被保险人、受益人或者他人可以代为支付保险费
违约	保险人对人寿保险的保险费,不得用诉讼方式要求投保人支付
退费	投保人解除合同的,保险人应当自收到解除合同通知之日起30日内,按照合同约定退还保险单的现金价值
退费规则	1. 合同解除时,投保人与被保险人、受益人为不同主体,被保险人或者受益人要求退还保险单的现金价值的,人民法院不予支持,但保险合同另有约定的除外(谁交的钱就退给谁)
	2. 投保人解除保险合同,当事人以其解除合同未经被保险人或者受益人同意为由主张解除行为无效的,人民法院不予支持,但被保险人或者受益人已向投保人支付相当于保险单现金价值的款项并通知保险人的除外

六、民事诉讼法与仲裁制度

考点88 合同纠纷的管辖

类别	内容
未实际履行	合同没有实际履行,当事人双方住所地都不在合同约定的履行地的,不再以合同履行地作为连接点,而应由被告住所地人民法院管辖
实际履行	合同履行地的确定: 1. 合同约定履行地点的,以约定的履行地点为合同履行地。合同实际履行地与约定履行地不一致的,以约定的履行地为准。 2. 合同对履行地点没有约定或者约定不明确的,则: (1)争议标的为给付货币的,接收货币一方所在地为合同履行地; (2)交付不动产的,不动产所在地为合同履行地; (3)其他标的,履行义务一方所在地为合同履行地; (4)即时结清的合同,交易行为地为合同履行地; (5)财产租赁合同、融资租赁合同以租赁物使用地为合同履行地; (6)以信息网络方式订立的买卖合同,通过信息网络交付标的的,以买受人住所地为合同履行地;通过其他方式交付标的的,收货地为合同履行地
涉外民事纠纷管辖	因涉外民事纠纷,对在中华人民共和国领域内没有住所的被告提起除身份关系以外的诉讼,如果合同签订地、合同履行地、诉讼标的物所在地、可供扣押财产所在地、侵权行为地、代表机构住所地位于中华人民共和国领域内的,可以由合同签订地、合同履行地、诉讼标的物所在地、可供扣押财产所在地、侵权行为地、代表机构住所地人民法院管辖。 除前款规定外,涉外民事纠纷与中华人民共和国存在其他适当联系的,可以由人民法院管辖
涉外民事纠纷协商管辖	涉外民事纠纷的当事人书面协议选择人民法院管辖的,可以由人民法院管辖

考点89 专属管辖权

<table>
<tr><th>类　别</th><th>内　容</th></tr>
<tr><td>不动产纠纷</td><td>不动产所在地人民法院管辖</td></tr>
<tr><td>港口作业纠纷</td><td>港口所在地人民法院管辖</td></tr>
<tr><td>继承遗产纠纷</td><td>被继承人死亡时住所地或者主要遗产所在地人民法院管辖</td></tr>
<tr><td>在中华人民共和国领域内设立的法人或者其他组织的设立、解散、清算以及该法人或者其他组织作出的决议的效力纠纷</td><td rowspan="3">由人民法院专属管辖</td></tr>
<tr><td>与在中华人民共和国领域内审查授予的知识产权的有效性的纠纷</td></tr>
<tr><td>在中华人民共和国领域内履行中外合资经营企业合同、中外合作经营企业合同、中外合作勘探开发自然资源合同发生的纠纷</td></tr>
<tr><td rowspan="4">理解与适用</td><td>1. 不动产纠纷包括：一个物权纠纷 + 四个合同纠纷。
(1)前者是指因不动产的权利确认、分割、相邻关系等引起的物权纠纷。
(2)后者是指农村土地承包经营合同纠纷、房屋租赁合同纠纷、建设工程施工合同纠纷、政策性房屋买卖合同纠纷</td></tr>
<tr><td>2. 不动产所在地的确定：
(1)不动产已登记的，以不动产登记簿记载的所在地为不动产所在地；
(2)不动产未登记的，以不动产实际所在地为不动产所在地</td></tr>
<tr><td>3. 不动产纠纷与继承纠纷竞合时，按继承案件专属管辖的规定确定管辖法院</td></tr>
<tr><td>4. 专属管辖排斥管辖协议，但不得对抗仲裁协议(涉外专属管辖的案件也可以到外国仲裁机构申请仲裁)</td></tr>
</table>

考点90 管辖权异议与应诉管辖

项　目	内　容
主体	当事人,常为被告;有独三和无独三均不能提管辖权异议
对象	一审案件管辖权,包括级别管辖和地域管辖
时间	提交答辩状期间
处理	1. 异议成立的:裁定移送有管辖权的法院
	2. 异议不成立:裁定驳回异议
	3. 在管辖权异议裁定作出前,原告申请撤回起诉,受诉人民法院作出准予撤回起诉裁定的,对管辖权异议不再审查,并在裁定书中一并写明
救济	对管辖权异议的裁定,当事人可以自裁定送达之日起10日内上诉
应诉管辖	当事人未提出管辖异议,并应诉答辩或者提出反诉的,视为受诉人民法院有管辖权,但违反级别管辖和专属管辖的除外
特殊规定	1. 提交答辩状期间届满后,原告增加诉讼请求金额致使案件标的额超过受诉人民法院级别管辖标准,被告提出管辖权异议,请求由上级人民法院管辖的,人民法院应审查并作出裁定。异议不成立的,裁定驳回;异议成立的,裁定移送有管辖权的人民法院
	2. 被告以受诉人民法院同时违反级别管辖与地域管辖规定为由提出管辖权异议的,受诉人民法院应当一并作出裁定
理解与适用	1. 提交答辩状期间,被告有选择权: (1)认可法院管辖权的,应诉答辩; (2)不认可法院管辖权的,提管辖权异议
	2. 基于应诉管辖,对于人民法院发回重审或者按照一审程序再审的案件,当事人提出管辖权异议的,不予审查
	3.《民事诉讼法》中有三个裁定可以上诉:管辖权异议裁定、不予受理裁定、驳回起诉裁定

考点91 必要共同诉讼情形

项　目	内　容
挂靠关系	该挂靠人和被挂靠人为共同诉讼人
劳务派遣	当事人主张的,接受劳务派遣的用工单位和劳务派遣单位为共同诉讼人(类似)
个体工商户	营业执照上登记的经营者与实际经营者不一致的,二者为共同诉讼人
个人合伙	未依法登记领取营业执照的个人合伙的全体合伙人为共同诉讼人
法人分立	因分立前的民事活动发生的纠纷,以分立后的企业为共同诉讼人
借用关系	借用业务介绍信、合同专用章、盖章的空白合同书或者银行账户的,出借单位和借用人为共同诉讼人(类似)
遗产继承关系	在继承遗产诉讼中,部分继承人起诉的,人民法院应通知其他继承人作为共同原告参加诉讼
	被通知的继承人不愿意参加诉讼又未明确表示放弃实体权利的,人民法院仍应把其列为共同原告
无限人侵权	无民事行为能力人、限制民事行为能力人造成他人损害的,无民事行为能力人、限制民事行为能力人和其监护人为共同被告
代理关系	原告起诉被代理人和代理人,主张承担连带责任的,被代理人和代理人为共同被告
共有财产关系	共有财产权受到他人侵害,部分共有权人起诉的,其他共有权人应当列为共同诉讼人

考点92 重复起诉

项　目	内　容
一事不再理	指案件已经经过法院的实体处理,原告再次起诉的,不予受理
重复起诉构成要件	当事人就已经提起诉讼的事项在诉讼中或裁判生效后再次起诉,同时符合下列条件的,构成重复起诉: (1)后诉与前诉的当事人相同,不受在前诉与后诉中当事人诉讼地位的影响; (2)后诉与前诉的诉讼标的相同; (3)后诉与前诉的诉讼请求相同,或者后诉的诉讼请求实质上否定前诉裁判结果。 当事人重复起诉的,裁定不予受理;已经受理的,裁定驳回起诉,但法律、司法解释另有规定的除外
一事不再理的例外	1. 裁定不予受理、驳回起诉,当事人再次起诉符合条件的,应予受理
	2. 原告撤诉或人民法院按撤诉处理后,原告以同一诉讼请求再次起诉的,应予受理
	3. 原告撤诉或按撤诉处理的离婚案件;判决不准离婚和调解和好的离婚案件;判决、调解维持收养关系的案件,没有新情况、新理由,原告在6个月内又起诉的,不予受理
	4. 赡养费、扶养费、抚养费案件,裁判生效后,因新情况、新理由,一方当事人再行起诉要求增加或减少费用的,应作为新案受理

考点93 第三人撤销之诉

项　目	内　容
概念	第三人因不能归责于本人的事由未参加诉讼,但有证据证明发生法律效力的判决、裁定、调解书的部分或者全部内容错误,损害其民事权益的,可以自知道或者应当知道其民事权益受到损害之日起6个月内,向作出该判决、裁定、调解书的人民法院提起诉讼
起诉受理	1. 起诉主体:有独三、无独三
	2. 起诉依据:(1)因不能归责于本人的事由未参加诉讼;(2)有证据证明发生法律效力的判决、裁定、调解书的部分或者全部内容错误,损害其民事权益的
	3. 起诉时间:自知道或者应当知道其民事权益受到损害之日起6个月内

续表

项　目	内　容
	4. 管辖法院：作出生效判决、裁定、调解书的人民法院
	5. 受理时间：法院自收到起诉状之日起30日内[①]立案或裁定不予受理
对下列情形提起第三人撤销之诉的，人民法院不予受理	1. 适用特别程序、督促程序、公示催告程序等非讼程序处理的案件
	2. 婚姻无效、撤销或解除婚姻关系等裁判、裁定、调解书中涉及身份关系的内容
	3. 未登记的权利人对代表人诉讼案件的生效裁判
	4. 损害社会公共利益行为的受害人对公益诉讼案件的生效裁判
当事人	1. 三撤的原告：起诉的第三人
	2. 三撤的被告：生效判决、裁定、调解书中的当事人
	3. 三撤第三人：生效判决、裁定、调解书中没有承担责任的无独三
中止执行	受理第三人撤销之诉案件后： (1)原告提供相应担保，请求中止执行的，人民法院可以准许。 (2)以案外人身份再提执行标的异议，异议成立的，法院裁定中止执行
审理	应当组成合议庭开庭审理。 理解：三撤本质上是一个全新的诉讼，是一个形成之诉，相当于第一审民事案件，且案情复杂，因此法院应当：(1)适用普通程序；(2)组成合议庭；(3)开庭审理

考点94 先予执行

项　目	内　容
适用案件	1. 追索赡养费、扶养费、抚养费、抚恤金、医疗费用的案件
	2. 追索劳动报酬的案件
	3. 因情况紧急需要先予执行的案件：需要立即停止侵害、排除妨碍的；需要立即制止某项行为的；追索恢复生产、经营急需的保险理赔费的；需要立即返还社会保险金、社会救助资金的；不立即返还款项，将严重影响权利人生活和生产经营的

① 普通程序的审查期限是7日，但第三人撤销之诉的审查比较复杂，涉及第三人起诉权与原审当事人权利义务及原生效文书的稳定性，因此审查期限为30日。

续表

项 目	内 容
条件	1. 当事人之间权利义务关系明确
	2. 申请人有需要
	3. 被申请人有履行能力
	4. 只能依当事人的申请适用
	5. 可以要求申请人提供担保
文书	裁定,可申请复议(5日内申请,人民法院10日内审查)一次或由人民法院主动决定再审
程序	1. 担保非必须:人民法院可以责令申请人提供担保,申请人不提供的,驳回申请
	2. 范围:限于当事人诉讼请求的范围,且以当事人的生活、生产经营的急需为限
	3. 处理与救济:法院对于先予执行的申请应当进行审查,并作出裁定,对该裁定不服的,当事人可以申请复议一次(同级复议),复议期间不停止原裁定的执行

考点95 证明责任

项 目	内 容
概念	1. 行为责任:当事人对自己提出的诉讼请求所依据的事实或者反驳对方诉讼请求所依据的事实,应当提供证据加以证明,但法律另有规定的除外
	2. 结果责任:在作出判决前,当事人未能提供证据或者证据不足以证明其事实主张的,由负有举证证明责任的当事人承担不利的后果
内涵	1. 当事人是证明责任的主体,法院不承担证明责任
	2. 同一事实,只能由一方当事人承担证明责任
	3. 证明责任是由法律和司法解释预先确定的,在诉讼中不存在证明责任转移问题
	4. 不承担证明责任的一方当事人也可以积极行使举证权利(反证)
	5. 待证事实真伪不明是证明责任发生的前提
	6. 证明责任是一种拟制或假定,可能与客观事实不符
一般分配原则	1. 主张法律关系存在的当事人,应当对产生该法律关系的基本事实承担举证证明责任(基础主张)
	2. 主张法律关系变更、消灭或者权利受到妨害的当事人,应当对该法律关系变更、消灭或者权利受到妨害的基本事实承担举证证明责任(抗辩主张)

考点96 小额诉讼制度

项目	内容
适用范围	基层人民法院和它派出的法庭审理事实清楚、权利义务关系明确、争议不大的简单金钱给付民事案件,标的额为各省、自治区、直辖市上年度就业人员年平均工资50%以下的,适用小额诉讼的程序审理,实行一审终审
当事人选择适用	基层人民法院和它派出的法庭审理上述规定的民事案件,标的额超过各省、自治区、直辖市上年度就业人员年平均工资50%但在2倍以下的,当事人双方也可以约定适用小额诉讼的程序
不适用的案件	1. 人身关系、财产确权案件; 2. 涉外案件; 3. 需要评估、鉴定或者对诉前评估、鉴定结果有异议的案件; 4. 一方当事人下落不明的案件; 5. 当事人提出反诉的案件; 6. 其他不宜适用小额诉讼的程序审理的案件
小额案件审理程序的特别规定	1. 法院的告知义务:法院应当告知当事人审判组织、一审终审、诉讼费用缴纳等事项。 2. 期间的特别规定:举证期限一般不超过7日,最长不超过15日;审理期限自立案之日起2个月,院长批准可延长1个月。 3. 裁判效力:一审终审、不得上诉,包括实体判决,也包括对当事人提出管辖权异议、裁定驳回起诉等程序性事项。 4. 程序转换:因申请增加或者变更诉讼请求、提出反诉、追加当事人等,致使案件不符合小额诉讼案件条件的,应当适用简易程序的其他规定审理;应当适用普通程序审理的,裁定转为普通程序。 5. 对适用小额案件审理程序的异议及处理:在开庭前提出,法院经审查,异议成立的,适用简易程序的其他规定审理或者裁定转为普通程序;异议不成立的,裁定驳回。 6. 裁判文书的简化:裁判文书可以简化,主要记载当事人基本信息、诉讼请求、裁判主文等内容

考点97 上诉的提起、二审当事人确定

项目	内容
上诉主体	1. 本案当事人:原告、被告、有独三
	2. 无独三:承担责任的有权上诉;不承担责任的无权上诉,但可以作为被上诉人
	3. 委托代理人:须经特别授权
上诉对象	1. 判决:但特别程序、公示催告程序的判决不可上诉
	2. 裁定:不予受理、驳回起诉、管辖权异议
	3. 调解书:不得上诉
	4. 六类一审终审情形不得上诉(尤其注意小额、婚姻效力判决)
上诉期限	1. 自送达之日起
	2. 判决:15日
	3. 裁定:10日
上诉理由	不服即可
上诉形式	1. 必须书面:口头上诉无效
	2. 上诉法院:只能向一审法院的上一级法院提
	3. 递交上诉状的法院:原则向原审法院提,也可以向二审法院提,由二审法院在5日内将上诉状移交原审法院
	4. 二审答辩期:15日
二审中当事人诉讼地位	1. 通常: (1)提起上诉者为上诉人,未提上诉者为被上诉人; (2)双方当事人及第三人均上诉,均列为上诉人,此时无被上诉人
	2. 特殊:必要共同诉讼案件。 (1)仅不服与对方当事人之间的权利义务分担:对方当事人为被上诉人,未上诉的同一方当事人依原审诉讼地位列明; (2)仅不服与共同诉讼人之间的权利义务分担:未上诉的同一方当事人为被上诉人,对方当事人依原审诉讼地位列明; (3)对双方当事人之间以及共同诉讼人之间权利义务承担有意见的:未提起上诉的其他当事人均为被上诉人
	【破题关键】把上诉请求与原审判决内容一一对比,上诉请求对谁不满,谁就是被上诉人,其他人按原审地位列明即可

考点98 二审结案方式

项目	内容
撤回上诉	1. 时间:判决宣告前
	2. 二审法院裁定是否准许
	3. 不予准许的情形:(1)一审判决确有错误;(2)当事人之间恶意串通损害国家利益、社会公共利益、他人合法权益
	4. 效力:一审判决生效
撤回起诉	1. 其他当事人同意,且不损害国家利益、社会公共利益、他人合法权益的,人民法院可以准许
	2. 效力:(1)一并裁定撤销一审裁判;(2)不得重复起诉
二审和解	二审中达成和解协议的,有三种结案方式: (1)制作调解书送达当事人,可以强制执行; (2)申请撤回起诉,不得重复起诉; (3)申请撤回上诉,一审判决生效
二审调解	二审达成调解协议的: (1)应当制作调解书; (2)调解书送达后,原判决视为撤销(当然功能,不能再有"撤销原判"的表述)
二审裁判	1. 适用文书:针对判决上诉的,适用裁定或判决处理;针对裁定上诉的,一律适用裁定处理
	2. 情形及处理: (1)原判决、裁定认定事实清楚且适用法律正确:驳回上诉,维持原判决、裁定; (2)原判决、裁定认定事实错误或适用法律错误:依法改判、撤销或变更; (3)原判决认定基本事实不清:依法改判或裁定发回重审; (4)原判决严重违反法定程序①:裁定撤销原判,发回重审
	3. 特殊情形: (1)不应由人民法院受理:裁定撤销原判,驳回起诉; (2)违反专属管辖:裁定撤销原判并移送有管辖权的法院; (3)不予受理裁定错误的:撤销原裁定,指令一审法院立案受理; (4)驳回起诉裁定错误的:撤销原裁定,指令一审法院依法审理

① "严重违反法定程序":(1)审判组织的组成不合法的;(2)应当回避的审判人员未回避的;(3)无诉讼行为能力人未经法定代理人代为诉讼的;(4)违法剥夺当事人辩论权利的。

考点99 再审对象

类别	内容
判决书（已生效）	一般都能再审，但有例外： 1. 特别程序、非讼程序不适用再审。 2. 解除婚姻关系的判决、调解书，不得再审。 (1)不等于离婚判决不能再审。 (2)当事人就离婚判决中的财产分割问题可以申请再审： ①已经分割：符合条件的可以立案再审； ②尚未处理：告知另行起诉
裁定书（已生效）	不予受理裁定、驳回起诉裁定
调解书（已生效）	符合法定情形可以再审： (1)法院启动再审——调解书确有错误； (2)当事人申请再审——调解书违背自愿原则或者合法原则； (3)检察院抗诉或者提出检察建议——调解书损害国家、社会公共利益

考点100 再审程序与范围

项目	内容
再审程序	1. 裁定中止原判决、裁定、调解书的执行。 (1)法院决定再审后，需要中止执行的，应当在再审裁定中同时写明中止执行。 (2)例外：追索赡养费、扶养费、抚养费、抚恤金、医疗费用、劳动报酬等案件，可以不中止执行
	2. 另行组成合议庭
	3. 再审没有独立程序，而是适用第一审程序或者第二审程序重新审理： (1)原生效裁判是第一审法院作出，按第一审程序审理，所作裁判可以上诉； (2)原生效裁判是第二审法院作出，按第二审程序审理，所作裁判是发生法律效力的裁判； (3)上级法院按照审判监督程序提审的，按第二审程序审理，所作裁判是发生法律效力的裁判
	4. 有特殊情况或者双方当事人已经通过其他方式充分表达意见，且书面同意不开庭审理的，可以不开庭审理

续表

项 目	内 容
再审范围	1. 人民法院审理再审案件应当围绕再审请求进行
	2. 当事人的再审请求超出原审诉讼请求的，不予审理；符合另案诉讼条件的，告知当事人可以另行起诉
	3. 人民法院经再审，发现已经发生法律效力的判决、裁定损害国家利益、社会公共利益、他人合法权益的，应当一并审理。 判断：再审中，当事人超出原审范围增加诉讼请求或者提出反诉的，再审法院可以调解，调解不成的，撤销原判发回重审①

考点101 执行和解

项 目	内 容
要求	1. 主体：当事人
	2. 时间：执行中
	3. 方式：(1)自行达成；(2)委托代理人代为执行和解的，须有特别授权
	4. 形式：书面、口头皆可。 (1)当事人共同向法院提交书面和解协议； (2)一方当事人向法院提交书面和解协议，其他当事人认可； (3)各方当事人达成口头和解协议，由执行人员记入笔录，并由各方签名或者盖章
	5. 当事人协商一致可以变更执行和解协议内容
效力	1. 程序法效力：法院可以裁定中止执行。但和解协议本身不具有强制执行力，当事人达成以物抵债和解协议的，法院不得据此作出以物抵债裁定
	2. 实体法效力：相当于合同，实质是依法变更生效文书确定的权利义务主体、履行标的、期限、地点和方式等内容
	3. 不具有撤销原生效法律文书的效力
	4. 后续处理之一：履行完毕执行和解协议的，法院作执行结案处理
	5. 后续处理之二：被执行人不履行执行和解协议的，救济途径有二，恢复执行原生效法律文书或起诉。 (1)可以申请恢复执行原生效法律文书，也可以就执行和解协议起诉； (2)恢复执行后，又就执行和解协议起诉的，不予受理； (3)选择就和解协议起诉，执行法院受理后，裁定终结原文书的执行。执行中的查扣冻自动转为诉中保全措施

① 错误，这是第二审程序中的规定，基于再审范围有限原则，再审法院不予受理即可，不能进行调解。

续表

项　目	内　容
恢复执行	1. 形式：只能依申请，不可依职权
	2. 原因：（1）受欺诈、胁迫；（2）当事人不履行和解协议
	3. 对象：原生效法律文书
	4. 时间：（1）两年申请执行时效规定；（2）申请执行期间因达成执行和解而中断，自和解协议约定履行期间的最后一日起重新计算
	5. 裁定恢复执行的，和解协议中已经履行的部分应当扣除
	6. 裁定不予恢复执行的情形： （1）被执行人正在按和解协议履行义务； （2）执行和解协议已经履行完毕； （3）和解协议约定的履行期限尚未届至或履行条件尚未成就
	7. 执行行为异议：当事人、利害关系人不服恢复或不予恢复执行违反法律规定的，可以提出书面异议，法院对此作出裁定后还不服的，向上一级人民法院申请复议
提起诉讼	执行中和解共有三种类型的诉讼： 1. 被执行人不履行和解协议的，申请执行人起诉。 2. 和解协议履行完毕但有瑕疵（因被执行人迟延履行、瑕疵履行）而致损，申请执行人起诉。 3. 当事人、利害关系人认为执行和解协议无效或应予撤销的，可以起诉。 （1）执行和解协议被撤销或确认无效后，申请执行人可以据此申请恢复执行（一路不通换另一路）； （2）当事人、利害关系人以此为由起诉的，不影响申请执行人申请恢复执行（选择走另一条路，这条路通不通没关系）

考点102 执行担保

项　目	内　容
适用条件	依申请启动＋申请执行人同意＋法院准许
	担保方式：被执行人自己提供担保（财产保）或者第三人为被执行人提供担保（财产保或人保）

续表

项目	内容
担保书	1. 应当载明担保人的基本信息、暂缓执行期限、担保期间等内容
	2. 暂缓执行的期限：应当由担保书载明： (1)暂缓执行的期限应当与担保书约定一致； (2)但最长不得超过1年
	3. 担保期间： (1)自暂缓执行期限届满之日起计算。 (2)担保书中没有记载担保期间或者记载不明的，担保期间为1年。 (3)暂缓执行期间届满后被执行人仍不履行义务，或者暂缓执行期间担保人有转移、隐藏、变卖、毁损担保财产等行为的，法院可以依申请执行人的申请恢复执行，并直接裁定执行担保财产或者保证人的财产，不得将担保人变更、追加为被执行人
	4. 担保书内容与事实不符，且对申请执行人合法权益产生实质影响的，人民法院可以依申请执行人的申请恢复执行
申请恢复执行	1. 申请恢复执行的原因： (1)暂缓执行期间担保人有转移、隐藏、变卖、毁损担保财产等行为； (2)暂缓执行期限届满后被执行人仍不履行义务
	2. 法院可以依申请执行人的申请恢复执行，并直接裁定执行担保财产或者保证人的财产，不得将担保人变更、追加为被执行人

考点103 参与分配

项目	内容
概念	被执行人为公民或者其他组织，在执行程序开始后，被执行人的其他已经取得执行依据的债权人发现被执行人的财产不能清偿所有债权的，可以向人民法院申请参与分配(注：法人走破产程序)
适用条件	1. 被执行人为公民或者其他组织(与法人破产区别之一)
	2. 有多个申请人对被执行人享有到期债权，并且已经取得执行依据
	3. 债权人的债权必须是金钱债权或已经转换为金钱请求权的债权
	4. 被执行人的财产不能清偿所有债权
	5. 参与分配申请应当在执行程序开始后，被执行人的财产执行终结前提出
担保物权优先受偿	对人民法院查封、扣押、冻结的财产有优先权、担保物权的债权人，可以直接申请参与分配，主张优先受偿权

续表

项　目	内　容
参与分配申请	申请参与分配,申请人应当提交申请书。申请书应当写明参与分配和被执行人不能清偿所有债权的事实、理由,并附有执行依据
分配方式	参与分配执行中,执行所得价款扣除执行费用,并清偿应当优先受偿的债权后,对于普通债权,原则上按照其占全部申请参与分配债权数额的比例受偿
	清偿后的剩余债务,被执行人应当继续清偿。债权人发现被执行人有其他财产的,可以随时请求人民法院执行(与法人破产区别之二)
分配方案	多个债权人对执行财产申请参与分配的,执行法院应当制作财产分配方案,并送达各债权人和被执行人(法院制作财产分配方案)
分配方案的异议	1. 债权人与被执行人对分配方案无异议的:按原分配方案进行分配
	2. 债权人或被执行人对分配方案有异议的: (1)应当自收到分配方案之日起15日内向执行法院提出书面异议。 (2)执行法院应当通知未提出异议的债权人、被执行人。 (3)未提出异议的债权人、被执行人自收到通知之日起15日内: ①未提出反对意见的,执行法院依异议人意见对分配方案审查修正后进行分配。 ②提出反对意见的,应当通知异议人。异议人可以自收到通知之日起15日内,以提出反对意见的债权人、被执行人为被告,向执行法院提起诉讼;异议人逾期未提起诉讼的,执行法院按照原分配方案进行分配
总结	1. 分配方案由法院制作并送达债权人与被执行人
	2. 债权人与被执行人对分配方案均无异议,按法院的方案分配即可
	3. 有异议的,分情况: (1)未提异议的人不反对该异议,则按该异议对分配方案进行修正。 (2)未提异议的人反对该异议的,由异议人起诉反对该异议的人,此为分配方案异议之诉;逾期未起诉的,异议不成立,仍按原方案进行分配

七、行政法与行政诉讼法

考点104 抽象行政行为

项目		内容
定义		抽象行政行为是指国家行政机关制定行政法规、规章和有普遍约束力的决定、命令等行政规则的行为。抽象行政行为具体分为行政法规、规章和其他规范性文件
特征		1. 同时针对不特定的人和事，即具有普遍约束力
		2. 效力能够反复适用
附带审查	条件	1. 只能一并审查其他规范性文件（排除行政法规、规章和国务院的其他规范性文件）
		2. 只能附带性地提出审查要求（当事人在对具体行政行为提起诉讼的同时，可以一并请求对抽象行政行为进行审查）
		3. 附带性审查的抽象行政行为必须与被诉的具体行政行为之间具有关联性
		4. 一并审查请求应当在一审开庭前提出；有正当理由的，也可以在法庭调查中提出
	审查程序	1. 法院在对规范性文件审查过程中，发现规范性文件可能不合法的，应当听取规范性文件制定机关的意见
		2. 制定机关申请出庭陈述意见的，法院应当准许
		3. 行政机关未陈述意见或者未提供相关证明材料的，不能阻止法院对规范性文件进行审查
	审查内容	法院可以从规范性文件制定机关是否超越权限或者违反法定程序、作出行政行为所依据的条款以及相关条款等方面进行。有下列情形之一的，属于规范性文件不合法： （1）超越制定机关的法定职权或者超越法律、法规、规章的授权范围的； （2）与法律、法规、规章等上位法的规定相抵触的； （3）没有法律、法规、规章依据，违法增加公民、法人和其他组织义务或者减损公民、法人和其他组织合法权益的； （4）未履行法定批准程序、公开发布程序，严重违反制定程序的

续表

项　目		内　容
	审查结果	规范性文件不合法的,不作为法院认定行政行为合法的依据,并在裁判理由中予以阐明。作出生效裁判的法院应当向规范性文件的制定机关提出处理建议和司法建议,并可以抄送制定机关的同级政府、上一级行政机关、监察机关以及规范性文件的备案机关

考点105 具体行政行为

项　目	内　容
概念	具体行政行为是指行政主体依法行使行政权力,对特定的公民、法人和其他组织作出的有关其权利义务的单方行政职权行为。其目的在于产生一定的法律后果,使行政法上的权利义务得以建立、变更或者消灭。由此可知,具体行政行为不同于行政事实行为、行政协议行为、内部行政行为、行政立法与行政规范性文件以及刑事司法行为
判断标准	【行政性】行政行为是行政主体运用行政职权作出的行为 (区别于国家行为、仲裁行为、行政协助执行行为、刑事司法行为)
	【处分性】行政行为是按照行政主体主观上的意思表示对行政相对人法律上的权利义务客观上进行的安排 (区别于事实行为:暴力侵权行为、行政指导行为、调解、重复处理行为、过程性行政行为)
	【特定性】行政行为是行政主体针对特定对象作出的行为 (区别于抽象行政行为)
	【外部性】行政行为是行政主体针对外部对象、外部事务作出的行为 (区别于内部行为)
分类	1. 以行为受法律约束的程度:羁束行政行为/裁量行政行为
	2. 以行为对当事人权益的影响:授益性行政行为/负担性行政行为
	3. 以行为是否需要当事人申请:依申请行政行为/依职权行政行为
	4. 以行为是否需要法定的形式:要式行政行为/非要式行政行为
	5. 以行为是否需要双方意思表示一致:单方行政行为/双方行政行为

考点106 行政许可

项目	内容	
申请	方式	1. 书面(信函、电报、电传、传真、电子数据交换和电子邮件等)
		2. 自己或者委托代理人,但应亲自到场的除外
		3. 需要格式文本的,行政机关应当提供(不收费)
受理	补正材料	1. 当场可以更正的——应当允许当场更正
		2. 申请材料不齐全的,应当当场或者在5日内一次性告知需要补正的全部内容。 注意:过了5天还不告知的,自收到申请材料之日起即为受理,但是受理≠许可
	形式	书面凭证(受理或者不受理,都应出具加盖本行政机关专用印章和注明日期的书面凭证)
审查	审查材料	实质审查——2名以上工作人员
	跨级审查	1. 下级机关要在法定期限内将初步审查意见和全部申请材料直接报送上级机关
		2. 上级机关不得要求申请人重复提供申请材料
听证启动	主动(职权)	1. 法律、法规、规章规定
		2. 涉及社会公共利益的重大行政许可事项
	被动(申请)	申请人与他人之间有重大利益关系的,应当告知申请人与利害关系人有申请听证的权利,申请人、利害关系人提出申请的,行政机关应当举行听证会
听证期限	申请	5日内申请
	组织	20日内组织
	告知	7日前告知
颁发许可证、加盖印章、加贴标签	时间	作出许可决定之日起10日内颁发、送达许可证,或者加贴标签,加盖印章(证、签、章)
决定	当场作出	申请人的申请符合法定条件、标准的,行政机关应当依法作出准予行政许可的书面决定

续表

项目	内容	
决定的期限	自受理之日起20日内作出决定	经本行政机关负责人批准,可以延长10日。依法应当先经下级行政机关审查后报上级行政机关决定的行政许可,下级行政机关应当自其受理行政许可申请之日起20日内审查完毕。但法律、法规另有规定的,依照其规定。这里特别要注意"特别法优于一般法"的原则决定了例外规定
	采取统一办理或者联合办理、集中办理的	决定期限为45日;经本级人民政府负责人批准,可以延长15日
变更和延续	变更	变更是对行政许可事项的范围、组织、条件等具体规定的改变。变更也必须是依申请进行的行为
	延续	1. 有效期届满30日前提出申请
		2. 如果在该许可有效期届满前没有作出是否准予延续的决定,就视为行政机关准予延续
提示: (1)行政许可中的听证免费(所有听证均免费),并且听证笔录具有案卷排他效力; (2)事先参与许可事项的或有直接利害关系的工作人员不得担任主持人; (3)除了涉及国家秘密、商业秘密、个人隐私的,听证应当公开举行		

考点107 行政处罚的实施程序

项目	内容	
简易程序	条件	违法事实确凿并有法定依据
		【一般罚】对公民处以200元以下、对法人或者其他组织处以3000元以下罚款或者警告
		【治安罚】对公民作出200元以下的罚款或警告
	程序	1. 当场处罚。当场作出的行政处罚决定,必须报所属行政机关备案
		2. 当场送达。当事人拒签的,应当在处罚决定书上注明
	立案	行政机关发现公民、法人或者其他组织有依法应当给予行政处罚的行为的,必须全面、客观、公正地调查,收集有关证据;必要时,依照法律、法规的规定,可以进行检查。符合立案标准的,行政机关应当及时立案

续表

<table>
<tr><th>项　目</th><th colspan="3">内　容</th></tr>
<tr><td rowspan="14">普通程序</td><td rowspan="6"></td><td>出示证件</td><td>出示执法证件。执法人员不出示执法证件的,当事人或者有关人员有权拒绝接受调查或者检查</td></tr>
<tr><td>陈述申辩</td><td>未经陈述申辩的,不得作出处罚决定。当事人明确放弃的除外</td></tr>
<tr><td>接受询问</td><td>当事人或者有关人员应当如实回答询问,并协助调查或者检查,不得拒绝或者阻挠。询问或者检查应当制作笔录</td></tr>
<tr><td rowspan="3">保存证据</td><td>1. 条件:在证据可能灭失或者以后难以取得的情况下</td></tr>
<tr><td>2. 程序:经行政机关负责人批准</td></tr>
<tr><td>3. 期限:7 日</td></tr>
<tr><td>审核</td><td colspan="2">有下列情形之一,在行政机关负责人作出行政处罚的决定之前,应当由从事行政处罚决定法制审核的人员进行法制审核;未经法制审核或者审核未通过的,不得作出决定:
(1)涉及重大公共利益的;
(2)直接关系当事人或者第三人重大权益,经过听证程序的;
(3)案件情况疑难复杂、涉及多个法律关系的;
(4)法律、法规规定应当进行法制审核的其他情形。
行政机关中初次从事行政处罚决定法制审核的人员,应当通过国家统一法律职业资格考试取得法律职业资格</td></tr>
<tr><td rowspan="3">决定</td><td rowspan="2">决定主体</td><td>1. 原则:行政机关负责人决定</td></tr>
<tr><td>2. 例外:对情节复杂或者重大违法行为给予行政处罚,行政机关负责人应当集体讨论决定</td></tr>
<tr><td>决定期限</td><td>行政机关应当自行政处罚案件立案之日起 90 日内作出行政处罚决定。法律、法规、规章另有规定的,从其规定</td></tr>
<tr><td>送达</td><td colspan="2">(1)当事人在场的,当场送达;(2)当事人不在场的,应当在 7 日内送达;(3)当事人同意并签订确认书的,行政机关可以采用传真、电子邮件等方式,将行政处罚决定书等送达当事人</td></tr>
<tr><td>听证程序</td><td>范围</td><td colspan="2">行政机关拟作出下列行政处罚决定,应当告知当事人有要求听证的权利,当事人要求听证的,行政机关应当组织听证:
(1)较大数额罚款;
(2)没收较大数额违法所得、没收较大价值非法财物;
(3)降低资质等级、吊销许可证件;
(4)责令停产停业、责令关闭、限制从业;
(5)其他较重的行政处罚;
(6)法律、法规、规章规定的其他情形</td></tr>
</table>

续表

项　目			内　容
	程序	期限	1. 当事人要求听证的,应当在行政机关告知后5日内提出
			2. 行政机关应当在举行听证的7日前,通知当事人及有关人员听证的时间、地点
		回避	听证由行政机关指定的非本案调查人员主持;当事人认为主持人与本案有直接利害关系的,有权申请回避
		费用	行政机关承担听证费用
		代理	当事人可以亲自参加听证,也可以委托1~2人代理
		公开	除涉及国家秘密、商业秘密或者个人隐私依法予以保密外,听证公开举行
		终止	当事人及其代理人无正当理由拒不出席听证或者未经许可中途退出听证的,视为放弃听证权利,行政机关终止听证
		质证	举行听证时,调查人员提出当事人违法的事实、证据和行政处罚建议,当事人进行申辩和质证
		笔录	1. 听证应当制作笔录,笔录应当交当事人或者其代理人核对无误后签字或者盖章
			2. 行政机关应当根据听证笔录,依照相关法律的规定,作出决定(案卷排他效力)

考点108 治安管理处罚法

项　目			内　容
处罚主体	1. 一般主体:县级以上公安机关		
	2. 授权主体:派出所(职权范围——警告、500元以下罚款)		
处罚种类	警告、罚款、行政拘留、吊销公安机关发放的许可证、对外国人可以附加适用限期出境或者驱逐出境		
一般程序	调查	传唤	1. 对象:违反治安管理行为人(证人、受害人不可传唤)
			2. 办案部门负责人批准,使用传唤证传唤(书面)
			3. 现场发现的,出示工作证件可口头传唤,但应在询问笔录中注明
			4. 告知义务:应当将传唤的原因和依据告知被传唤人。对无正当理由不接受传唤或者逃避传唤的人,可以强制传唤

续表

<table>
<tr><th>项 目</th><th colspan="3">内 容</th></tr>
<tr><td rowspan="14"></td><td rowspan="12"></td><td rowspan="5">询问</td><td>1. 对象:违反治安管理行为人、证人和受害人</td></tr>
<tr><td>2. 对违反治安管理行为人,询问查证的时间不得超过 8 个小时;情况复杂可能适用行政拘留的,不得超过 24 小时</td></tr>
<tr><td>3. 询问不满 16 周岁的违反治安管理行为人,应当通知其父母或者其他监护人到场</td></tr>
<tr><td>4. 询问受害人或者证人的,可以到其所在单位或住处进行;必要时,也可以通知其到公安机关提供证言</td></tr>
<tr><td>5. 询问笔录(确认无误后,被询问人应当签名或盖章,询问人也应当在笔录上签名)</td></tr>
<tr><td rowspan="5">检查</td><td>1. 对象:与违反治安管理行为有关的场所、物品、人身</td></tr>
<tr><td>2. 警察不得少于 2 人,并应当出示工作证件和县级以上人民政府公安机关开具的检查证明文件</td></tr>
<tr><td>3. 情况紧急,确有必要立即进行的,警察经出示工作证件,可以当场检查,但检查公民住所,应当出示县级以上人民政府公安机关开具的检查证明文件</td></tr>
<tr><td>4. 检查妇女身体,应当由女性工作人员进行</td></tr>
<tr><td>5. 应当制作检查笔录,由检查人、被检查人和见证人签名或者盖章;被检查人拒绝签名的,警察应当在笔录中注明</td></tr>
<tr><td rowspan="2">扣押</td><td>1. 不得扣押善意第三人合法占有的财产,不得扣押受害人合法占有的财产</td></tr>
<tr><td>2. 不得扣押与违法活动无关的财物</td></tr>
<tr><td>决定</td><td>期限</td><td>自受理之日起不超过 30 日,案情重大、复杂的,经上一级公安机关批准,可以延长 30 日</td></tr>
<tr><td>送达</td><td>期限</td><td>当场决定,当场送达;无法当场,2 日内送达</td></tr>
<tr><td rowspan="2">调解</td><td colspan="3">1. 对于民间纠纷引起的打架斗殴或者损毁他人财物等违反治安管理行为,情节较轻的(前提),公安机关可以调解处理。经公安机关调解,当事人达成协议的,不予处罚</td></tr>
<tr><td colspan="3">2. 经调解未达成协议或者达成协议后不履行的,公安机关应当依照《治安管理处罚法》的规定对违反治安管理行为人给予处罚,并告知当事人可以就民事争议依法向人民法院提起民事诉讼</td></tr>
<tr><td rowspan="2">简易程序</td><td colspan="3">1. 仅限于警告,200 元以下罚款</td></tr>
<tr><td colspan="3">2. 出示工作证件,填写处罚决定书,交被处罚人,如有被侵害人的,并将决定书副本抄送被侵害人</td></tr>
<tr><td>听证</td><td colspan="3">条件:吊销许可证 +2000 元以上罚款</td></tr>
</table>

续表

项　目	内　容
执行	1. 当场收缴罚款： (1)被处50元以下罚款且被处罚人无异议的； (2)在边远、水上、交通不便地区作出处罚后，被处罚人向指定银行缴纳罚款确有困难并自愿当场缴纳的； (3)被处罚人在当地没有固定住所，不当场收缴事后难以执行的
	2. 拘留：由作出决定的公安机关送达拘留所执行；有多种违法行为的应当分别决定，合并执行的行政拘留不得超过20日
	3. 行政拘留暂缓执行的条件：不服＋复议或诉讼中＋提出申请＋不致发生社会危险＋保证人或保证金(200元/日)
时效	治安管理处罚：6个月内未被公安机关发现的，不再处罚

考点109 行政强制措施的实施程序

项　目		内　容
实施主体	法律、法规规定的行政机关在法定职权范围内实施	
	授权机关：法律、行政法规授权无行政权能的组织	
	委托机关：禁止委托	
一般程序	内部程序	【事先报批】实施行政强制措施之前必须向行政机关负责人报告并经批准
		【紧急情况】可以先不经过批准当场实施，24小时内向负责人报告并补办批准手续。但人身类的强制措施立即向负责人报告并补办手续
	外部程序	1. 表明身份(出示执法证件)
		2. 通知当事人到场
		3. 当场告知理由、依据和当事人依法享有的权利、救济途径
		4. 听取陈述申辩
		5. 制作现场笔录(如实记录)
查封、扣押的程序	要求	1. 查封、扣押限于涉案的场所、设施或者财物，与违法行为无关的不得查封、扣押
		2. 已经被其他国家机关查封的，不得重复查封
		3. 公民个人及其扶养家属的生活必需品不得查封、扣押

续表

<table>
<tr><th>项　目</th><th colspan="2">内　容</th></tr>
<tr><td rowspan="7"></td><td rowspan="3">程序</td><td>1. 制作并当场交付查封、扣押决定书及清单。清单一式两份，由当事人和行政机关分别保存</td></tr>
<tr><td>2. 期限不得超过 30 日；经本机关负责人批准，可以延长，但延长期限不得超过 30 日，即最长期限为 60 日。其他法律、行政法规另有规定的，从其例外。扣除期限：检测、检验、检疫或者技术鉴定的期间不计算在内</td></tr>
<tr><td>3. 财物的妥善保管：行政机关不得擅自使用或者损毁。可以委托第三人保管，费用由行政机关承担；因第三人的原因造成的损失，行政机关先行赔付后，有权向第三人追偿</td></tr>
<tr><td rowspan="2">后续处置</td><td>1. 违法事实清楚对财物进行没收、销毁</td></tr>
<tr><td>2. 解除查封扣押的适用情形：
（1）当事人没有违法行为；
（2）查封、扣押的场所、设施或者财物与违法行为无关；
（3）行政机关对违法行为已经作出处理决定，不再需要查封、扣押；
（4）查封、扣押期限已经届满；
（5）其他不再需要采取查封、扣押措施的情形</td></tr>
<tr><td colspan="2"></td></tr>
<tr><td colspan="2"></td></tr>
<tr><td rowspan="7">冻结的程序</td><td rowspan="2">要求</td><td>1. 对象是与违法行为涉及的金额相当的存款、汇款</td></tr>
<tr><td>2. 不得重复冻结</td></tr>
<tr><td rowspan="4">程序</td><td>1. 负责人批准——2 人以上实施表明身份——制作笔录——向金融机构交付冻结通知书</td></tr>
<tr><td>2. 金融机构收到通知书后立即冻结</td></tr>
<tr><td>3. 3 日内送达冻结决定书</td></tr>
<tr><td>4. 期限不得超过 30 日，若复杂，经批准可延长 30 日</td></tr>
<tr><td>后续处置</td><td>解除冻结</td></tr>
</table>

考点 110　行政强制执行的实施程序

<table>
<tr><th>执行类型</th><th colspan="3">内　容</th></tr>
<tr><td rowspan="4">间接强制执行</td><td>主体</td><td colspan="2">所有的行政机关（普遍授权）</td></tr>
<tr><td rowspan="3">程序</td><td rowspan="3">执行罚</td><td>1. 执行前提。当事人逾期不履行金钱给付义务</td></tr>
<tr><td>2. 标准告知。行政机关加处罚款或者滞纳金，应当将收取标准告知当事人</td></tr>
<tr><td>3. “罚不超本”原则。加处罚款或者滞纳金的数额不得超出金钱给付义务的数额</td></tr>
</table>

续表

执行类型	内容		
			4. 催告。自行政机关作出加处罚款或者滞纳金决定之日起，当事人超过 30 日仍不履行的，行政机关需要对当事人作出催告。催告不仅要求当事人履行原行政决定所确定的金钱给付义务，而且要求当事人履行执行罚所确定的新的金钱给付义务
			5. 强制执行。经催告当事人仍不履行的，具有行政强制执行权的行政机关可以强制执行。无强制执行权的行政机关应当申请法院强制执行（原行政行为确定的给付义务 + 执行罚所确定的新的金钱给付义务）
		代履行	1. 条件。 当事人不履行 + 经催告还不履行 + 后果已经或者将危害交通安全、造成环境污染、破坏自然资源→行政机关自己或者委托第三人代为履行
		代履行	2. 程序。 送达代履行决定书—代履行 3 日前催告当事人—派员监督—签章确认—收费（当事人支付）
		代履行	3. 立即代履行。 当事人在场的，行政机关责令当事人予以清除，当事人不能清除的，行政机关可以决定立即实施代履行；当事人不在场的，行政机关事后立即通知当事人，并依法作出处理
直接强制执行	主体	有权机关	公安局、国家安全局：将被处罚人送达拘留所执行
直接强制执行	主体	有权机关	税务局：扣缴存款抵扣税款或罚款（划拨）
直接强制执行	主体	有权机关	海关：扣缴存款抵扣税款或罚款（划拨）
直接强制执行	主体	无权机关	申请法院执行
直接强制执行	程序	有权机关	过了履行期—催告—当事人陈述申辩—强制执行
直接强制执行	程序	无权机关非诉执行	1. 当事人不复议、不诉讼、不履行，期满后 3 个月内申请法院强制执行
直接强制执行	程序	无权机关非诉执行	2. 申请前先催告当事人，催告后 10 日，可申请
直接强制执行	程序	无权机关非诉执行	3. 申请机关所在地法院，不动产例外
直接强制执行	程序	无权机关非诉执行	4. 法院 5 日内受理；法院不受理的，行政机关可在 15 日内申请上一级法院复议
直接强制执行	程序	无权机关非诉执行	5. 法院行政庭书面审查，7 日内裁定；实质审查，30 日内裁定
直接强制执行	程序	无权机关非诉执行	6. 紧急情况，经法院院长批准，裁定后 5 日内执行
直接强制执行	程序	无权机关非诉执行	7. 被执行人承担合理费用
考点点拨：海关、税务既可以自己强制执行，也可以申请法院非诉执行			

考点111 行政协议

项　目	内　容
种类	1. 政府特许经营协议 2. 土地、房屋等征收征用补偿协议 3. 矿业权等国有自然资源使用权出让协议 4. 政府投资的保障性住房的租赁、买卖等协议 5. 政府与社会资本合作协议 6. 其他行政协议
效力	1. 未生效 法律、行政法规规定应当经过其他机关批准等程序后生效的行政协议,在一审法庭辩论终结前未获得批准的,人民法院应当确认该协议未生效。 2. 效力终止 (1)无效 ①行政协议存在重大且明显违法情形的,人民法院应当确认行政协议无效。 ②人民法院可以适用民事法律规范确认行政协议无效。 ③行政协议无效的原因在一审法庭辩论终结前消除的,人民法院可以确认行政协议有效。 (2)可撤销 行政协议存在胁迫、欺诈、重大误解、显失公平等情形时,为可撤销的行政协议
诉讼时效	1. 公民、法人或者其他组织对行政机关不依法履行、未按照约定履行协议提起诉讼的,参照民事法律规范关于诉讼时效的规定。 2. 对行政机关单方变更、解除协议等行为提起诉讼的,适用《行政诉讼法》及其司法解释关于起诉期限的规定
举证责任	1. 被告对于自己具有法定职权、履行法定程序、履行相应法定职责以及订立、履行、变更、解除行政协议等行为的合法性承担举证责任。 2. 原告主张撤销、解除行政协议的,对撤销、解除行政协议的事由承担举证责任。 3. 行政协议是否履行发生争议的,由负有履行义务的当事人承担举证责任
判决形式	1. 被告变更、解除行政协议的判决形式 (1)合法地变更、解除行政协议 在履行行政协议过程中,可能出现严重损害国家利益、社会公共利益的情形,被告作出变更、解除协议的行政行为后,原告起诉,法院经审理认为该行为合法的,判决驳回原告诉讼请求;给原告造成损失的,判决被告予以补偿。 (2)违法的变更、解除行政协议 被告变更、解除行政协议的行政行为违法,法院判决撤销或者部分撤销,并可以责令被告重新作出行政行为。还可以判决被告继续履行协议、采取补救措施;给原告造成损失的,判决被告予以赔偿

续表

项 目	内 容
	2. 未履约行为的判决形式 (1)合法的不履约; (2)违法的不履约

考点112 政府信息公开

<table>
<tr><th>项 目</th><th colspan="2">内 容</th></tr>
<tr><td rowspan="3">公开主体</td><td colspan="2">1. 谁制作,谁公开;谁保存,谁公开</td></tr>
<tr><td colspan="2">2. 行政机关获取的其他行政机关的政府信息,由制作或最初获取该政府信息的行政机关公开(首次接触原则)</td></tr>
<tr><td colspan="2">3. 共同行为:牵头机关公开(可以征求其他机关意见,被征求者在 15 个工作日内回复,不回复,视为同意)</td></tr>
<tr><td rowspan="5">是否公开</td><td colspan="2">1. 国家秘密,一律不公开</td></tr>
<tr><td colspan="2">2. 商业秘密、个人隐私原则上不公开。例外:权利人同意;不公开可能对公共利益造成重大影响</td></tr>
<tr><td colspan="2">3. 内部信息可以不公开(人事管理、后勤管理、内部工作流程等)</td></tr>
<tr><td colspan="2">4. 过程性信息及行政执法案卷信息可以不公开(法律、法规、规章另有规定的除外)</td></tr>
<tr><td colspan="2">注意:不能确定是否可以公开的,应当依照法律、法规和国家有关规定报有关主管部门或保密行政管理部门确定</td></tr>
<tr><td rowspan="2">主动公开</td><td colspan="2">期限:信息形成或变更之日起 20 个工作日内公开;法律、法规另有规定的除外</td></tr>
<tr><td colspan="2">场所:应当在国家档案馆、公共图书馆、政府服务场所公开</td></tr>
<tr><td rowspan="5"></td><td colspan="2">取消了申请者生产、生活、科研等特殊需要的要求</td></tr>
<tr><td>方式</td><td>书面(信件、数据电文)或者口头申请</td></tr>
<tr><td rowspan="3">内容</td><td>1. 申请人的姓名或者名称、身份证明、联系方式</td></tr>
<tr><td>2. 申请公开的政府信息的名称、文号或者便于行政机关查询的其他特征性描述</td></tr>
<tr><td>3. 申请公开的政府信息的形式要求,包括获取信息的方式、途径</td></tr>
</table>

续表

项　目	内　容	
申请公开	公开期限	能当场答复的当场答复;不能的,在20个工作日内予以答复,可延长20日,但是征求第三方和其他机关意见的时间不计算在内
	答复方式	1. 公开。 (1)根据申请人的要求及行政机关保存政府信息的实际情况,确定提供政府信息的具体形式;按照申请人要求的形式提供政府信息,可能危及政府信息载体安全或者公开成本过高的,可以通过电子数据以及其他适当形式提供,或者安排申请人查阅、抄录相关政府信息。 (2)申请公开的信息中含有不应当公开或者不属于政府信息的内容,但是能够作区分处理的,行政机关应当向申请人提供可以公开的政府信息内容,并对不予公开的内容说明理由。 (3)不收取费用。但是,申请数量、频次明显超过合理范围的,可收取信息处理费
		2. 不公开。 (1)行政机关依据《政府信息公开条例》的规定决定不予公开的,告知申请人不予公开并说明理由。 (2)经检索没有所申请的公开信息的,告知申请人该政府信息不存在。 (3)所申请公开信息不属于本行政机关负责公开的,告知申请人并说明理由;能够确定负责公开该政府信息的行政机关的,告知申请人该行政机关的名称、联系方式
		3. 材料补正。 政府信息公开申请内容不明确的,行政机关应当给予指导和释明,并自收到申请之日起7个工作日内一次性告知申请人作出补正,说明需要补正的事项和合理的补正期限。答复期限自行政机关收到补正的申请之日起计算。申请人无正当理由逾期不补正的,视为放弃申请,行政机关不再处理该政府信息公开申请

考点113 行政复议和行政诉讼的衔接关系

项目	内容
自由选择	除非法律法规规定必须先申请行政复议的，当事人可以自由选择申请复议还是提起诉讼。 1. 不能同时进行，已经诉讼，不得复议；已经申请复议，暂缓诉讼； 2. 已经申请行政复议，在法定复议期限内又提起诉讼的，法院裁定不予受理。 如下所示： 具体行政行为 → 复议 → 诉讼 具体行政行为 → 诉讼
复议前置	有下列情形之一的，申请人应当先向行政复议机关申请行政复议，对行政复议决定不服的，可以再依法向人民法院提起行政诉讼： 1. 对当场作出的行政处罚决定不服； 2. 对行政机关作出的侵犯其已经依法取得的自然资源的所有权或者使用权的决定不服； 3. 认为行政机关存在《行政复议法》第11条规定的未履行法定职责情形； 4. 申请政府信息公开，行政机关不予公开； 5. 法律、行政法规规定应当先向行政复议机关申请行政复议的其他情形。 对上述规定的情形，行政机关在作出行政行为时应当告知公民、法人或者其他组织先向行政复议机关申请行政复议。 具体行政行为 → 行政复议 → 行政诉讼
选择但终局	被申请人是省部级单位，复议后可选择诉讼或者国务院裁决。但国务院裁决为终局裁决，不能再诉。 如下所示： 省部级具体行政行为 → 省部级复议 → 国务院裁决（终局） 省部级复议 → 行政诉讼
复议前置且终局	依据《出境入境管理法》的规定，针对外国人和其他境外人员的继续盘问、拘留审查，限制活动范围，遣送出境的行政复议决定

考点114 行政诉讼的受案范围

项目	内容	
正面列举	1. 对行政处罚不服的	
	2. 对行政强制措施和行政强制执行不服的	
	3. 对行政许可类行为不服的	
	4. 对关于确认土地、矿藏等自然资源的所有权或者使用权的决定不服的	
	5. 对征收、征用决定及其补偿决定不服的	
	6. 认为行政机关不履行或不答复保护人身权、财产权等合法权益的法定职责的	
	7. 认为行政机关侵犯经营自主权或者农村土地承包经营权、农村土地经营权的	
	8. 认为行政机关滥用行政权力排除或者限制竞争的	
	9. 认为行政机关违法集资、摊派费用或者违法要求履行其他义务的	
	10. 认为行政机关未依法支付抚恤金、最低生活保障待遇或者社会保险待遇的	
	11. 认为行政机关不依法履行、未按照约定履行或者违法变更、解除政府特许经营协议、土地房屋征收补偿协议等协议的	
	12. 认为行政机关侵犯其他人身权、财产权等合法权益的	
反面排除	无行政性	1. 国家行为
		2. 刑事司法行为
		3. 行政协助司法行为
	无处分性	1. 暴力侵权行为
		2. 行政指导
		3. 行政调解和仲裁
		4. 重复处理行为
		5. 过程性行为
		6. 信访行为
	无特定性	抽象行政行为(不可以直接起诉)
	无外部性	1. 对行政机关工作人员的奖惩任免决定
		2. 行政机关之间的内部行为
		3. 上级对下级层级监督行为

续表

项　目		内　容
	法定最终裁决行为	1. 国务院的复议决定
		2. 针对外国人和其他境外人员的限制人身自由的复议决定
行政合同可受案	概念	行政合同是指行政机关为实现公共利益或行政管理目标,在法定职责范围内,与公民、法人或者其他组织协商订立的具有行政法上权利义务内容的协议
	主要种类	1. 政府特许经营协议
		2. 土地、房屋等征收征用补偿协议
		3. 国有资源使用权出让协议
	受案特点	民告官,不允许官告民
可附带审查的抽象行政行为	对象	除国务院规定外的其他规范性文件(不含规章)
	时间	一审开庭前,有正当理由的,也可在法庭调查中
	处理结果(不合法)	1. 不作为认定行政行为合法的依据
		2. 向制定机关提出处理意见;裁判生效 3 个月内,向制定机关提修改或废止的司法建议。规范性文件由多部门联合制定的,法院可以向主办机关或者共同的上一级机关发送司法建议
		3. 抄送制定机关的同级政府、上一级机关、监察机关、文件的备案机关
	处理结果执行	1. 接到司法建议的行政机关应在收到建议之日起 60 日内书面答复
		2. 紧急情况,法院可以建议制定机关或其上一级机关立即停止执行该规范性文件
	处理结果备案	1. 文件不合法的,裁判生效后,报上一级法院备案
		2. 国务院部门的文件层报最高人民法院;省级机关的文件,层报高级人民法院

考点115 行政诉讼被告

(一)常见情形

情形	被告	
作出行政行为的行政机关	该行政机关(即使越权被告还是它自己)	
法律、法规、规章授权的组织	法律、法规、规章授权的组织	
行政机关委托的组织	委托的行政机关	
被撤销的行政机关	继续行使其职权的行政机关;无继续行使其职权的行政机关,以其所属的人民政府为被告;实行垂直领导的,以垂直领导的上一级机关为被告	
内设机构、派出机构作出的行为	幅度越权	被告为派出机构,比如派出所罚款5000元,被告就是派出所
	种类越权	被告为派出机构,比如派出所作出拘留决定,属于未经授权实施的行为,被告是公安局
开发区管理机构作出的行为	国务院、省级政府批准设立的(类似区政府)	开发区管理机构和其职能部门对各自行为均可独立做被告
	非国务院、省级政府批准设立的,取得有效授权的	开发区管理机构为被告
	非国务院、省级政府批准设立的,未取得有效授权的	设立该机构的人民政府为被告
共同行为	共同作出一个行政行为,共同被告(错变驳,漏加转为第三人)	
	注意:如果行政机关与企业等非行政主体联合执法,这属于"假共同行政行为",应当以作出决定的行政机关为被告,非行政主体是第三人	
经过复议的案件	1. 复议不作为:原告不服谁,谁就是被告(选择告一个,不能同时起诉)	
	2. 复议维持:原行政机关和复议机关为共同被告——漏加列为共同被告	
	3. 复议改变:复议机关为被告——仅限于实体结果的改变(既有维持又有改变,按照维持)	
房屋征收补偿行为	1. 市、县级人民政府确定的房屋征收部门组织实施房屋征收与补偿工作过程中作出行政行为,被征收人不服提起诉讼的,以房屋征收部门为被告	
	2. 征收实施单位受房屋征收部门委托,在委托范围内从事的行为,被征收人不服提起诉讼的,应当以房屋征收部门为被告	

续表

<table>
<tr><th>情　形</th><th>被　告</th></tr>
<tr><td rowspan="2">上级批准的案件</td><td>1. 复议看职权——找上级</td></tr>
<tr><td>2. 诉讼看名义——谁盖章，谁被告</td></tr>
<tr><td colspan="2">考点点拨：
1. 共同行为告漏了被告，通知原告追加，原告不同意追加的列为第三人；共同行为告错了，通知原告变更被告，原告拒绝变更的，法院裁定驳回起诉（想变就变，不变就驳回）。
2. 复议维持告漏了被告，法院通知追加，原告不同意追加的，列为共同被告。
3. 复议维持的判断："审过且结果没变。"特别注意如果复议机关改变了法律依据和事实依据，只要行为结果没有变，就属于复议维持。只要沾边维持的行政机关都共同告</td></tr>
</table>

（二）最高人民法院《关于正确确定县级以上地方人民政府行政诉讼被告资格若干问题的规定》

1. 一般原则：谁行为，谁被告

情　形	被　告
法律、法规、规章规定属于县级以上地方人民政府职能部门的行政职权，县级以上地方人民政府通过听取报告、召开会议、组织研究、下发文件等方式进行指导，公民、法人或者其他组织不服县级以上地方人民政府的指导行为提起诉讼	法院应当释明，告知其以具体实施行政行为的职能部门为被告
公民、法人或者其他组织向县级以上地方人民政府申请履行法定职责或者给付义务，法律、法规、规章规定该职责或者义务属于下级人民政府或者相应职能部门的行政职权，县级以上地方人民政府已经转送下级人民政府或者相应职能部门处理并告知申请人	申请人起诉要求履行法定职责或者给付义务的，以下级人民政府或者相应职能部门为被告

2. 拆除房屋：先文书，后行为

<table>
<tr><th>情　形</th><th>被　告</th></tr>
<tr><td>县级以上地方人民政府根据《城乡规划法》的规定，责成有关职能部门对违法建筑实施强制拆除，公民、法人或者其他组织不服强制拆除行为提起诉讼</td><td rowspan="3">（1）以作出强制拆除决定的行政机关为被告；
（2）没有强制拆除决定书的，以具体实施强制拆除行为的职能部门为被告</td></tr>
<tr><td>公民、法人或者其他组织对集体土地征收中强制拆除房屋等行为不服提起诉讼的，除有证据证明系县级以上地方人民政府具体实施外</td></tr>
<tr><td>县级以上地方人民政府已经作出国有土地上房屋征收与补偿决定，公民、法人或者其他组织不服具体实施房屋征收与补偿工作中的强制拆除房屋等行为提起诉讼的</td></tr>
</table>

考点116 行政诉讼的管辖

<table>
<tr><th>类 型</th><th colspan="2">内 容</th></tr>
<tr><td rowspan="9">地域管辖</td><td>1. 一般管辖</td><td>原告就被告——被告所在地法院（最初作出行政行为的行政机关所在地）管辖</td></tr>
<tr><td rowspan="2">2. 不动产案件</td><td>行政行为导致不动产物权变动的案件，由不动产所在地的法院专属管辖</td></tr>
<tr><td>点拨：不动产已登记的，以不动产登记簿记载的所在地为不动产所在地；不动产未登记的，以不动产实际所在地为不动产所在地</td></tr>
<tr><td>3. 经过复议的案件</td><td>由原行政机关所在地或复议机关所在地法院管辖</td></tr>
<tr><td rowspan="4">4. 限制人身自由的案件</td><td>对行政机关基于同一事实，既采取限制公民人身自由的行政强制措施，又采取其他行政强制措施或者行政处罚不服的，由被告所在地或者原告所在地的法院管辖</td></tr>
<tr><td>点拨1：只有“被关了的人”起诉，才会有多重地域管辖，受害人起诉只能由被告所在地法院管辖</td></tr>
<tr><td>点拨2：诉求中只有包括限制人身自由的行政强制措施，才会有多重地域管辖，拘留类的行政处罚（无论是单纯的拘留，还是拘留加罚款等财产类行为）只能由被告所在地法院管辖</td></tr>
<tr><td>点拨3：原告所在地包括户籍所在地、经常居住地、被限制人身自由地</td></tr>
<tr><td style="display:none"></td><td style="display:none"></td></tr>
<tr><td rowspan="5">级别管辖</td><td rowspan="4">中院管辖</td><td>（1）【级别高】对国务院部门或县级以上政府（县政府、市政府、省政府；此处的政府不包括政府的工作部门）所作的行政行为提起诉讼的案件</td></tr>
<tr><td>（2）【专业性强】海关处理的案件</td></tr>
<tr><td>（3）【本辖区内重大、复杂的案件】①社会影响重大的共同诉讼案件；②涉外行政案件；③涉及我国香港特别行政区、澳门特别行政区、台湾地区的行政案件；④其他重大、复杂案件</td></tr>
<tr><td>（4）其他法律规定由中级人民法院管辖的案件</td></tr>
<tr><td>提示</td><td>复议维持后，原机关和复议机关为共同被告的，以作出原行为的行政机关确定案件的级别管辖（就低原则，仅指级别管辖，与地域管辖无关）</td></tr>
</table>

考点117 行政诉讼的起诉与审理

(一)行政诉讼的起诉

项目	内容	
一般条件	1. 有原告资格;2. 有明确的被告;3. 有具体的诉讼请求和事实依据;4. 属于法院受案范围和受诉法院管辖	
时间条件	诉作为	1. 全知道:自知道或者应当知道行政行为作出之日起6个月内,法律另有规定的除外
		2. 知一半(知行为):知道或者应当知道起诉期限或诉权之日起6个月内,且在(应)知道内容之日起1年内(知道内容不知道诉权)
		3. 全不知:从知道或者应当知道内容之日起6个月内,且自行为作出之日起5年内,不动产20年
	诉不作为	1. 明确拒绝的:拒绝之日起6个月内起诉
		2. 有履行期:履行期届满后6个月内起诉
		3. 无履行期的:申请满2个月后起诉,期限为6个月
		4. 紧急情况下,即时可以起诉,期限为6个月
	经过复议	1. 复议作为的:收到复议决定书之日起15日内,法律另有规定的除外
		2. 复议不作为:收到复议决定或者复议期满之日起15日内起诉,法律另有规定的除外
	点拨:民事诉讼中超过了诉讼时效,当事人没有丧失起诉权,丧失的是胜诉权。行政诉讼中超过了起诉期,法院不予立案,已经受理的裁定驳回起诉	

(二)行政诉讼的审理

<table>
<tr><th>审理程序类型</th><th colspan="2">内 容</th></tr>
<tr><td rowspan="9">一审普通程序</td><td rowspan="3">庭前程序</td><td>1. 审理前的准备:法院将起诉状副本 5 日内给被告→被告收到后 15 日内向法院交证据和答辩状→法院 5 日内将答辩状副本给原告</td></tr>
<tr><td>2. 开庭 3 日前,传票传唤当事人(其他人用通知书的方式)</td></tr>
<tr><td>3. 起诉状副本送达被告后,原告提出新的诉讼请求的,法院不予准许,但有正当理由的除外(行政赔偿案件可在一审庭审结束前提出)</td></tr>
<tr><td rowspan="2">审理对象</td><td>1. 审查被诉行为合法性</td></tr>
<tr><td>2. 复议维持的,审查原行政行为的合法性和复议决定的合法性</td></tr>
<tr><td rowspan="3">审理方式</td><td>行政诉讼第一审程序必须进行开庭审理。应遵循以下原则:
1. 必须采取言词审理的方式。
2. 以公开审理为原则;但是,涉及国家秘密、个人隐私的绝对不公开,涉及商业秘密的经申请可以不公开。
3. 法院审理政府信息公开行政案件,应当视情况采取适当的审理方式</td></tr>
<tr style="display:none"></tr>
<tr style="display:none"></tr>
<tr><td>审理期限</td><td>6 个月;需延长由高院批,高院审理的由最高院批</td></tr>
<tr><td rowspan="6">一审简易程序</td><td rowspan="3">范围</td><td>【法定简易】事实清楚、权利义务关系明确、争议不大的。
(1)当场作出的行政行为;
(2)2000 元以下的款额;
(3)政府信息公开</td></tr>
<tr><td>【约定简易】一审案件各方当事人同意适用简易程序的</td></tr>
<tr><td>【排除适用】二审案件、发回重审的案件、再审案件均不得适用简易程序</td></tr>
<tr><td rowspan="3">要求</td><td>1. 一人独任审理</td></tr>
<tr><td>2. 45 日内审结(民事诉讼:3 个月内审结;应当当庭宣判)</td></tr>
<tr><td>3. 简易转普通的,期限自立案之日起算</td></tr>
<tr><td rowspan="5">二审程序</td><td colspan="2">1. 上诉主体:一审原告、被告、第三人</td></tr>
<tr><td colspan="2">2. 上诉期:判决 15 日内向上一级法院上诉;裁定 10 日</td></tr>
<tr><td colspan="2">3. 方式:开庭审理,没有新的证据事实的,也可以不开庭审理</td></tr>
<tr><td colspan="2">4. 对象:全面审理(原法院的判决、裁定和被诉行政行为的合法性)</td></tr>
<tr><td colspan="2">5. 期限:3 个月</td></tr>
</table>

考点118 行政诉讼裁判

<table>
<tr><th>项目</th><th colspan="3">内容</th></tr>
<tr><td rowspan="6">一审判决</td><td>合法</td><td colspan="2">判决驳回原告的诉讼情求</td></tr>
<tr><td rowspan="5">违法</td><td rowspan="3">作为</td><td>1. 能撤销就撤销</td></tr>
<tr><td>2. 不能撤销就确认违法。
(1)撤销会给国家利益、公共利益造成重大损害;
(2)诉讼中被诉行政行为已经被撤销、改变;
(3)不具有可撤销的内容;
(4)程序轻微违法,但对原告权利不产生实际影响;
(5)无效行政行为</td></tr>
<tr><td>3. 处罚显失公正、其他行为涉及款额有误可撤可变</td></tr>
<tr><td rowspan="2">不作为</td><td>1. 能作为的就作为:履行判决(行为)、给付判决(给钱)</td></tr>
<tr><td>2. 不能作为则确认违法</td></tr>
<tr><td rowspan="3">特别说明</td><td colspan="3">1. 撤销判决和确认无效的转换:
(1)原告请求撤销行政行为的,法院经审查认为行政行为无效的,应当作出确认无效的判决(直接无效判决,不需要原告同意)。
(2)原告请求确认行政行为无效的,但经法院审查认为属于可撤销的:
①经释明,原告请求撤销行政行为的,应当继续审理并作出相应判决。
②经释明,原告拒绝变更诉讼请求的,判决驳回其诉讼请求,“就高不就低,就低要同意,如果不同意,哪儿来回哪儿去”。
点拨:原告起诉请求确认行政行为无效的,但法院经审查认为属于可撤销的,如果撤销行政行为已超过诉讼时效,法院应裁定驳回起诉</td></tr>
<tr><td colspan="3">2. 变更判决的特殊适用:
(1)不得对当事人作出更为不利的决定,但是利害关系人同为原告,且诉讼请求相反的除外;
(2)对行政程序中未处罚的人,法院不得在诉讼程序中直接判决处罚</td></tr>
<tr><td colspan="3">3. 复议改变后判决的形式:
复议改变原行政行为错误的,法院判决撤销复议决定时,可以一并责令复议机关重新作出复议决定或者判决恢复原行政行为的法律效力</td></tr>
</table>

续表

项目	内容	
二审判决	1. 原来的没错【驳回上诉，维持原判决、裁定】	
	2. 依法改判、撤销或变更【事实错误或者适用法律、法规错误】	
	3. 发回【严重违法+漏人漏事】	
	4. 改判或发回：一审事实不清，证据不足，一般发回或改判，发回只限一次（再上诉不得发回，只能自己审理）	
	5. 原审遗漏赔偿请求： （1）一审判决遗漏赔偿请求，二审法院审查认为不予赔偿的，应判决驳回行政赔偿请求； （2）一审判决遗漏赔偿请求，二审法院认为应当赔偿的，先就赔偿问题进行调解，调解不成，就赔偿部分发回重审； （3）遗漏普通的诉讼请求，行政诉讼二审判决和民事诉讼相同，均是撤销原判，发回重审； （4）如果二审当事人提出了新赔偿请求，应当先调解，调解不成的，告知另行起诉	
宣判制度	公开宣判	对公开审理和不公开审理的案件，一律公开宣判
	宣判时间	【当庭宣判】应当在10日内发给判决书
		【定期宣判】宣判后立即发给判决书

考点119 行政复议

项目	内容
行政复议的申请人	1. 依照《行政复议法》申请行政复议的公民、法人或者其他组织是申请人。 有权申请行政复议的公民死亡的，其近亲属可以申请行政复议。有权申请行政复议的法人或者其他组织终止的，其权利义务承受人可以申请行政复议。 有权申请行政复议的公民为无民事行为能力人或者限制民事行为能力人的，其法定代理人可以代为申请行政复议。 2. 同一行政复议案件申请人人数众多的，可以由申请人推选代表人参加行政复议。 代表人参加行政复议的行为对其所代表的申请人发生效力，但是代表人变更行政复议请求、撤回行政复议申请、承认第三人请求的，应当经被代表的申请人同意

续表

项　目	内　容
期限	复议 60 日(法律规定可长),经过复议机构负责人批准可以适当延长,最多不得超过 30 日,诉讼 6 个月(法律可另有规定)。 1. 行政机关作出行政行为时,未告知公民、法人或者其他组织申请行政复议的权利、行政复议机关和申请期限的,申请期限自公民、法人或者其他组织知道或者应当知道申请行政复议的权利、行政复议机关和申请期限之日起计算,但是自知道或者应当知道行政行为内容之日起最长不得超过一年。 2. 因不动产提出的行政复议申请自行政行为作出之日起超过 20 年,其他行政复议申请自行政行为作出之日起超过 5 年的,行政复议机关不予受理。 3. 对于附带审查申请,或复议机关审案中自行发现的依据不合法问题,复议机关有权处理的,应当在 30 日内处理。复议机关应于复议中止之日起的 3 日内,书面通知规范性文件的制定机关就相关条款的合法性提出书面答复,制定机关应在 10 日内答复。复议机关审理后认为相关条款合法的,在复议决定书中一并告知;认为相关条款超越权限或者违反上位法的,决定停止该条款的执行,并责令制定机关予以纠正。 对于申请人提出的规范性文件附带审查申请,或复议机关审案中自行发现的依据不合法问题,复议机关无权处理的,应当在 7 日内转送有权处理的机关处理,接受转送的机关应当在 60 日内回复意见
受理	1. 行政复议申请材料不齐全或者表述不清楚,无法判断行政复议申请是否符合《行政复议法》第 30 条第 1 款规定的,行政复议机关应当自收到申请之日起 5 日内书面通知申请人补正。补正通知应当一次性载明需要补正的事项。 2. 申请人应当自收到补正通知之日起 10 日内提交补正材料。有正当理由不能按期补正的,行政复议机关可以延长合理的补正期限。无正当理由逾期不补正的,视为申请人放弃行政复议申请,并记录在案。 3. 行政复议机关收到补正材料后,依照《行政复议法》第 30 条的规定处理。 4. 对当场作出或者依据电子技术监控设备记录的违法事实作出的行政处罚决定不服申请行政复议的,可以通过作出行政处罚决定的行政机关提交行政复议申请。 5. 行政机关收到行政复议申请后,应当及时处理;认为需要维持行政处罚决定的,应当自收到行政复议申请之日起 5 日内转送行政复议机关。 6. 公民、法人或者其他组织依法提出行政复议申请,行政复议机关无正当理由不予受理、驳回申请或者受理后超过行政复议期限不作答复的,申请人有权向上级行政机关反映,上级行政机关应当责令其纠正;必要时,上级行政复议机关可以直接受理
行政复议第三人	申请人以外的同被申请行政复议的行政行为或者行政复议案件处理结果有利害关系的公民、法人或者其他组织,可以作为第三人申请参加行政复议,或者由行政复议机构通知其作为第三人参加行政复议。 第三人不参加行政复议,不影响行政复议案件的审理

续表

<table>
<tr><th>项　目</th><th colspan="2">内　容</th></tr>
<tr><td>特殊规定</td><td colspan="2">1. 派出所作出罚款处罚——被申请人是派出所——复议机关是公安局的同级政府；
2. 派出所作出拘留决定——被申请人是所属公安局——复议机关是公安局的同级政府；
3. 办公室、临时机构（未经授权）——被申请人是所属机关——复议机关是所属机关的复议机关</td></tr>
<tr><td>行政复议机关</td><td colspan="2">1. 地方各级政府为被申请人——复议机关是上一级政府（省级自己当被申请人，自己做复议机关）；
2. 政府工作部门为被申请人——复议机关本级政府；
3. 国务院组成部门、设立的派出机构、被授权组织为被申请人——复议机关是部委（部委自己当被申请人，自己做复议机关）。
例外 1：司法行政部门为被申请人——复议机关是本级政府和上一级主管部门；
例外 2：垂直领导的海关、金融、外汇、税务、国安为被申请人——复议机关是上一级主管部门</td></tr>
<tr><td>审理程序</td><td colspan="2">1.【应当听取当事人意见】普通程序，适用普通程序审理的复议案件，行政复议机构应当当面或者通过互联网、电话等方式听取当事人的意见，因当事人原因不能听取的，方可书面审理。（《行政复议法》第 49 条）
2.【新增】简易程序，对事实清楚、权利义务关系明确、争议不大的当场作出行政行为案件、警告、通报批评案件 3000 元以下案款案件、政府信息公开案件，复议机关可以自行决定适用简易程序审理。复议机关应于 3 日内将复议申请书副本转给被申请人，被申请人应于 5 日内作出书面答复，复议机关应当自受理之日起 30 日内作出复议决定。对其他案件，各方当事人同意的，也可适用简易程序审理。
3.【增设】复议委员会，县级以上各级人民政府应当建立相关政府部门、专家、学者等参与的行政复议委员会，为办理行政复议案件提供咨询意见，并就行政复议工作中的重大事项和共性问题研究提出意见。审理行政复议案件涉及下列情形之一的，行政复议机构应当提请行政复议委员会提出咨询意见。（《行政复议法》第 52 条）
（1）案情重大、疑难、复杂；
（2）专业性、技术性较强；
（3）省、自治区、直辖市人民政府审理的对本机关作出的行政行为不服的行政复议案件；
（4）行政复议机构认为有必要。行政复议机构应当记录行政复议委员会的咨询意见</td></tr>
<tr><td>行政复议决定</td><td>1. 变更该行政行为</td><td>（1）事实清楚，证据确凿，适用依据正确，程序合法，但是内容不适当；
（2）事实清楚，证据确凿，程序合法，但是未正确适用依据；
（3）事实不清、证据不足，经行政复议机关查清事实和证据。
行政复议机关不得作出对申请人更为不利的变更决定，但是第三人提出相反请求的除外</td></tr>
</table>

项目		内容
	2. 撤销或者部分撤销该行政行为,并可以责令被申请人在一定期限内重新作出行政行为	(1)主要事实不清、证据不足; (2)违反法定程序; (3)适用的依据不合法; (4)超越职权或者滥用职权。 行政复议机关责令被申请人重新作出行政行为的,被申请人不得以同一事实和理由作出与被申请行政复议的行政行为相同或者基本相同的行政行为,但是行政复议机关以违反法定程序为由决定撤销或者部分撤销的除外
	3. 不撤销该行政行为,但是确认该行政行为违法	(1)依法应予撤销,但是撤销会给国家利益、社会公共利益造成重大损害; (2)程序轻微违法,但是对申请人权利不产生实际影响。 行政行为有下列情形之一,不需要撤销或者责令履行的,行政复议机关确认该行政行为违法: (1)行政行为违法,但是不具有可撤销内容; (2)被申请人改变原违法行政行为,申请人仍要求撤销或者确认该行政行为违法; (3)被申请人不履行或者拖延履行法定职责,责令履行没有意义

考点120 行政赔偿

项目	内容
不予赔偿的范围	1. 行政机关工作人员实施的与行使职权无关的个人行为。 2. 受害人自己的过错。 3. 法律规定的其他情形
赔偿义务机关	1. 可口头可书面申请 2. 申请期限是自知道或者应当知道行为侵权之日起2年 3. 处理:赔偿请求人当面递交申请书的,赔偿义务机关应当当场出具加盖本行政机关专用印章并注明收讫日期的书面凭证 4. 可以与赔偿请求人就赔偿方式、赔偿项目和赔偿数额进行协商 5. 自收到申请之日起2个月内作出是否赔偿决定,自作出决定之日起10日内送达

续表

项　目	内　容
行政赔偿诉讼	1. 行政赔偿义务机关处理期限届满之日起 3 个月内起诉。 2. 行政赔偿诉讼可以适用调解。 3. 行政行为已被确认为违法，赔偿义务机关已先行处理或者超过法定期限不予处理，可以单独提起行政赔偿诉讼。 4. 原告：受害的公民死亡，支付受害公民医疗费、丧葬费等合理费用的人可以依法提起行政赔偿诉讼。 5. 被告：(1)原行政行为造成赔偿请求人损害，复议决定加重损害的，复议机关与原行政行为机关为共同被告；(2)赔偿请求人坚持对其中一个机关提起行政赔偿诉讼，以被起诉的机关为被告，未被起诉的机关追加为第三人。 6. 举证规定： (1)一般规则：①行政赔偿诉讼中，原告应当对行政行为造成的损害提供证据；②因被告导致原告无法举证的，由被告承担举证责任。 (2)是否必需品：①法院对于原告主张的生产和生活所必需物品的合理损失，应当予以支持；②对于原告提出的超出生产和生活所必需的其他贵重物品、现金损失，可以结合案件相关证据予以认定。 (3)身体伤害：原告主张其被限制人身自由期间受到身体伤害，被告否认相关损害事实或者损害与违法行政行为存在因果关系的，被告应当提供相应的证据证明

第二编　历年真题精解

2024年国家统一法律职业资格考试
主观题(回忆版)*

* 本书法考题目均为考生回忆版,仅供参考。

1 CASE **（35 分）**

| 材 料 |

材料一：

高水平社会主义市场经济体制是中国式现代化的重要保障。必须更好发挥市场机制作用，创造更加公平、更有活力的市场环境，实现资源配置效率最优化和效益最大化，既“放得活”又“管得住”，更好维护市场秩序、弥补市场失灵，畅通国民经济循环，激发全社会内生动力和创新活力。

——《中共中央关于进一步全面深化改革　推进中国式现代化的决定》（节选）

材料二：

法治是最好的营商环境。要把平等保护贯彻到立法、执法、司法、守法等各个环节，依法平等保护各类市场主体产权和合法权益。

——《中国特色社会主义法治话语体系创新研究》（节选）

材料三：

科学立法是建设法治化营商环境的重要前提，这次《公司法》的修订有助于优化我国的法治化营商环境，为市场经营主体设立、经营、退出提供了公平、高效的行为规则，是促进社会主义市场经济发展的强有力举措。在未来新《公司法》的实施过程中，还需要辅之以更具操作性的配套规则，并注重规则运用的体系化结构性考量，进一步完善中国特色现代企业制度，打造市场化、法治化、国际化的一流营商环境。

——《优化营商环境视域下公司法的规制逻辑和制度因应》（节选）

| 问 题 |

请根据以上材料，结合习近平法治思想，谈谈法治对营商环境的实践途径。

| 答题要求 |

1. 无观点或论述，照搬材料原文的不得分。

2. 观点正确，表达完整、准确。

3. 总字数不少于 600 字。

| 参考答案 |

现代化国家应当是法治国家，现代化经济应当是法治经济。法治是最好的营商环境，我们必须以习近平法治思想为指导思想，习近平法治思想为推进国家治理体系和治理能力现代化提供了根本遵循。把法治建设贯穿于经济高质量发展的全过程和各方面，更好发挥法治固根本、稳预期、利长远的保障作用，筑牢经济高质量发展的法律制度基石。

法治是推动经济高质量发展、加快建设现代化经济体系、推进中国式现代化的内在要求、制度基础和重要保障。我们要认真学习习近平法治思想的核心要义，坚持党中央权威和集中统一领导，按照习近平法治思想的核心要义，将营商环境纳入法治轨道，为经济发展和市场经济体制提供规范依据、行为遵循。正如材料一中提到的发挥市场机制作用，创造更加公平、更有活力的市场环境。

加快完善以宪法为核心的中国特色社会主义法律体系，科学立法是将经济社会发展纳入法治轨道的前提条件和重要途径，健全公正司法、严格执法机制，以高效法治实施体系保障营商环境。推动经济高质量发展必须走法治之路、行法治之力，持续深化全面依法治国实践。正如材料二中所言，“法治是最好的营商环境。要把平等保护贯彻到立法、执法、司法、守法等各个环节，依法平等保护各类市场主体产权和合法权益”。

发挥法治的引领、规范和保障作用，在法治轨道上推动经济高质量发展。贯彻平等理念，弘扬社会主义法治精神，让各种市场主体代表广泛真实地表达立法诉求、参与立法过程、平衡立法利益。确保各种所有制经济依法平等使用生产要素、公平参与市场竞争、同等受到法律保护。正如材料三中所述，《公司法》的修订有助于优化我国的法治化营商环境，为市场经营主体设立、经营、退出提供了公平、高效的行为准则，是促进社会主义市场经济发展的强有力举措。

当前，我国正处在开启全面建设社会主义现代化国家新征程。我们要深入学习习近平法治思想，在法治环境下推动经济高质量发展，优化我国的营商环境，把法治蓝图转化为法治中国经济建设的生动实践，切实把社会主义制度优势转化为经济治理效能，为高质量发展提供规范动力。

2 CASE （31分）

| 案　情 |

2024年3月，周某开始线上诈骗，致电刘某谎称自己是公安人员，告知刘某其涉嫌电信诈骗，需要将其存款取出，会有公安专员上门取钱并转移到公安机关指定的账户。刘某信以为真，将钱取出，取出后对周某产生怀疑，遂又将钱存回银行。被指派去刘某家取钱的同伙武某，到达刘某家中后，发现刘某不在家，遂进入刘某家中，但未找到现金，便将刘某家中橱柜上价值6000元的香烟取走。武某返回后，告知周某自己并未取得现金，隐瞒了其盗走香烟的事实。（事实一）

2024年5月，周某又使用相同的方法欺骗李某。李某上当受骗后，按照周某的指示将30万元现金取出放在家中，后因临时有事外出。被周某指派去李某家取钱的人员武某到达李某家中，发现家中无人，遂将30万元现金取走。武某未告知周某自己是在无人看守的情况下取得现金，只告知已经取得现金。其余周某并不知情。（事实二）

2024年11月，武某因故意伤害罪被立案调查，侦查仅发现了武某盗窃香烟的证据，但没有掌握周某和武某实施诈骗的事实。武某的母亲王某为了“捞出”儿子，将存有30万元现金的银行卡（银行卡登记的持卡人是王某），送给侦办该案的公安机关领导郑某，并告诉其密码，请求其“关照”自己的儿子。郑某接受了该银行卡，但一直未使用该卡，也未修改密码。郑某将香烟的价值认定为零，一周后周某果然被释放。半个月后，王某发现卡里的钱没有动，于是登录网银将该30万元转入自己的另一张银行卡。（事实三）

2024年12月，周某因盗窃林某的财物被抓，被抓后如实供述了自己诈骗刘某和李某的犯罪行为，并供述了武某也参与犯罪的事实，经查证属实。（事实四）

| 问　题 |

1. 事实一中，关于周某的行为性质，公诉人认为周某构成诈骗罪（未遂），辩护人认为周某构成诈骗罪（预备），请分别阐述不同观点的理由。（5分）

2. 事实二中，关于武某的行为性质，构成盗窃罪还是诈骗罪，存在不同的观点，请分别阐述理由。（5分）

3. 事实二中，公诉人认为周某构成诈骗罪既遂，应当对30万元承担法律责任。辩护人认为周某成立诈骗罪未遂，不应对30万元承担法律责任。请分别阐述公诉人和辩护人的理由，并说明你的观点和理由。（7分）

4. 事实三中，关于王某将款项转移回自己账户的行为性质，有观点认为其构成盗窃罪，有观点认为其构成侵占罪，还有观点认为其无罪，请分别阐述不同观点的理由。（6分）

5. 事实三中，关于郑某的行为性质，成立受贿罪既遂还是受贿罪未遂？请说明理由。（4分）

6. 事实四中，关于周某的行为，是否符合法律规定的自首和立功情形？（4分）

| **参考答案** |

1.(1)公诉人观点:周某构成诈骗罪(未遂)。

理由:《刑法》规定,以非法占有为目的,虚构事实、隐瞒真相的方式,使被害人陷入错误认识而处分财物,行为人获得财物的行为成立诈骗罪。成立既遂要求诈骗行为和取财结果具有因果关系,否则成立未遂。本题中,周某已经实施了欺骗行为,但刘某发觉异常,未将钱带回家,周某因意志以外的原因未能取得财物,系犯罪未遂。故周某构成诈骗罪未遂,可以比较既遂犯从轻或减轻处罚。

(2)辩护人观点:周某构成诈骗罪(预备)。

理由:《刑法》规定,为了犯罪,准备工具、制造条件的是犯罪预备。本题中,周某虚构事实、隐瞒真相的行为已经符合刑法关于诈骗罪的构成要件,"着手"的认定应该是对财产法益造成现实、紧迫的危险。刘某取钱后又存入银行,因此周某对刘某的财产并没有造成紧迫、现实的危险,故属于犯罪预备,可以比照既遂犯从轻、减轻处罚或者免除处罚。

提　示

有同学称本问有"并说说你的观点和理由",因为关于"着手"的认定,理论上存在以下三种观点。

第一种观点:实行行为等于实行的着手等于未遂犯的成立。也就是说,只要着手就意味着有实行行为;反之,只要有实行行为,就有着手,进而成立未遂犯。

第二种观点:实行行为等于实行的着手,但实行行为与未遂犯的成立相分离。因此,虽然有着手就有实行行为,但要成立未遂还需要实行行为对法益产生紧迫的危险。

第三种观点:实行的着手等于未遂的成立,但实行行为与实行的着手相分离,因此,有实行行为不意味着必然有实行的着手,实行的着手可能产生在实行行为之后。

第三种观点更具合理性,因为实行的着手会对产生结果的发生具有紧迫性、危险性。所以实行的着手是划定未遂犯的处罚时期的时间性概念,实行的着手可以在实行行为之前,也可以在实行行为之后。因此,如果如同学所述,自己的观点就是第三种。

2.观点一:武某构成盗窃罪。

理由:《刑法》规定,盗窃他人财物数额较大的行为成立盗窃罪。本题中,武某拿走李某的财物,应当认定其对于李某的财物存在非法占有的目的,武某接受周某指派实施了取钱行为,属于采用秘密窃取的方式变他人占有为自己所有的行为。故武某构成盗窃罪,犯罪数额为30万元。

观点二:武某构成诈骗罪。

理由:《刑法》规定,为他人犯罪提供帮助的是帮助犯。本题中,武某明知周某的欺骗行为,仍然接受指派实施了取钱行为,应当认定武某与周某二人属于诈骗罪的共同犯罪。因此,武某构成诈骗罪,犯罪数额为30万元。

3.公诉人:周某的行为构成诈骗罪,属于既遂形态。

理由:《刑法》规定,成立诈骗罪既遂要求被害人基于错误认识而处分财物。本题中,周某对李某的财物存在非法占有目的,李某取钱是依照周某指示的结果,应当认定其存在处分意识。周某实施了欺骗行为,使李某陷入了错误认识取出财物放在家中,因此就存在处分行为。周某的欺骗行为与李某的财产损失之间存在因果关系,属于犯罪既遂。

辩护人:周某的行为构成诈骗罪,属于未遂形态。

理由:《刑法》规定,成立诈骗罪要求行为人具有处分意识和处分行为,成立诈骗罪既遂必须是被害人基于受骗而处分财物。本题中,周某对李某的财物存在非法占有目的,但李某没有亲手将钱交给武某及周某,应当认定其没有处分行为。故周某构成诈骗罪,系犯罪未遂。

我认为:诈骗罪,属于既遂形态。

理由:《刑法》规定,成立诈骗罪既遂要求被害人基于错误认识而处分财物。本题中,李某听从指令,已经将30万元现金放到了“指定位置”,行为人可以随时取走,即认为已经处分了财物,周某和武某是共同犯罪,武某受周某指使取钱,诈骗行为和财产损失有因果关系,成立诈骗既遂。

提　示

自己的观点也可以是诈骗罪未遂,因为本题“指定放钱的位置”是“受害人自己家中”,按照正常思维,放在自己家中的财物仍旧是房主本人占有。武某取财的行为成立盗窃罪,属于入户盗窃。言之有理,也可得分。

4. 观点一:王某构成盗窃罪,系犯罪既遂。

理由:《刑法》规定,盗窃公私财物数额较大的行为成立盗窃罪。本题中,王某将银行卡转交给郑某,财产所有权已经转移,无论郑某是否使用该卡,王某已经丧失了卡及钱的所有权。王某将款项转回自己的账户,属于秘密窃取郑某财物,故王某构成盗窃罪,系犯罪既遂,犯罪数额为30万元。

观点二:王某构成侵占罪,系犯罪既遂。

理由:《刑法》规定,将代为保管的他人财物非法占为己有的行为成立侵占罪。本题中,王某将银行卡转交给郑某,财产所有权已经转移,由于该卡的持卡人是王某,应当认定卡内的财物属于王某的代为保管物。王某将代为保管的他人财物非法占为己有的行为依法成立侵占罪,犯罪数额为30万元。

观点三:王某不构成犯罪。

理由:侵犯公民私人所有财产,依照法律应当受刑法处罚的行为是犯罪。本题中,王某虽然将银行卡交给郑某,但实际持卡人仍为王某,卡内的钱仍旧由王某占有。题中交代郑某没有占有卡内资金的意图(未修改密码,未使用)。故王某将自己占有的资金进行转移,属于合法的处分行为,不构成犯罪。

提　示

本问题在学理上有一定的探讨价值,王某将钱存入银行卡,卡内资金归银行占有,王某是银行的债权人。王某将银行卡密码告知郑某并将卡交给郑某,但债权并未转移。对银行而言,其仍旧占有30万元现金,债权人仍旧是王某。但王某行贿以后,卡内30万元的性质就变成了贿赂款,依法应当上缴国库,即王某不再享有该笔钱的债权。

实际上,王某的行为系将可以随时取款或者转账的地位或利益这一财产性利益交给了郑某,该利益能够使郑某随时从卡中取款或转账,因此王某一旦挂失,就意味着郑某无法再随时取款或转账,即违背郑某的意志,排除了郑某对该财产性利益的占有,构成了盗窃罪。而对于银行来说,在王某行贿后,该卡内资金理应作为贿赂款被没收,上缴国库,此时王某隐瞒了真相,使银行工作人员陷入了错误认识,进而办理了转账,这无疑是对银行工作人员实施了诈骗债权的行为,理应构成诈骗罪。

5. 郑某构成受贿罪,系犯罪既遂。

理由:《刑法》规定,受贿罪既遂的标准是索取或非法收受他人财物,不要求实际处分。本题中,郑某作为国家工作人员,非法收受王某的财物,利用职务便利释放周某,损害了职务行为的公正性,不论是否实际使用,均已经构成受贿罪,犯罪数额为30万元。

提　示

有同学回忆称本问也是观点展示。这个问题在历年真题中有过命题,而且很明确是犯罪既遂,没必要进行观点展示。结合第5问提示可知,王某除了行贿罪以外,还构成其他犯罪。不能因为钱拿回来了,郑某就成立犯罪未遂了。这种展示没有任何意义和价值。

6. 成立自首,但不构成立功。

(1)周某如实供述了自己对李某、刘某实施的犯罪行为,符合特别自首的情形。

依据《刑法》规定,被采取强制措施的犯罪嫌疑人、被告人和正在服刑的罪犯,如实供述司法机关还未掌握的本人其他罪行的,以自首论。本题中,周某被采取强制措施后,如实供述司法机关尚未掌握的其他犯罪事实,属于特别自首,可以从轻或减轻处罚。

(2)周某如实供述了武某的犯罪行为,不符合立功的情形。

依据《刑法》规定,犯罪分子有揭发他人犯罪行为,查证属实的,或者提供重要线索,从而得以侦破其他案件等立功表现的属于立功。本题中,周某被采取强制措施后,如实供述了司法机关尚未掌握的同案犯武某的犯罪事实,仍旧是自首,因为周某和武某是共同犯罪,两人属于同案犯。(还有同学回忆说题干中好像说周某还把武某及母亲王某的行贿事宜也交代了,按照这样的案情,周某就成立立功,因为除了交代共同犯罪以外,还揭发了武某的其他犯罪行为。)

3 CASE （30 分）

｜案 情｜

黄一、黄二、黄三向李某索要钱财未果，于是共谋“收拾”一下李某。某日，三人驾驶轿车逼停骑摩托车的李某，随后下车对李某实施伤害，最终李某被刀砍伤后死亡。案发后，黄一、黄三被捕，经审理，京州市中级人民法院判决二人故意伤害罪，黄一被判处死刑缓期 2 年执行，黄三被判处有期徒刑 15 年。

黄二在外逃窜近 10 年，直至在甲县因涉嫌盗窃财物被甲县公安机关抓获。甲县公安局立案侦查后对黄二采取取保候审，责令其缴纳了 8 万元保证金。取保候审期间，公安机关发觉黄二可能还犯有其他罪行，于是传唤黄二到指定地点接受讯问。黄二由于担心自己多年前曾参与伤害李某致死的事情被发现，所以经过 2 次传讯都没有到案。甲县公安机关因此作出决定，没收了黄二已交纳的 8 万元保证金，并责令其重新交纳 12 万元保证金，且重新计算了黄二取保候审的期限。

甲县公安机关经过系统侦查，发现黄二之前所犯的故意伤害案，遂将取保候审变更为拘留，同时，检察院予以批准逮捕。京州市检察院对黄二故意伤害一案进行审查起诉，并通知法律援助机构为其指派了律师。随后，黄二的母亲为其委托了刑辩律师张律师，但检察院以已经为黄二向法律援助机构申请法律援助律师为由，拒绝了黄二母亲为其委托的辩护律师。

检察院认定黄二持刀追砍李某，黄二认可自己构成故意伤害罪，但辩称自己没有持刀追砍李某，只是开车逼停被害人并踢了一脚，应认定自己是从犯。黄一和黄三称黄二在案发时持刀砍了李某，目击证人称看到黄二持刀追逐李某。黄二的母亲对受害人李某的母亲进行了相应赔偿，取得了谅解书。京州市检察院对黄二适用认罪认罚从宽制度，以黄二为故意伤害罪的主犯提起公诉，提出从宽的量刑建议，请求法院判处黄二有期徒刑 10 年。黄二在辩护律师在场的情况下签署了认罪认罚具结书，对量刑建议未提出异议。

一审中，京州市中级人民法院根据目击证人的证言、黄一和黄三对黄二犯罪事实的供述、DNA 鉴定意见和现场勘验笔录等证据，认为黄二驾驶车辆逼停被害人的摩托车、持刀与同伙一起追砍被害人，在犯罪过程中起主要作用。法院鉴于黄二自愿认罪认罚，取得被害人谅解，依法可以从宽处罚，于是采纳了检察院的量刑建议，对黄二以故意伤害罪判处有期徒刑 10 年。判决后，黄二认为一审判决认定事实与客观事实不符，其在整个案发过程中都听从于别人，并未参与拿刀与同案人一起追砍被害人，自己不应被认定为主犯，应被认定为从犯，且认罪认罚具结书是由于关押时间过长在缺乏辨认能力的情况下签署的。黄二提起上诉，请求二审法院对自己从轻处罚。

针对黄二的上诉，京州市检察院认为一审判决对黄二判处有期徒刑 10 年，是依法适用认罪认罚从宽制度的结果，现黄二提出上诉，意味着认罪认罚从宽的前提不复存在，则不应对其认定认罪认罚。检察院因此提出抗诉，请求二审法院依法判决。

| 问　题 |

1. 公安机关对黄二适用取保候审存在哪些程序上的错误？并说明理由。(5 分)

2. 本案能否对黄二故意伤害一案适用当事人和解的公诉案件诉讼程序？并说明理由。(5 分)

3. 检察院拒绝黄二母亲委托的辩护律师的行为是否正确？并说明理由。(5 分)

4. 检察院对黄二适用认罪认罚从宽制度是否妥当？并说明理由。(5 分)

5. 检察院对黄二的上诉提出抗诉是否适当？并说明理由。(4 分)

6. 你认为在没有新事实和新证据的情况下，二审法院对于黄二故意伤害一案应如何处理？(6 分)

| **参考答案** |

1. 对黄二适用取保候审的程序有两处错误：

(1)对黄二重新计算取保候审的期限错误。

依据《刑事诉讼法》及相关规定，对犯罪嫌疑人继续取保候审的，取保候审的时间应当累计计算。对黄二多次采取取保候审，取保候审的期限应累计计算，总共不得超过12个月。

(2)县公安局作出没收8万元保证金错误。

依据《刑事诉讼法》及相关规定，决定没收5万元以上保证金的，应当经设区的市一级以上公安机关负责人批准，本题县公安局无权决定没收，应由京州市公安局决定是否没收8万元保证金。

2. 不能适用当事人和解的公诉案件诉讼程序。

依据《刑事诉讼法》规定，因民间纠纷引起，涉嫌《刑法》分则第四章、第五章规定的犯罪案件，可能判处3年有期徒刑以下刑罚的，是和解的前提条件。本题中，黄二涉嫌的故意伤害罪，是《刑法》分则第四章规定的犯罪，但是，黄二被判处有期徒刑10年，明显不符合当事人和解的公诉案件诉讼程序的刑罚要件。

3. 不正确。

依据《刑事诉讼法》及相关规定，对法律援助机构指派律师为被告人提供辩护，被告人的监护人、近亲属又代为委托辩护人的，应当听取被告人的意见，由其确定辩护人人选。本题中，检察院应当听取犯罪嫌疑人黄二的意见，不能直接拒绝黄二母亲委托的律师。

4. 不妥当。

依据《刑事诉讼法》及相关规定，认罪认罚从宽制度中的“认罪”是指犯罪嫌疑人、被告人自愿如实供述自己的罪行，对指控的犯罪事实没有异议。承认指控的犯罪事实，仅对个别事实情节提出异议，或者虽然对行为性质提出辩解但表示接受司法机关认定意见的，不影响“认罪”的认定。本题中，黄二自始至终都否认指控的持刀追砍李某的事实，该事实不仅影响主从犯的认定，也对量刑有明显影响，故黄二并非仅对个别事实情节提出异议，而是未承认部分主要犯罪事实。因此，适用认罪认罚从宽不妥当。

提　示

本案是真实案件改编的，广东省高级人民法院刑事判决书(2020)粤刑终986号综合考虑了《人民检察院办理认罪认罚案件开展量刑建议工作的指导意见》第39条的规定，如果被告人自愿如实供述自己的罪行，对指控的犯罪事实没有异议，只是提出自己的辩解是不影响“认罪认罚”的认定，检察院仍旧可以认罪认罚具结书提出从宽量刑处罚意见，要区分“对行为性质提出辩解但表示接受司法机关认定意见”及适用。

5. 不适当。

依据《刑事诉讼法》及相关规定，地方各级人民检察院认为本级人民法院第一审的判决、裁定确有错误的时候，应当向上一级人民法院提出抗诉。本题中，检察院提起抗诉仅因为黄二提出抗诉而不再符合认罪认罚要求就提出抗诉，属于通过抗诉来对抗上诉，予以二审加刑，做法不适当。

6. 二审法院应当组成合议庭，开庭审理。依法对黄二进行改判（可以加重刑罚）。

依据《刑事诉讼法》及相关规定，检察院抗诉的案件，应当组成合议庭，对本案进行全面审查，开庭审理。对不服第一审判决的上诉、抗诉案件，不受上诉不加刑的限制，经过审理综合全案证据认定“持刀追砍李某”的主要事实。原判决认定事实没有错误，但适用法律有错误，或者量刑不当的，应当改判。本题中，既有被告人上诉，又有检察院抗诉，二审法院不受上诉不加刑原则的限制，鉴于黄一和黄三分别被判处死缓和15年有期徒刑，三人共同犯罪，考虑罪责刑相适应原则，可以适当加重黄二刑罚。（当然也可以改判减轻，就是为了再强调一下“上诉不加刑原则”。）

4 CASE （56 分）

｜案 情｜

张龙是京州市从事建筑行业的甲公司法定代表人，因资金周转困难，找姐姐张凤帮忙寻找资金。张凤是上市公司乙公司的法定代表人和控股股东，为此找到了李丽想想办法。李丽同意出借资金，但要求张凤以乙公司的名义提供担保。张凤表示，以乙公司名义对外担保需经过公司内部股东会决议并履行信息披露等程序，较为复杂，愿以个人名义提供保证。李丽表示，可以由张龙、张凤、乙公司与其签订借款协议，不签订担保合同。

基于此，李丽提出可以通过订立四方《借款合同》规避上市公司的审查流程。于是李丽与张凤达成了备忘录，记载了因乙公司担保流程较为复杂，故订立借款合同的原因和经过，并约定张凤以乙公司的名义作为共同借款人。备忘录一式两份，由张凤和李丽各持一份。后甲公司（张龙代表）、乙公司（张凤代表）、张凤、李丽四方签署了《借款合同》，各方约定甲公司、乙公司、张凤共同向李丽借款1500万元，且3方借款人承担连带还款责任。合同订立后，李丽将该笔借款打入指定账户，该笔款项实际上由甲公司使用。随后，乙公司的法定代表人发生变更，张凤不再担任法定代表人。

借款到期后，甲公司无力偿还。李丽向法院只起诉了乙公司，要求乙公司承担连带还款责任。乙公司辩称：（1）该借款协议由张凤私自订立，没有经过乙公司内部决策程序系其个人行为，乙公司对此并不知情，与乙公司无关；（2）本案有三个债务人，应追加其他两个债务人为共同被告，乙公司并未实际使用该笔借款；（3）张凤与李丽之间订立了备忘录，只要提交至法院，一切案件事实就非常清楚了，法院可以向李丽调查取证。

甲公司承揽了金山市的丙公司开发建设的房地产业务，双方订立了《建设工程施工合同》，丙公司欠付甲公司2000万元工程款项未能偿还。甲公司与丙公司订立的《抵债协议1》，约定：将丙公司名下位于光明区的7号楼、8号楼、9号楼的所有权转让给甲公司，用以抵扣2000万元工程款。李丽知晓此事后，找张龙要钱，张龙表示愿意将7号楼和8号楼抵给李丽来偿还1500万元债务，甲公司与李丽订立《抵债协议2》，写明上述抵债事由。丙公司在《抵债协议2》上加盖合同专用章，并写明：已知晓该协议的效力，到时直接将房屋过户给李丽。

丙公司一直未履行房屋变更手续，李丽将甲公司、丙公司诉至法院，要求履行《抵债协议2》，将7号楼和8号楼过户至自己名下。甲公司辩称：丙公司并未给自己过户，所以自己无法给李丽过户。丙公司辩称：（1）房屋尚登记在自己名下，其与甲公司的《抵债协议1》并未生效；（2）丙公司与李丽无合同关系，无权请求丙公司为其办理房屋所有权变更登记。

｜问 题｜

1. 关于借款合同纠纷，李丽仅向法院起诉了乙公司，法院是否应当追加其他债务人为共同被告？请结合《民法典》和《民事诉讼法》及相关司法解释规定作答并说明理由。（6分）

2. 张凤和李丽各自保存一份备忘录，乙公司作为被告，能依据何种证据规则找到该书证，请

结合《民事诉讼法》及其司法解释说明理由。(6 分)

3. 李丽能否主张甲公司和张凤承担还款义务？请结合《民法典》及其司法解释说明理由。(6 分)

4. 张凤作为乙公司的控股股东和法定代表人，在借款合同纠纷中乙公司能否追究张凤的法律责任？请说明理由。(6 分)

5. 李丽和乙公司签订的《借款合同》的法律性质是什么？李丽能否要求乙公司承担法律责任？(7 分)

6. 甲公司与丙公司订立的《抵债协议 1》的法律性质和效力如何？请说明理由。(6 分)

7. 李丽要求丙公司将 7 号楼和 8 号楼过户给自己的主张，能否得到支持？(6 分)

8. 李丽向法院起诉要求甲公司和丙公司过户 7 号楼和 8 号楼，哪些法院有管辖权？(6 分)

9. 若 2023 年 12 月，法院判决甲、丙公司配合李丽办理 7 号楼、8 号楼的过户手续。涉案房屋的抵押权人中华银行认为该判决损害了自身权益，欲于 2024 年 3 月提起第三人撤销之诉，法院是否应当受理？(7 分)

| **参考答案** |

1. 应当追加甲公司作为共同被告,但是不能直接追加张凤为共同被告。

依据《民法典》及相关规定,同一债务有两个以上保证人的,保证人应当按照保证合同约定的保证份额,承担保证责任;没有约定保证份额的,债权人可以请求任何一个保证人在其保证范围内承担保证责任。本题中,李丽是债权人,甲公司是债务人,乙公司、张凤是共同保证人,本案并未约定保证份额,则乙公司和张凤承担连带责任。

依据《民法典》及相关规定,保证人为借款人提供连带责任保证,出借人仅起诉借款人的,法院可以不追加保证人为共同被告;出借人仅起诉保证人的,法院可以追加借款人为共同被告。本题中,甲公司是借款人,而出借人李丽仅起诉了保证人乙公司,法院可以追加甲公司为共同被告,不能追加张凤为共同被告。

2. 根据书证提出命令的证据规则。

依据《民事诉讼法》及相关规定,书证在对方当事人控制之下的,承担举证证明责任的当事人可以在举证期限届满前书面申请法院责令对方当事人提交。对方当事人无正当理由拒不提交的,法院可以认定申请人所主张的书证内容为真实。本题中,备忘录由李丽持有,对案件事实的认定具有重要意义。乙公司可以依据上述规定,向法院申请文书提出命令,如果李丽拒不提交,且无正当理由,法院可以推定乙公司的主张成立。

3. 可以要求甲公司和张凤承担连带还款责任。

依据《民法典》及相关规定,同一债务有两个以上保证人的,保证人应当按照保证合同约定的保证份额,承担保证责任;没有约定保证份额的,债权人可以请求任何一个保证人在其保证范围内承担保证责任。本题中,甲公司的债务有乙公司和张凤两个保证人,属于共同保证,在未约定保证份额时,李丽作为债权人可请求保证人张凤承担连带还款责任。

4. 乙公司能追究张凤的法律责任。

依据《公司法》及《全国法院民商事审判工作会议纪要》的相关规定,公司法定代表人应当遵守法律、行政法规和公司章程,忠实履行职责。法定代表人的越权担保行为给公司造成损失,公司请求法定代表人承担赔偿责任的,人民法院依法予以支持。本题中,张凤作为乙公司的法定代表人,未经公司相关机关决议擅自为他人提供担保,属于越权担保,给公司造成损失,乙公司可以要求张凤向公司承担赔偿损失的民事责任。

5. (1)《借款合同》名为借款,实为担保。

依据《民法典》及相关规定,行为人与相对人以虚假的意思表示实施的民事法律行为无效。以虚假的意思表示隐藏的民事法律行为的效力,依照有关法律规定处理。本题中,李丽与乙公司之间并无真实借款关系,且双方对此都是明知的,符合通谋虚伪行为,双方真实意思是担保关系。

(2)李丽无权要求乙公司担责。

依据《公司法》及相关规定,公司向其他企业投资或者为他人提供担保,按照公司章程的规定,由董事会或者股东会决议。本题中,张凤实施了越权担保行为,且李丽不是善意的,乙公司并未对此追认,因此乙公司与李丽订立的担保合同对乙公司不生效,李丽无权要求乙公司承担担保责任。

6.《抵债协议 1》的性质属于代物清偿或履行期限届满后的以物抵债协议，是有效的。

依据《民法典》及相关规定，债务人或者第三人与债权人在债务履行期限届满后达成以物抵债协议，不存在影响合同效力情形的，人民法院应当认定该协议自当事人意思表示一致时生效。本题中，债权人甲公司与债务人丙公司订立以 7 号楼、8 号楼、9 号楼抵偿 2000 万元工程欠款的《抵偿协议 1》属于在债务履行期限届满后达成的以物抵债协议，且双方均具有相应的民事行为能力，意思表示真实，且不违反法律、行政法规的强制性规定、不违反公序良俗，不存在影响合同效力的情形，因此应当认定《抵债协议 1》自当事人意思表示一致时生效。

7. 可以得到支持。

《抵债协议 2》属于履行期限届满后的以物抵债协议，且属于新债清偿。该抵债协议生效时，原债与新债同时并存。原则上，债权人李丽只能请求债务人甲公司将 7 号楼和 8 号楼过户给自己。若甲公司又拒绝履行新债导致《抵债协议 2》的合同目的不能实现，李丽享有选择权，其可以继续请求甲公司履行“新债”，也可以选择请求甲公司履行“原债”。综上所述，李丽要求将 7 号楼和 8 号楼过户给自己的主张可以得到支持。

8. 京州市、金山市和光明区基层法院有管辖权。

依据《民事诉讼法》及相关规定，不动产纠纷指因不动产的权利确认、分割、相邻关系引起的物权纠纷。本题是不动产转让合同纠纷，应适用合同特殊地域管辖规定。因合同纠纷提起的诉讼，由被告住所地或者合同履行地人民法院管辖。据此，本案被告甲公司和丙公司分别在京州市和金山市两地法院均享有管辖权。因为本案是履行抵押协议的合同纠纷，应由被告住所地或者合同履行地法院管辖。被告的合同义务是交付不动产，不动产所在地视为合同履行地，故光明区法院也有管辖权。

9. 不应受理。

依据《民事诉讼法》及相关规定，第三人对已经发生法律效力的判决、裁定、调解书提起撤销之诉的，应当自知道或者应当知道其民事权益受到损害之日起 6 个月内，向作出生效判决、裁定、调解书的人民法院提出。

本案中，中华银行对 7 号楼、8 号楼、9 号楼享有抵押权，法院判决丙公司将 7 号楼、8 号楼过户给李丽，可能影响中华银行的抵押权实现，损害其民事权益。因此，中华银行作为与案件有法律上利害关系的第三人，可以提起第三人撤销之诉，中华银行在 2024 年 3 月提起第三人撤销之诉，未超过法定期限，法院应当受理。

以下第5题、第6题选做一道即可。

5 CASE （28分）

｜案 情｜

京州市是设区的市，蓝胜公司为市内一污水处理厂。蓝胜公司在日常的污水处理工作中将产生的污泥违法堆放在城市绿化带上。京州市市政监督管理局（以下简称市政管理局）以蓝胜公司违法堆放污泥为由，于2023年6月1日对蓝胜公司作出了行政处罚决定书，责令其在10日内（2023年6月11日前）对其非法堆放在绿化带上的污泥进行清除并采取治理措施。同时对蓝胜公司处以罚款人民币10万元，对直接负责的法定代表人孙某处以罚款人民币2万元。

随后经两次催告，蓝胜公司仍未在规定期限内进行清理。市政管理局于2023年6月15日作出代履行决定，指定某清理公司对蓝胜公司堆放的污泥进行清除，并要求蓝胜公司支付清理费用。

后蓝胜公司不服，于2023年6月20日向京州市人民政府申请行政复议，京州市人民政府于2023年7月1日作出了行政复议决定，维持了市政管理局所作出的处罚决定。

蓝胜公司对该复议决定不服，于2023年7月10日向人民法院提起行政诉讼，提出以下诉讼请求：(1)请求确认市政管理局无权对城市污水和污泥进行监督和处罚，请求撤销市政管理局所作出的代履行决定；(2)请求撤销市政府作出的复议维持决定；(3)请求判决市政管理局履行提供指定污泥处理区域的法定职责。

在该案件的诉讼过程中，市政管理局向法院提交了一份京州市人民政府制定并发布的《关于明确市政管理局主要职责、内设机构和人员编制管理的规定》，其中明确规定市政管理局为本市的城镇排水主管部门。

｜材 料｜

《城镇排水与污水处理条例》是由中华人民共和国国务院于2013年10月2日发布，自2014年1月1日起施行的行政法规。

第5条　国务院住房城乡建设主管部门指导监督全国城镇排水与污水处理工作。

县级以上地方人民政府城镇排水与污水处理主管部门（以下简称城镇排水主管部门）负责本行政区域内城镇排水与污水处理的监督管理工作。县级以上人民政府其他有关部门依照本条例和其他有关法律、法规的规定，在各自的职责范围内负责城镇排水与污水处理监督管理的相关工作。

第30条　城镇污水处理设施维护运营单位或者污泥处理处置单位应当安全处理处置污泥，保证处理处置后的污泥符合国家有关标准，对产生的污泥以及处理处置后的污泥去向、用途、用量等进行跟踪、记录，并向城镇排水主管部门、环境保护主管部门报告。任何单位和个人不得擅自倾倒、堆放、丢弃、遗撒污泥。

第53条　违反本条例规定，城镇污水处理设施维护运营单位或者污泥处理处置单位对产生的污泥以及处理处置后的污泥的去向、用途、用量等未进行跟踪、记录的，或者处理处置后的污泥不符合国家有关标准的，由城镇排水主管部门责令限期采取治理措施，给予警告；造成严重后果的，处10万元以上20万元以下罚款；逾期不采取治理措施的，城镇排水主管部门可以指定有治理能力的单位代为治理，所需费用由当事人承担；造成损失的，依法承担赔偿责任。

违反本条例规定，擅自倾倒、堆放、丢弃、遗撒污泥的，由城镇排水主管部门责令停止违法行为，限期采取治理措施，给予警告；造成严重后果的，对单位处10万元以上50万元以下罚款，对个人处2万元以上10万元以下罚款；逾期不采取治理措施的，城镇排水主管部门可以指定有治理能力的单位代为治理，所需费用由当事人承担；造成损失的，依法承担赔偿责任。

| 问　题 |

1. 市政管理局责令蓝胜公司限期10日内对违法堆放的污泥进行清除的行为属于何种法律性质？请说明理由。（4分）

2. 如何确定本案的管辖法院？请说明理由。（4分）

3. 市政管理局对蓝胜公司罚款20万元，对孙某罚款2万元，蓝胜公司提起行政诉讼后，法院能否对孙某被处的2万元罚款进行合并审理？请说明理由。（6分）

4. 本案代履行应该遵循怎样的法定程序？请说明理由。（4分）

5. 市政管理局对污泥治理是否有监管权和处罚权？请说明理由。（4分）

6. 针对蓝胜公司要求市政管理局履行提供指定污泥处理区的职责的请求，人民法院应当如何处理？请说明理由。（6分）

| **参考答案** |

1. 属于行政强制措施。

依据《行政强制法》的规定，行政强制措施是指行政机关在行政管理过程中，为制止违法行为、防止证据损毁、避免危害发生、控制危险扩大等情形，依法对公民的人身自由实施暂时性限制，或者对公民、法人或者其他组织的财物实施暂时性控制的行为。

本题中，市政管理局责令蓝胜公司限期清理的行为属于对违法行为的制止，将绿化带上的污泥进行清理并恢复原状是防止损害进一步的发生与扩大，因此属于行政强制措施。

提　示

根据2024年主观题阅卷对回答“行政命令”的同学也给分数了，本题中行政命令的性质也属于行政强制措施。回答行政命令，自圆其说也得分。

2. 市政管理局所在地与市政府所在地的基层人民法院均可管辖。

根据《行政诉讼法》规定，经复议的案件，复议机关决定维持原行政行为的，作出原行政行为的市政管理局和复议机关市政府是共同被告。法院的级别按照原机关确定。本案属于复议维持案件，原行政行为的机关为市政管理局，因此应当由基层人民法院管辖。市政管理局所在地基层人民法院与市政府所在地基层人民法院对本案均有管辖权。

3. 不能合并审理。

依据《行政诉讼法》及相关规定，行政机关就同一事实对若干公民、法人或者其他组织分别作出行政行为，公民、法人或者其他组织不服分别向同一法院起诉的，法院可以决定合并审理。

本案中，孙某并未就2万元向法院起诉，且原告蓝胜公司在诉讼中提出的请求不包含市政管理局对孙某所作出的2万元罚款。因此，本案不符合可以适用合并审理的情形，本案法院的审理对象应当为蓝胜公司所提出的内容，而对于孙某的罚款应当遵循“不告不理”原则，不能够将其进行合并审理。

4. 行政机关依法作出要求当事人履行排除妨碍、恢复原状等义务的行政决定，当事人逾期不履行，经催告仍不履行，其后果已经或者将危害交通安全、造成环境污染或者破坏自然资源的，行政机关可以代履行，或者委托没有利害关系的第三人代履行。

根据《行政强制法》规定，本案代履行应当遵循以下程序：(1)代履行前送达决定书，代履行决定书应当载明当事人的姓名或者名称、地址，代履行的理由和依据、方式和时间、标的、费用预算以及代履行人；(2)代履行3日前，催告当事人履行，当事人履行的，停止代履行；(3)代履行时，作出决定的行政机关应当派员到场监督；(4)代履行完毕，行政机关到场监督的工作人员、代履行人和当事人或者见证人应当在执行文书上签名或者盖章。

代履行的费用按照成本合理确定，由当事人承担。但是，法律另有规定的除外。代履行不得采用暴力、胁迫以及其他非法方式。

5. 具有污泥治理的监管权与处罚权。

根据《城镇排水与污水处理条例》第 5 条第 2 款规定，县级以上地方人民政府城镇排水与污水处理主管部门负责本行政区域内城镇排水与污水处理的监督管理工作。在本题中，京州市人民政府在相关规定中明确市政管理局为本市的城镇排水主管部门，因此市政管理局经过《城镇排水与污水处理条例》的授权，对污泥治理有监管权和处罚权。

6. 应当判决驳回原告的诉讼请求。

根据《行政诉讼法》规定，行政行为证据确凿，适用法律、法规正确，符合法定程序的，或者原告申请被告履行法定职责或者给付义务理由不成立的，人民法院判决驳回原告的诉讼请求。结合《城镇排水与污水处理条例》第 30 条的规定，本案中，蓝胜公司作为污泥处理处置单位，应当安全处理处置污泥，保证处理处置后的污泥符合国家有关标准，对产生的污泥以及处理处置后的污泥去向、用途、用量等进行跟踪、记录，并向城镇排水主管部门、环境保护主管部门报告。蓝胜公司应当对污泥的处理与后续的管理记录负责。而根据《城镇排水与污水处理条例》第 53 条第 2 款规定，市政管理局对于违反该条例擅自倾倒、堆放遗撒污泥的蓝胜公司，可以责令其停止违法行为，造成严重后果的可处以罚款，逾期不采取治理措施的，市政管理局可以指定有治理能力的单位代为治理，所需费用由当事人承担。

综上所述，本案市政管理局的行为适用法律法规正确，符合法定程序，蓝胜公司要求被告市政管理局履行职责的理由不成立，法院应当判决驳回原告的诉讼请求。

6 CASE （28 分）

｜案　情｜

2021 年 9 月，甲、乙、丙、丁、戊共同设立了胜达有限公司，公司注册资本 1000 万元，持股比例分别为 37%、5%、5%、5%、48%，戊担任董事长，甲、乙为董事。后将法定代表人由戊变更为甲。甲于公司成立时实际缴纳了认缴注册资本份额的一半，公司章程规定，剩余注册资本需在 3 年内缴清。

2022 年 4 月，甲报告董事会并经其同意，代表胜达公司与其妻子控制的 A 公司签订设备租赁合同，租期 2 年，租金 400 万元。合同签订后，A 公司交付设备，胜达公司支付了 400 万元租金。后胜达公司发现，该设备租金明显过高，且因该设备故障造成较大损失。

2024 年 10 月，甲将全部股份以 400 万元的价格转让给金某，并告诉金某其认缴的注册资本已经全部缴清。金某向甲支付了 400 万元现金。甲书面通知胜达公司其他股东自己已将股权全部转让给金某。胜达公司其余 4 名股东召开股东会，作出不同意甲转让股权给金某的决议，没有办理相关股东名册变更和工商登记变更手续。金某书面通知胜达公司请求办理变更股东名册和登记，胜达公司予以拒绝。之后金某以胜达公司为被告向法院提起诉讼请求变更登记。

2024 年 11 月，甲代表胜达公司和 B 公司签订 150 万元的货物买卖合同，B 公司向胜达公司交付货物后，胜达公司拒绝付款，称甲已将股权全部转让，不能代表胜达公司签订合同。

2024 年 12 月中旬，胜达公司以甲和金某为共同被告，向法院提起诉讼，要求甲和金某承担未实际缴纳的出资。金某以甲曾告知已经全部缴清，自己不知情为由进行抗辩。

｜问　题｜

1. 关于与 A 公司的设备租赁，胜达公司是否有权要求甲赔偿？（4 分）

2. 甲未经股东会同意对外转让股权是否有效？（4 分）

3. 金某是否有权直接书面通知其他股东要求变更股东名册？若胜达公司拒绝，金某是否有权直接对胜达公司提起诉讼？（6 分）

4. 甲转让全部股权后，是否立即丧失董事和法定代表人身份？（4 分）

5. 胜达公司拒绝向 B 公司付款的理由是否合法？（4 分）

6. 胜达公司是否有权要求甲和金某承担缴纳出资的连带责任？金某的抗辩理由能否得到法院的支持？（6 分）

| **参考答案** |

1. 有权。

依据《公司法》及相关规定，公司的控股股东、实际控制人、董事、监事、高级管理人员不得利用关联关系损害公司利益。违反前款规定，给公司造成损失的，应当承担赔偿责任。本题中，甲代表胜达公司与其妻子控制的A公司签订设备租赁合同，虽说已经向董事会报告并经同意满足了程序上的要件，但是实际上该笔关联交易因设备故障和租金过高损害了胜达公司的利益，即法定代表人甲利用关联关系损害了公司利益，应当对利达公司的损失承担赔偿责任。

提　示

胜达公司和A公司签订的合同是无效的，这是关联交易。甲没有获得公司股东会批准，构成越权代表，且由自己妻子控制的A公司非善意，越权代表行为无效。因此，胜达公司才可以要求甲来赔偿。

2. 有效。

依据《公司法》规定，股东向股东以外的人转让股权的，应当将股权转让的数量、价格、支付方式和期限等事项书面通知其他股东，其他股东在同等条件下有优先购买权。本题中，股东甲对外转让股权给金某，无须公司其他股东同意，只需要将同等条件通知其他股东即可。其他股东作出反对股权转让的股东会决议也不影响甲与金某之间股权转让的效力。

提　示

2023年《公司法》第84条删除了有限责任公司对外转让需要其他过半数股东的同意，因此股东会表决不同意甲向金某转让股权，胜达公司也不能主张甲对金某转让协议无效。

3. (1)无权。根据《公司法》规定，股东转让股权的，应当书面通知公司，请求变更股东名册。甲将股权转让给金某是有效的。本题中，金某是股权的受让人，只有股东有权请求胜达公司向公司登记机关办理甲变更为金某的登记事项。

(2)有权。根据《公司法》规定，公司拒绝或者在合理期限内不予答复的，转让人、受让人可以依法向人民法院提起诉讼。本题中，金某请求胜达公司变更登记，被胜达公司拒绝。金某有权直接起诉胜达公司。

4. (1)不会立即丧失董事身份。

依据《公司法》规定，股东会有选举和更换董事、监事，决定有关董事、监事的报酬事项的职权。本题中，甲转让全部股权，也不意味着股东会作出罢免甲董事职务，甲亦未辞去董事职务，因此甲仍然是胜达公司的董事。

(2)不会立即丧失法定代表人身份。

依据《公司法》规定，公司的法定代表人按照公司章程的规定，由代表公司执行公司事务的董事或者经理担任。担任法定代表人的董事或者经理辞任的，视为同时辞去法定代表人。公司章程也应载明变更法定代表人的变更办法，公司未作出变更法定代表人的决议，甲亦未辞去法定代表人，甲仍然是胜达公司的法定代表人。

5. 胜达公司的拒绝理由不合法。

依据《公司法》规定，法定代表人以公司名义从事的民事活动，其法律后果由公司承受。本题中，甲不因股权转让而丧失法定代表人身份，甲作为法定代表人，代表胜达公司与B公司签订买卖合同，对胜达公司发生效力。

6.（1）有权。依据《公司法》规定，股东转让已认缴出资但未届出资期限的股权的，由受让人承担缴纳该出资的义务；受让人未按期足额缴纳出资的，转让人对受让人未按期缴纳的出资承担补充责任。本题中，甲的第二期出资期限于2024年9月届满，10月未按章程规定缴纳出资，将股权转让给金某，属于瑕疵股权转让。甲作为转让人与金某作为受让人应当就未缴纳的出资承担连带责任。

（2）能得到支持。依据《公司法》规定，未按照公司章程规定的出资日期缴纳出资或者作为出资的非货币财产的实际价额显著低于所认缴的出资额的股东转让股权的，转让人与受让人在出资不足的范围内承担连带责任；受让人不知道且不应当知道存在上述情形的，由转让人承担责任。本题中，甲告知金某已经缴清，金某不知道且不应当知道甲未按期足额缴纳出资，其抗辩理由成立。（关于第二问回答，根据情况讨论也可得分，重点是对案情交代的理解"金某能否证明不知情"，参考《公司法》第88条作答即可得分。）

2023年国家统一法律职业资格考试

主观题（回忆版）

1 CASE （35 分）

| 材　料 |

材料一：中国式现代化，是中国共产党领导的社会主义现代化，既有各国现代化的共同特征，更有基于自己国情的中国特色。

——中国式现代化是人口规模巨大的现代化。我国十四多亿人口整体迈进现代化社会，规模超过现有发达国家人口的总和，艰巨性和复杂性前所未有，发展途径和推进方式也必然具有自己的特点。我们始终从国情出发想问题、作决策、办事情，既不好高骛远，也不因循守旧，保持历史耐心，坚持稳中求进、循序渐进、持续推进。

——中国式现代化是全体人民共同富裕的现代化。共同富裕是中国特色社会主义的本质要求，也是一个长期的历史过程。我们坚持把实现人民对美好生活的向往作为现代化建设的出发点和落脚点，着力维护和促进社会公平正义，着力促进全体人民共同富裕，坚决防止两极分化。

——中国式现代化是物质文明和精神文明相协调的现代化。物质富足、精神富有是社会主义现代化的根本要求。物质贫困不是社会主义，精神贫乏也不是社会主义。我们不断厚植现代化的物质基础，不断夯实人民幸福生活的物质条件，同时大力发展社会主义先进文化，加强理想信念教育，传承中华文明，促进物的全面丰富和人的全面发展。

——中国式现代化是人与自然和谐共生的现代化。人与自然是生命共同体，无止境地向自然索取甚至破坏自然必然会遭到大自然的报复。我们坚持可持续发展，坚持节约优先、保护优先、自然恢复为主的方针，像保护眼睛一样保护自然和生态环境，坚定不移走生产发展、生活富裕、生态良好的文明发展道路，实现中华民族永续发展。

——中国式现代化是走和平发展道路的现代化。我国不走一些国家通过战争、殖民、掠夺等方式实现现代化的老路，那种损人利己、充满血腥罪恶的老路给广大发展中国家人民带来深重苦难。我们坚定站在历史正确的一边、站在人类文明进步的一边，高举和平、发展、合作、共赢旗帜，在坚定维护世界和平与发展中谋求自身发展，又以自身发展更好维护世界和平与发展。

——《高举中国特色社会主义伟大旗帜　为全面建设社会主义现代化国家而团结奋斗——在中国共产党第二十次全国代表大会上的报告》（节选）

材料二：坚持依宪治国、依宪执政，就包括坚持宪法确定的中国共产党领导地位不动摇，坚持宪法确定的人民民主专政的国体和人民代表大会制度的政体不动摇……推进合宪性审查工作，对一切违反宪法法律的法规、规范性文件必须坚决予以纠正和撤销。

——《从全局和战略高度推进全面依法治国》（节选）

| 问　题 |

问题一：请根据以上材料，结合宪法中关于基本制度和基本人民权利义务的规定，论述宪法是如何保障中国式现代化的？

问题二：请根据以上材料，结合习近平法治思想，论述依法治国和依宪治国。

| **答题要求** |

1. 无观点或论述、照搬材料原文的不得分。

2. 观点正确，表述完整、准确。

3. 总字数不少于600字。

| 参考答案 |

问题一:请根据以上材料,结合宪法中关于基本制度和基本人民权利义务的规定,论述宪法是如何保障中国式现代化的?

中国式现代化,是中国共产党领导的社会主义现代化,既有各国现代化的共同特征,更有基于自己国情的中国特色。必须坚持党的领导,坚持以人民为中心,全面依照宪法和法律来保障中国式现代化的实现。

必须坚持全面依法治国,通过宪法来保障中国式现代化的实现。这是习近平法治思想核心要义的重要组成部分。具体包括以下几点:

1. 从立法环节来看,要坚持科学立法,“法律是治国之重器,良法是善治之前提”,要完善以宪法为核心的中国特色社会主义法律体系,坚持科学立法和民主立法,加强关于中国式现代化等重点领域立法。正如材料二中所言,对一切违反宪法法律的法规、规范性文件必须坚决予以纠正和撤销。

2. 宪法是规定公民权利、规范国家权限的根本法。宪法在我国法律体系中具有最高效力,规定了我国的根本国家制度、国家机构组成、公民基本权利和义务,宪法的制定和修改程序比其他法律要严格。要完善以宪法为核心的中国特色社会主义法律体系,充实中国式法治现代化的规范依据。正如材料一中所言,中国式现代化是全体人民共同富裕的现代化,必须坚持以人民为中心,通过最高效力的宪法来保障人民的权利。

综上所述,在党的领导下,通过宪法来保障中国式现代化的实现。从立法、执法、司法、守法等各个环节发力,全心全意为人民服务。只有这样,才能实现人民共同富裕,促进人与自然和谐共生,推动构建人类命运共同体,创新人类文明新形态,才能保证中国特色社会主义法治事业不断走向新的胜利,才能为实现中华民族伟大复兴的中国梦提供有力保障。

问题二:请根据以上材料,结合习近平法治思想,论述依法治国和依宪治国。

习近平法治思想是新时代全面依法治国的根本遵循和行动指南。全面实现依法治国和依宪治国的总目标,必须要贯彻好习近平法治思想的核心要义——“十一个坚持”。在习近平法治思想指引下,党领导人民推进全面依法治国和依宪治国,坚定不移走中国特色社会主义法治道路。

坚持依法治国首先要坚持依宪治国,坚持依法执政首先要坚持依宪执政。坚持依宪治国、依宪执政,正如材料中所述,要坚持宪法确定的中国共产党领导地位不动摇,坚持宪法确定的人民民主专政的国体和人民代表大会制度的政体不动摇。我国宪法确认了中国共产党的执政地位,确认了党在国家政权结构中总揽全局、协调各方的领导核心地位。

宪法是治国理政的总章程。宪法是国家的根本大法,是治国安邦的总章程,具有最高的法律地位、法律权威、法律效力。依宪治国、依宪执政是建设社会主义法治国家的首要任务。正如材料二中所述,要全面贯彻实施宪法、推进合宪性审查。切实维护宪法尊严和权威,是维护国家法治统一、尊严权威的前提,也是维护最广大人民根本利益、确保国家长治久安的重要保障。

一切伟大的实践都需要科学理论的正确指引,全面实现依法治国和依宪治国必须以习近平法治思想为指导思想。坚持中国共产党统一领导,在法治轨道上推进国家治理体系和治理能力现代化。党带头维护宪法尊严和权威,切实学习和领会习近平法治思想及其核心要义。实践证明,习近平法治思想是引领法治中国建设、实现高质量发展的思想旗帜。

提　示

2023 年的论述题有两个问题,答案内容仅供参考,不唯一,可以从其他角度切入进行答题。

2 CASE （31 分）

| 案 情 |

迟某向陈某谎称自己被银行列入黑名单，无法申请银行卡，遂向陈某买银行卡。陈某明知迟某可能是利用该银行卡进行电信网络诈骗，但仍然将银行卡卖给迟某，后迟某果然利用该银行卡进行电信网络诈骗犯罪。（事实一）

陈某通过手机银行短信得知多人向该银行卡汇入资金共 30 万元，陈某向银行工作人员谎称自己银行卡丢失，重新补办该银行卡并将 30 万元现金取出。事发后，陈某被公安机关采取强制措施，并移交检察机关。（事实二）

陈某被采取强制措施后，陈某的母亲洪某向财政局局长吕某请托，希望吕某找人对陈某从宽处理，并答应事成后给予 100 万元的报酬。吕某向公安局局长覃某请托，覃某心想吕某肯定收受了陈某亲属的贿赂或者准备接受贿赂，于是以陈某不清楚事实为由，对陈某解除强制措施。陈某被解除强制措施后，洪某交给吕某存有 100 万元的银行卡。3 个月以来，吕某使用该银行卡消费了 40 万元，担心长期使用洪某名下的银行卡会引起怀疑，遂将该银行卡还给洪某。洪某觉得吕某在此事上帮了忙，报酬不能太少，于是将剩下的 60 万元现金取出并送给吕某，吕某收下。（事实三）

1 年后，覃某被人举报，检察机关对覃某依法采取强制措施。覃某向检察机关交代了受吕某请托将陈某释放的事实。虽然覃某没有证据证明吕某收受了洪某贿赂，但是为了获得立功表现，仍向检察机关举报吕某受贿，检察机关询问覃某是否有证据，并告知如果没有证据证明吕某受贿将成立诬告陷害罪。覃某表示如果吕某没有收受贿赂，自己愿意承担诬告陷害罪的刑事责任。后检察机关将线索移交给监察机关，监察机关在立案前，电话通知吕某到指定地点问话。吕某到达指定地点后如实供述收受洪某贿赂，但辩称受贿金额只为 100 万元。（事实四）

| 问 题 |

1. 事实一中，关于陈某的行为定性，在刑法理论中有几种观点（至少写出 3 种）？你的观点和理由是？（9 分）

2. 事实二中，关于陈某的行为定性，在刑法理论中有几种观点（至少写出 3 种）？你的观点和理由是？（9 分）

3. 事实三中，洪某、吕某和覃某的行为各犯何罪？各自的犯罪数额是多少？（7 分）

4. 事实四中，如何认定吕某和覃某的量刑情节？（6 分）

| 参考答案 |

1. 陈某明知迟某可能利用自己的银行卡实施电信诈骗犯罪，依然出售银行卡给迟某的行为定性，可能存在如下观点：

（1）构成帮助信息网络犯罪活动罪。《刑法》规定，明知他人利用信息网络实施犯罪，为其犯罪提供互联网接入、服务器托管、网络存储、通讯传输等技术支持，或者提供广告推广、支付结算等帮助，情节严重的行为，成立帮助信息网络犯罪活动罪。本案中，陈某没有事先参与迟某的诈骗犯罪活动。只怀疑迟某会利用银行卡违法犯罪。因此，陈某的行为仅成立帮助信息网络犯罪活动罪。

（2）构成帮助信息网络犯罪活动罪与诈骗罪的想象竞合，应当择一重罪处罚。一个行为触犯数罪名，属于想象竞合，择一重罪论处。本案中，陈某主观上具有犯罪故意，既包括确定的故意，也包括未必的、不确定的故意。陈某明知他人可能将银行卡用于犯罪而向其提供银行卡，主观上有帮助他人犯罪的故意，客观上有提供银行卡的行为，成立帮助信息网络犯罪活动罪。陈某的“帮助”行为在客观上对他人的电信网络诈骗起到了帮助作用，陈某对此主观上也有认知，应成立诈骗罪的帮助犯。系想象竞合，应当择一重罪处罚。

（3）构成洗钱罪。《刑法》规定，为掩饰、隐瞒毒品犯罪、黑社会性质的组织犯罪、恐怖活动犯罪、走私犯罪、贪污贿赂犯罪、破坏金融管理秩序犯罪、金融诈骗犯罪的所得及其产生的收益的来源和性质的行为成立洗钱罪。本案中如果认定迟某的电信诈骗行为属于金融诈骗，那么陈某提供银行卡的行为构成洗钱罪。

我赞同第一种观点，仅成立帮助信息网络犯罪活动罪。对于明知他人实施电信诈骗行为而提供帮助在刑法上已经独立定罪，即帮助信息网络犯罪活动罪。

提　示

这个答案不唯一，有的考生回答了陈某行为构成诈骗罪。理由：为正犯实施帮助的行为成立帮助犯。本案中陈某明知他人可能将银行卡用于犯罪而向其提供银行卡以提供帮助的行为，依法成立诈骗罪的帮助犯。还有的同学回答陈某的行为不构成犯罪，属于中立的帮助行为。理由：成立帮助犯要求具有确定的故意，即迟某确定要实施犯罪，陈某明知仍旧实施帮助行为，实际上，陈某仅仅是明知迟某可能利用该银行卡实施电信诈骗犯罪，而非确信迟某必然实施电信诈骗犯罪。因此，陈某仅具有不确定的犯罪故意，不成立可罚的帮助犯。类似问题只要回答出三种即可，只要言之有理即可得分。

2. 关于陈某谎称银行卡丢失后，挂失银行卡将 30 万元现金取出的行为如何定性，存在以下不同观点。

（1）构成侵占罪。理由：《刑法》规定，将代为保管的他人财物非法占为己有，数额较大，拒不退还的行为成立侵占罪。本案中，银行卡内的存款在法律上仍属于原主人（卡的名义人）占有，原卡主人（陈某）以非法占有为目的，将自己占有的卡内存款据为己有，构成侵占罪。

(2)构成盗窃罪。理由:这种观点认为,用于存款的银行卡及密码均在买卡者(迟某)的手中,买卡者对该存款属于事实上的支配状态,对该笔存款具有占有权、控制权。陈某以非法占有为目的,在迟某不知情的情况下,以挂失补卡存款的方式转移了存款的占有,属于秘密窃取行为,构成盗窃罪。

(3)构成诈骗罪。理由:陈某卖出银行卡后,银行卡内的存款由购买者(迟某)占有。银行工作人员具有处分本行银行卡债权的权限,原卡主人(陈某)采取挂失补办的行为欺骗了银行工作人员,使其陷入认识错误处分了买卡者迟某的债权(迟某对银行的取款权),因此陈某构成诈骗罪,属于"三角诈骗"的情形。

我赞同观点一,成立侵占罪。理由:我国对银行卡实行实名制,必须由本人携带身份证才能申领,银行卡内资金交易的权利、义务由持证申领人享有和承担,本案中,陈某虽然是法律上的持卡人,但其申请挂失的行为,属于侵吞本人占有的他人财物。

提　示

这个答案不唯一,有的考生回答不成立犯罪;还有的同学回答信用卡诈骗罪。只要言之有理即可得分。

3.(1)洪某:构成行贿罪。犯罪数额为100万元。《刑法》规定,为了牟取不正当利益,给予国家工作人员以财物的行为成立行贿罪。本案中,洪某的行贿对象是国家机关工作人员吕某,利用吕某的职务便利。

(2)吕某:构成受贿罪,属于斡旋受贿。犯罪数额为100万元。斡旋受贿是指国家工作人员利用本人职权或者地位形成的便利条件,通过其他国家工作人员职务上的行为,为请托人牟取不正当利益,索取请托人财物或者收受请托人财物的行为。在本案中,吕某身为财政局局长,通过覃某为洪某牟取不正当利益,成立受贿罪(斡旋受贿)。事后使用和归还均不影响犯罪数额的认定。第二次60万元和前面的100万元是同一财产利益,不能重复评价。因此,吕某受贿的数额是100万元。

(3)覃某:构成徇私枉法罪。《刑法》规定,司法工作人员对明知是无罪的人而使他受追诉、对明知是有罪的人而故意包庇不使他受追诉的行为成立徇私枉法罪。本案中,覃某身为公安局局长,属于司法工作人员,并且覃某为了包庇陈某,故意以陈某不清楚事实为由作无罪处理并解除强制措施。因此,覃某的行为成立徇私枉法罪。

4.吕某:自首。《刑法》规定,犯罪以后自动投案,如实供述自己的罪行的,是自首。本案中,立案前电话通知谈话可以认定为吕某并未被采取强制措施,自动投案,如实交代,可以认定为自首,自我辩解不影响自首认定。可以从轻或减轻处罚。其中,犯罪较轻的,可以免除处罚。

覃某:(1)坦白。被采取强制措施以后,如实供述的行为成立坦白。覃某被采取强制措施后如实交代,可以从轻处罚。(2)立功。《刑法》规定,犯罪分子揭发他人犯罪行为并查证属实的成立立功。本案中,覃某检举吕某犯罪事实,查证属实,可以从轻或减轻处罚。

3 CASE （30分）

| 案 情 |

某日晚上，甲正在马路上盗窃自行车，被路过的乙丙丁三人看见。随后乙丙丁为了获取钱财，把甲带到路旁的公园，将甲暴打一顿，并且强行要甲给予乙丙丁三人2000元。丁因为临时接到老婆的电话离开犯罪现场，乙和丙在取得2000元财物以后才离开犯罪现场。

第二天早上在公园散步的路人发现甲已经在公园里死亡，公安机关随即对案件展开立案侦查，并将嫌疑人乙丙丁抓捕到案。案件经过侦查表明，被害人甲是在前一天20点~23点之间因钝器敲击而死。同时，乙丙丁三人对以暴力的方式强行取得甲2000元财物的犯罪事实供认不讳，并且认罪认罚。

但是在法庭庭审的过程中，当事人乙丙强调他们两人在丁离开现场以后，也同步离开犯罪现场，并无对被害人甲实施故意伤害的行为，当事人甲的死亡与乙丙之间不存在直接的因果关系，拒绝认罪认罚，乙丙的辩护律师也在法庭庭审过程中对本案存在事实不清、证据不足的情形依法作了无罪的辩护。

乙的辩护律师在案件的审理过程中认为乙在犯罪的过程中不满18周岁，在辩护意见书中提出相应的辩护理由：其一，乙之所以未满18周岁，是因为乙在出生的过程中户口本和准生证登记错误；其二，乙的毕业纪念册上记载的未成年的事实；其三，乙的叔叔是户籍民警，依法提供乙未成年的证人证言。

法庭经过审查认为，乙的毕业纪念册是自己保管的，缺乏证据的证明力。户口本和准生证登记错误未有相关官方材料予以证明，乙的叔叔和乙具有直接的利害关系，证人证言的证明力较为薄弱，因此法庭最终未认定被告人乙在实施犯罪时属于未满18周岁的未成年人。

被害人甲的父母在案件刑事部分审理中依法提起附带民事诉讼，要求被告人提供死亡赔偿金、丧葬费、精神损失等相关赔偿事项。最终法院判决乙丙丁三人构成抢劫罪，丙同时构成故意杀人罪，乙丁因为没有证据证明他们实施的行为和甲的死亡之间存在因果关系，因此未认定乙丁构成故意伤害罪。

| 问 题 |

1. 本案当事人乙丙对抢劫罪认罪认罚，同时两人认为自己不构成故意伤害行为，对全案可以适用认罪认罚处理吗？（6分）

2. 被害人的母亲可否在案件庭审的过程中针对死亡赔偿金、丧葬费、精神损失等依法提起附带民事诉讼？（6分）

3. 法院未认定被告人乙属于未成年人是否符合法律程序要求？（6分）

4. 本案中法院未认定乙丙构成故意伤害行为是否符合法律规定？（6分）

5. 如果人民法院未认定乙是未成年人，乙的法定代理人和辩护律师依法上诉到二审法院，那么二审法院应当依法如何处理？（6分）

| 参考答案 |

1. 不可以。根据《刑事诉讼法》及相关规定,犯罪嫌疑人、被告人犯数罪,仅如实供述其中一罪或部分罪名事实的,全案不作“认罪”的认定,不适用认罪认罚从宽制度。本案中,乙丙二人只对抢劫认罪认罚,对故意伤害不认罪认罚,全案不作“认罪”的认定,不适用认罪认罚从宽制度。但对如实供述的部分,人民检察院可以提出从宽处罚的建议,人民法院可以从宽处罚。

2. 可以。根据《刑事诉讼法》及相关规定,被害人因人身权利受到犯罪侵犯或者财物被犯罪分子毁坏而遭受物质损失的,有权在刑事诉讼过程中提起附带民事诉讼。因受到犯罪侵犯,提起附带民事诉讼或者单独提起民事诉讼要求赔偿精神损失的,人民法院一般不予受理。本案中,被害人的母亲可以提起附带民事诉讼,但是针对附带民事诉讼问题,人民法院只对甲提出的死亡赔偿金、丧葬费、交通补助等依法予以支持,对于精神赔偿一般不予以支持。

3. 不符合。根据《刑诉解释》第 146 条的规定,法院应当根据户籍证明、出生证明文件、学籍卡、人口普查登记、无利害关系人的证言等证据综合判断审查被告人实施被指控的犯罪时或者审判时是否达到相应法定责任年龄。针对被告人乙的法定代理人和辩护律师提出被告人乙的户口本、出生证明、毕业生纪念册存在异议,首先应当对异议证据的客观性、关联性、合法性展开全面的审查,而不是直接认定为不能证明乙不是未成年人的依据。其次,虽然乙的叔叔和乙之间存在近亲属关系,但只能认为乙的叔叔证明力弱,需要其他相关证据予以补强。证明乙已满 18 周岁的证据不足,应当作出有利于被告的认定,应认定乙是未成年人。因此,法院直接认定乙不属于未成年人的做法不符合法律程序要求。

4. 符合法律规定。依据《刑事诉讼法》及相关规定,认定被告人有罪的证明标准是“案件事实清楚,证据确实、充分”。本案中对乙丙是否涉嫌故意伤害被害人甲存在事实不清、证据不足的情形,既没有证据证明被害人甲死亡的时间,也没有证据证明乙丙与被害人甲之间存在直接的因果关系,综合本案证据无法形成完整证据链,不能排除合理怀疑,因此法院认定乙丙不构成故意伤害甲的事实正确。

5. 依据《刑事诉讼法》及相关规定,原判决事实不清或者证据不足的,既可以在查清事实后改判;也可以裁定撤销原判,发回原审人民法院重新审判。本案中,二审法院针对一审未认定当事人乙符合未成年人存在事实不清、证据不足的情形,二审法院应当依法改判,或者撤销原判,发回原审法院依法重新审理。

4 CASE （56分）

｜案　情｜

王某于2020年2月10日在东山区开设甲公司，王某作为甲公司的唯一股东并担任甲公司经理，后于2021年3月10日与李某结婚，结婚后李某作为甲公司财务。甲公司于2022年3月15日与西河区乙公司签订《设备买卖合同》，价款200万元，甲公司首付100万元，剩余100万元在2023年支付完，每次支付10万元，于每月月初支付，双方在合同中约定产生纠纷由西河区法院管辖。王某承诺，如果甲公司还不了款王某就还款，后甲公司、王某、乙公司在合同上签字，李某未签字。甲公司支付了2期后，就不再支付剩余款项。乙公司了解到甲公司对设备操作不熟导致产量低，无法支付设备价款，乙公司又与甲公司签订《培训合同》，由乙公司派人对甲公司员工培训，培训费20万元。之后乙公司反复催告甲公司支付设备价款和培训费，但甲公司并不配合，只在2023年1月给乙公司转账15万元，注明"履行合同款"，乙公司询问这笔款项是哪一笔价款，甲公司并未回应。乙公司起诉到法院，要求解除合同并由甲公司支付两个合同项下的价款。后乙公司查明，甲公司无力支付价款，起诉没意义，遂在一审开庭前撤回起诉，法院准许。另查明甲公司的财产跟王某的财产混乱，之后乙公司再次起诉，要求支付货款，并要求王某和李某对甲公司债务承担连带责任。

诉讼过程中，甲公司向法院提出以下抗辩：(1)甲公司认为西河区法院没有管辖权，此案应该由自己所在地东山区法院管辖，因为设备已经完成安装，无法拆除，应属于不动产，协议管辖无效，西河区法院没有管辖权；(2)甲公司认为买卖合同约定的管辖是西河区法院，但是培训合同并没有约定管辖，合同履行地与被告住所地都是东山区法院，因此西河区法院对因《培训合同》产生的纠纷没有管辖权；(3)买卖合同和培训合同没有实质关联，法院不能合并审理；(4)乙公司的起诉状副本已经送达甲公司，故在第一次起诉时，甲公司与乙公司的《设备买卖合同》已经解除，乙公司第二次起诉要求履行合同是不成立的，且乙公司并非适格原告。王某同意甲公司的抗辩，承认自己对《设备买卖合同》承担连带保证责任，但主张自己不应承担《培训合同》的连带责任。李某同意甲公司的抗辩，并且认为自己在两份合同中都没有签字，不应当承担连带责任，自己不是适格被告。

诉讼过程中乙公司提出了保全申请，申请查封山河小区A房屋。法院经审查发现，2021年时，王某曾与丁房地产开发商签订A房屋买卖合同，该合同价款为600万元，王某支付了400万元首付款，剩余房款从丙银行办理了按揭贷款，并于2021年12月为丙银行办理了A房屋抵押权预告登记。2022年1月，房屋建成，丁公司办理了所有权首次登记。乙公司申请保全时，房屋尚未过户给王某，且查明王某是故意拖延不办过户。于是，法院作出准予查封A房屋的裁定，但由于王某没有取得房屋所有权，故无法进行查封登记，法院只进行了公告。法院还查明，王某曾经转移甲公司的财产用于A房屋的装修等。后A房屋被乙公司申请执行，丙银行提出异议，认为该房屋有自己的抵押预告登记，不能被执行。另外，王某的律师也提出抗辩，认为该房屋属于王某的唯一住房(属实)。

| 问 题 |

1. 原告申请撤诉,法院没有经过被告同意,便准许撤诉(甲无力偿还,并且乙认为诉讼没有意义)。法院同意撤诉是否正确?(6 分)

2. 针对乙公司起诉甲公司、王某、李某,对管辖异议、诉讼请求、诉讼参与人、两个诉讼请求能否合并等抗辩进行分析。(7 分)

3. 人民法院对山河小区 A 房屋的查封有没有生效?(6 分)

4. 对于买卖合同,王某和李某是否承担连带保证责任?(6 分)

5. 对于培训合同,王某和李某是否承担连带责任?(6 分)

6. 对于丙银行提出的执行异议,法院是否应支持?(6 分)

7. 乙公司能否请求甲公司支付买卖合同项下的款项 80 万元和赔偿迟延损失?(6 分)

8. 乙公司能否请求甲公司支付培训合同项下的款项 20 万元和赔偿迟延损失?(6 分)

9. 债务人王某用房子给银行设置了抵押预告登记,请分析债务人只有一所住房且银行未正式办理抵押登记对于优先受偿权的影响。(7 分)

| **参考答案** |

1. 法院同意撤诉正确。《民事诉讼法》第148条规定，宣判前，原告申请撤诉的，是否准许，由人民法院裁定。人民法院裁定不准许撤诉的，原告经传票传唤，无正当理由拒不到庭的，可以缺席判决。本案中，原告申请撤诉自愿且没有违反法律法规的规定，没有损害国家、集体和他人利益，法院同意撤诉正确。

2. (1)①甲公司提出的第一个抗辩不成立。根据最高人民法院《关于适用〈中华人民共和国民事诉讼法〉的解释》(以下简称《民诉解释》)第28条的规定，不动产的专属管辖包括不动产的权利确认、分割、相邻关系等引起的物权纠纷，以及农村土地承包经营合同纠纷、房屋租赁合同纠纷、建设工程施工合同纠纷、政策性房屋买卖合同纠纷。本案中，设备已经安装不能拆除并不影响双方法律关系的实质只是动产买卖合同法律关系，并非不动产专属管辖。设备买卖合同中约定的管辖法院属于原告住所地法院，与争议有实际联系，且不违反级别和专属管辖，因此管辖协议有效。

②甲公司提出的第二个抗辩不成立。培训合同的纠纷是关于付款问题的纠纷，即给付货币纠纷，根据《民诉解释》第18条第2款的规定，给付货币的，接收货币一方所在地为合同履行地，故本案中的合同履行地就是原告住所地法院，即西河区法院。另外，虽然只有设备买卖合同中约定了管辖协议，但是法院将设备买卖合同与培训合同两个诉合并审理的，根据诉的合并理论，合并的诉讼标的部分存在管辖协议的，法院应当按照管辖协议确定全案管辖。因此，西河区法院对该培训合同纠纷有管辖权。

③甲公司提出的第三个抗辩不成立。诉的合并审理是指法院将两个或者两个以上彼此有牵连的诉合并到同一法院管辖，并适用同一程序审判。诉的合并的意义在于提高诉讼的效率，防止在相互关联的问题上作出互相矛盾的裁判。

(2)王某对《培训合同》不承担连带责任的抗辩得不到支持。根据《公司法》第23条第3款的规定，只有一个股东的公司，股东不能证明公司财产独立于股东自己的财产的，应当对公司的债务承担连带责任。甲公司属于王某的一人公司，且王某有转移公司财产归个人使用的情形，有人格否认的事实，故应当对公司债务承担连带责任。

(3)李某的抗辩理由也不成立。虽然甲公司是王某的一人公司，但李某作为配偶担任公司重要职务，实质参与公司经营管理，故甲公司实际上属于夫妻共同事业，所以即便李某未签字也不可否认两个债务都属于夫妻共同债务。

3. 已经发生效力。最高人民法院《关于人民法院民事执行中查封、扣押、冻结财产的规定》第7条规定，查封不动产的，人民法院应当张贴封条或者公告，并可以提取保存有关财产权证照。查封、扣押、冻结已登记的不动产、特定动产及其他财产权，应当通知有关登记机关办理登记手续。未办理登记手续的，不得对抗其他已经办理了登记手续的查封、扣押、冻结行为。从这条即可看出，未办理查封扣押保全登记的，并不影响查封的生效，只是没有对抗其他办了登记手续的查封、扣押、冻结而已。

另外该司法解释第8条规定，查封尚未进行权属登记的建筑物时，人民法院应当通知其管理人或者该建筑物的实际占有人，并在显著位置张贴公告。本题中，从王某进行装修可知王某已经实际占有该房屋，该房屋只是因为王某恶意逃避法律义务而未过户，查封该房屋并无不妥，由于王某未办理所有权登记，法院也采取了小区公告，可以视为已经完成了公告，查封已经生效。

4. 王某承担连带责任，李某承担连带责任。

王某在保证合同中作为一般保证人签字，但其作为一人公司股东构成股东与公司财产混同，因此对《设备买卖合同》项下的债务承担连带责任。李某作为王某合法配偶，其共同财产可被甲公司债权人申请连带责任赔偿，因此李某除个人财产外，其与王某的夫妻共同财产也在承担连带责任范围内。

5. 王某和李某需要承担连带责任。根据《民法典》规定，甲公司属于一人公司。根据《公司法》第23条第3款的规定，只有一个股东的公司，股东不能证明公司财产独立于股东自己的财产的，应当对公司的债务承担连带责任。夫妻一方设立一人公司，如果配偶实质参与公司经营管理，则该一人公司属于夫妻共同事业，应由夫妻共同财产承担连带责任。本案中，法院查明王某存在人格混同，因此承担连带责任的请求能够得到支持。

6. 不支持。根据《担保制度解释》第52条第1款的规定，当只存在抵押预告登记时，经审查已经办理建筑物所有权首次登记，且不存在预告登记失效等情形的，人民法院应予支持，并应当认定抵押权自预告登记之日起设立。本题中，房屋已经办理首次登记，王某基于规避合同义务而拖延过户导致无法办理抵押权正式登记，预告登记并未失效，故丙银行享有对A房屋的抵押权。因此，丙银行确实可以提出执行异议，法院应受理。但法院并不会中止对该房屋的执行，因为享有担保物权等优先权的异议人，享有的是一种顺位权，完全可以通过参与分配等方式保证其利益，故其所享有的权益不属于足以排除强制执行的民事权益，法院不能中止执行。另外，最高人民法院《关于人民法院办理执行异议和复议案件若干问题的规定》第27条规定，申请执行人对执行标的依法享有对抗案外人的担保物权等优先受偿权，人民法院对案外人提出的排除执行异议不予支持，但法律、司法解释另有规定的除外。

7. 均能得到支持。根据《民法典》第634条第1款的规定，分期付款的买卖合同中的买受人未支付到期价款达到全部价款的1/5，经催告后在合理期限内仍未支付到期价款的，出卖人即可请求买受人支付全部价款或者主张解除合同。本题中，甲公司未支付价款达到了总价款的1/5，而乙公司并没有发出有效的解除意思，故其后主张一次性付清价款能够得到支持。

甲公司无正当理由迟延履行，应当承担迟延履行责任。《民法典》第577条规定，当事人一方不履行合同义务或者履行合同义务不符合约定的，应当承担继续履行、采取补救措施或者赔偿损失等违约责任。而对于金钱之债，迟延履行的损失赔偿标准在没有约定时，应参照合同成立时前一年期贷款市场利率的4倍。支付迟延履行部分利息，该利息本质属于法定违约金。

8. 只能支持培训合同中5万元部分的请求。

《民法典》第560条规定，债务人对同一债权人负担的数项债务种类相同，债务人的给付不足以清偿全部债务的，除当事人另有约定外，由债务人在清偿时指定其履行的债务。债务人未作指定的，应当优先履行已经到期的债务；数项债务均到期的，优先履行对债权人缺乏担保或者担保最少的债务；均无担保或者担保相等的，优先履行债务人负担较重的债务；负担相同的，按照债务到期的先后顺序履行；到期时间相同的，按照债务比例履行。

本案中，两笔款项都已经到期，第一笔款项由王某提供了连带责任保证，而第二笔款项是没有担保的，故这 15 万元应被视为对第二个合同的履行，即 15 万元部分因履行而消灭，故乙公司请求甲公司支付 20 万元无法得到支持，法院只能判决支持 5 万元。该债务依然属于金钱债务，故迟延履行的损失即为迟延履行利息，也是可以得到支持的。

9.（1）不影响丙银行享有优先受偿权。《民法典》第 221 条规定，当事人签订买卖房屋的协议或者签订其他不动产物权的协议，为保障将来实现物权，按照约定可以向登记机构申请预告登记。预告登记后，未经预告登记的权利人同意，处分该不动产的，不发生物权效力。预告登记后，债权消灭或者自能够进行不动产登记之日起 90 日内未申请登记的，预告登记失效。本题中，王某 2021 年 12 月为丙银行设立抵押预告登记，2022 年 1 月做的不动产首次登记，此时丙银行享有对 A 房屋的抵押权。

（2）唯一住房可以被申请强制执行，不影响优先受偿权。根据最高人民法院《关于人民法院办理执行异议和复议案件若干问题的规定》第 20 条的规定，如果被执行人名下的唯一住房，超出了被执行人及其所扶养家属生活必需的范围，人民法院可以执行。

以下第 5 题、第 6 题选做一道即可。

5 CASE （28 分）

｜案　情｜

2022 年 11 月 25 日，县政府作出《县政府关于弘盛小区改造建设项目房屋征收决定》。决定内容如下：因旧城区改建需要，决定对弘盛小区范围内房屋实行征收。房屋征收部门为区住房和城乡建设局，房屋征收实施单位为县政府组建的弘盛小区改造工程指挥部（以下简称改造工程指挥部），签约期限为 45 日，搬迁期限为 30 日，具体起止日期在房屋征收评估机构选定后，由房屋征收部门另行公告；附件为征收补偿方案，上述内容在当地报纸上刊载公布。

孙某位于弘盛小区的房屋被纳入房屋征收范围的土地性质是国有土地，房屋征收实施单位测量房屋为 120 平方米，以此时的市场房价计算确定补偿 30 万元，孙某经多次协商未与房屋征收部门达成补偿协议，也未明确同意将涉案房屋腾空并交付拆除。孙某没来得及搬迁，改造工程指挥部作出了强制拆除决定书，受改造工程指挥部委托的强盛建筑公司，将涉案房屋直接强制拆除，未保全屋内物品，未登记记录，给孙某房屋物品造成了损失。孙某向法院提起行政诉讼，要求确认拆除行为违法，并赔偿被拆除房屋损失 50 万元，屋内财物损失 5 万元，过渡期间租房补贴 2 万元。

｜材　料｜

《国有土地上房屋征收与补偿条例》

第 8 条　为了保障国家安全、促进国民经济和社会发展等公共利益的需要，有下列情形之一，确需征收房屋的，由市、县级人民政府作出房屋征收决定：

（一）国防和外交的需要；

（二）由政府组织实施的能源、交通、水利等基础设施建设的需要；

（三）由政府组织实施的科技、教育、文化、卫生、体育、环境和资源保护、防灾减灾、文物保护、社会福利、市政公用等公共事业的需要；

（四）由政府组织实施的保障性安居工程建设的需要；

（五）由政府依照城乡规划法有关规定组织实施的对危房集中、基础设施落后等地段进行旧城区改建的需要；

（六）法律、行政法规规定的其他公共利益的需要。

第 25 条　房屋征收部门与被征收人依照本条例的规定，就补偿方式、补偿金额和支付期限、用于产权调换房屋的地点和面积、搬迁费、临时安置费或者周转用房、停产停业损失、搬迁期限、过渡方式和过渡期限等事项，订立补偿协议。

补偿协议订立后，一方当事人不履行补偿协议约定的义务的，另一方当事人可以依法提起诉讼。

第 26 条第 1 款　房屋征收部门与被征收人在征收补偿方案确定的签约期限内达不成补偿

协议,或者被征收房屋所有权人不明确的,由房屋征收部门报请作出房屋征收决定的市、县级人民政府依照本条例的规定,按照征收补偿方案作出补偿决定,并在房屋征收范围内予以公告。

| 问　题 |

1. 县政府作出的房屋征收决定的性质是什么?(4 分)

2. 王某对拆迁行为不服提起行政诉讼,被告应该如何确定?(4 分)

3. 改造工程指挥部强制拆除行为是否合法?为什么?(5 分)

4.《国有土地上房屋征收与补偿条例》第 25 条中的协议的性质是什么?提起的是哪种诉讼种类?(5 分)

5. 本案中就室内物品的损失应当由谁承担举证责任?(5 分)

6. 对于王某提出的房屋价格的赔偿数额,法院应该如何认定?(5 分)

| **参考答案** |

1. 房屋征收决定的性质属于具体行政行为。

具体行政行为是指行政主体在对外实施管理中，就特定事项针对特定的公民、法人或者其他组织作出的能够建立、变更、消灭行政法上权利义务关系的一次性处理行为。本案中，县政府作出的房屋征收决定对某小区范围内房屋实行征收，针对的是某小区业主这一特定的对象，房屋征收属于行政征收，是强制处分当事人房屋所有权的一次性处理，具有法律性和处分性。可见，该行为属于典型的具体行政行为。

2. 县政府为被告。

根据《行政诉讼法》及相关规定，以作出行政行为主体的部门为被告。县级以上地方政府已经作出国有土地上房屋征收与补偿决定，当事人不服具体实施房屋征收与补偿工作中的强制拆除房屋等行为提起诉讼的，法院应当以作出强制拆除决定的行政机关为被告；没有强制拆除决定书的，以县级以上地方政府确定的房屋征收部门为被告。

本案中，作出强制拆除决定的是县政府组建的改造工程指挥部，本应当以其为被告，但是该指挥部却属于县政府组建的临时机构，不具有行政主体资格，不能独立承担法律责任，不能成为诉讼被告，故本案应当视为县政府委托改造工程指挥部实施了该行政行为，应以委托该指挥部的行政机关即县政府为被告。

本案中，县政府确定房屋征收部门为区住房和城乡建设局，房屋征收实施单位为县政府组建的改造工程指挥部，该指挥部作出了强制拆除决定书，并实施了强制拆除。根据“有章看章，没章告征收部门”的规定和最高人民法院《关于正确确定县级以上地方人民政府行政诉讼被告资格若干问题的规定》第 2 条的规定，只有在未作出强制拆除决定书时才会直接起诉房屋征收部门。在本案这种作出了强制拆除决定书的情况下，就应当以在决定书上署名盖章的机关为被告。从而引出下一个考点，临时组建机构的“假授权真委托”。改造工程指挥部属于县政府组建的临时机构，视为县政府委托了指挥部实施强制拆除，应以县政府为被告。

3. 强制拆除的行为违法。

(1)主体不合法。根据《国有土地上房屋征收与补偿条例》规定，被征收人在法定期限内不申请行政复议或者不提起行政诉讼，在补偿决定规定的期限内又不搬迁的，由作出房屋征收决定的市级、县级人民政府依法申请法院强制执行，而不是由行政机关直接强制拆除。

(2)程序不合法。依据《国有土地上房屋征收与补偿条例》规定，实施房屋征收应当先补偿、后搬迁。本案未签补偿协议，未补偿，未搬迁，未腾空，未通知行政相对人，未经过催告，直接实施强制拆除。并且依据相关条例，强制拆除时，依法应当通知当事人到场，清点造册，妥善保管，及时转交财物。本案中，改造工程指挥部未保全屋内物品，未登记记录。

提　示

考生能够回答一点就给分。

4.(1)属于行政协议。

行政协议是指,行政机关为了实现行政管理或者公共服务目标,与公民、法人或者其他组织协商订立的具有行政法上权利义务内容的协议。《国有土地上房屋征收与补偿条例》第25条规定,房屋征收部门与被征收人依照该条例的规定,就补偿方式、补偿金额和支付期限、用于产权调换房屋的地点和面积、搬迁费、临时安置费或者周转用房、停产停业损失、搬迁期限、过渡方式和过渡期限等事项,订立补偿协议。这是行政机关为了旧城改造等公共利益,与小区业主协商一致,约定了征收补偿的行政法上权利义务内容的协议,属于典型的行政协议。

(2)提起的诉讼应为行政诉讼。因为这是基于行政协议引发的争议提起的诉讼,属于行政诉讼法中规定的行政争议案件,故为行政诉讼。

提　示

有部分考生被《国有土地上房屋征收与补偿条例》第25条第2款规定的"补偿协议订立后,一方当事人不履行补偿协议约定的义务的,另一方当事人可以依法提起诉讼"所误导,认为答案是提起民事诉讼。这是审题不清以及对知识点的不熟悉而导致的。本题第一问是法条中提到的补偿协议什么性质?正确答案是行政协议。重点在于第二问,"提起的是哪种诉讼种类?"命题者是在第一问确认该协议属于行政协议的基础上设计本问的。依据《行政诉讼法》和最高人民法院《关于审理行政协议案件若干问题的规定》的规定,房屋征收和补偿协议属于行政诉讼受案范围,当事人提起的是行政诉讼。有的考生误认为命题人考查的是《国有土地上房屋征收与补偿条例》第25条第2款规定的双方都可以在对方违约的情况下提起诉讼,所以得出结论是提起民事诉讼,甚至会得出结论,认为该协议是民事协议。

5.应由被告承担举证责任。

在行政赔偿、补偿案件中,原告应当对被诉的行政行为造成其合法权益损害提供证据。因被告的原因原告无法举证的,由被告承担举证责任。本案中,行政机关违法强拆,将涉案房屋直接强制拆除,未保全屋内物品,未登记记录,此属于因被告的原因原告无法举证的,由被告承担举证责任。

6.法院应当按照作出赔偿决定时的市场行情价来支持赔偿数额。

根据最高人民法院《关于审理行政赔偿案件若干问题的规定》规定,违法行政行为造成公民、法人或者其他组织财产损害,不能返还财产或者恢复原状的,按照损害发生时该财产的市场价格计算损失。市场价格无法确定,或者该价格不足以弥补公民、法人或者其他组织损失的,可以采用其他合理方式计算。违法征收征用土地、房屋,人民法院判决给予被征收人的行政赔偿,不得少于被征收人依法应当获得的安置补偿权益。

本案中,孙某请求的房屋损失属于直接损失,因客观原因无法鉴定的,法院应当结合当事人的主张和在案证据,遵循法官职业道德,运用逻辑推理和生活经验、生活常识等,酌情确定赔偿数额。

6 CASE （28 分）

| 案 情 |

2019 年 3 月，张三、李四和甲公司、乙公司出资设立 A 公司，持股比例分别为 13%、7%、49%、31%。章程规定自然人股东的出资在公司设立时一次性实缴到位，法人股东的出资分两期，第一期出资 50%，在公司设立时实缴到位，第二期剩余 50% 出资在公司设立 10 年后履行；法定代表人对外签订合同的金额不得超过 100 万元，超出的须经董事会决议。董事会由甲公司指派的赵六、乙公司指派的王七和张三组成，赵六是 A 公司董事长兼法定代表人。

2021 年，C 公司与 D 公司有 60 万元的贷款合同，C 公司请求 A 公司为该笔贷款提供担保，赵六遂以 A 公司名义签订了担保合同。

2022 年，经其他股东同意，甲公司将股权转让给了丙公司。丙公司提议召开股东会，商定 5 年内股东不得对外转让股权，李四对该决议表示反对，其他股东表示同意，并修改了公司章程，但因公司职工疏忽，没有将章程进行变更登记。

后李四欲对外转让股权，伪造了其他股东同意其对外转让股权并放弃优先购买权的文书，将股权转让给不知情的王五，签订了转让协议后王五支付了股权转让价款。王五向 A 公司主张变更登记为公司股东，A 公司予以拒绝。

2023 年 2 月，因赵六与其他董事不和，经营理念存在矛盾冲突，赵六遂书面向 A 公司提出辞职，但是并没有进行工商登记变更。

2023 年 3 月，赵六提出辞呈后，B 公司找到赵六，主张与赵六签订买卖合同，并提出该合同利润丰厚，对 A 公司发展有利，赵六为了 A 公司利益，遂又以 A 公司名义对外签订了该买卖合同。B 公司对赵六辞任法定代表人一事并不知情。

A 公司拖欠 E 公司 600 万元债务到期，法院判决该债权有效并被强制执行，E 公司主张强制执行 A 公司股东尚未履行的出资。

| 问 题 |

1. 法定代表人赵六签订的债务担保合同是否有效？D 公司能否向 A 公司主张担保责任？（6 分）

2. A 公司关于 5 年内不能对外转让股权的决议是否有效？李四否认该决议后，是否对其生效？（5 分）

3. 王五能否善意取得李四转让的股权？（4 分）

4. 赵六辞去法定代表人职务是否有效？（4 分）

5. 赵六与 B 公司签订的买卖合同是否有效？（4 分）

6. E 公司能否主张对 A 公司股东尚未履行的出资予以执行？（5 分）

| **参考答案** |

1.(1)法定代表人赵六签订的债务担保合同无效。依据《公司法》第15条第1款的规定,公司为他人提供担保,依照公司章程的规定,由董事会或者股东会决议。可见,公司为他人提供担保并非法定代表人可自行决定的,而是必须以相关机构决议为前提。本题中,赵某作为法定代表人并没有经公司相关机构的决议,担保合同无效。

(2)D公司不能向A公司主张担保责任。依据《担保制度解释》第7条的规定,公司的法定代表人违反公司法关于对外担保决议程序的规定,超越权限代表公司与相对人订立担保合同,人民法院应当依照《民法典》第61条和第504条等规定处理:①相对人善意的,担保合同对公司发生效力;相对人请求公司承担担保责任的,人民法院应予支持;②相对人非善意的,担保合同对公司不发生效力;相对人请求公司承担赔偿责任的,参照适用该解释第17条的有关规定。第1款所称善意,是指相对人在订立担保合同时不知道且不应当知道法定代表人超越权限。相对人有证据证明已经对公司决议进行了合理审查,人民法院应当认定其构成善意。本题中,相对人D公司虽然不知道A公司对赵某的权限限制,但理应依法审查赵某提供的A公司相关决议,但D公司并没有审查,故D公司是恶意的,此时担保合同无效,D公司不能要求A公司承担担保责任。

2. A公司5年内禁止股权外转的决议有效,李四虽然否认该决议,但决议依旧对其生效。

《公司法》第84条第3款规定,公司章程对股权转让另有规定的,从其规定。可见股权转让虽然是股东的权利,但法律尊重公司章程的意思自治,则依照章程处理。依据《公司法》第66条第3款的规定,股东会会议作出修改公司章程的决议,应当经代表2/3以上表决权的股东通过。可见,章程的修改不以登记为生效条件,员工疏忽未能及时登记无须考虑。本题中,除李四反对外,其他股东均同意,其表决权为97%,符合法律规定。

综上所述,A公司5年内禁止转让股权的决议合法有效,李四虽然否认,但依然对李四生效。

3. 王五不能善意取得李四转让的股权。

依据最高人民法院《关于适用〈中华人民共和国公司法〉若干问题的规定(三)》(以下简称《公司法解释(三)》)第25条的规定,名义股东将名下登记的股权转让给他人的,可以参照适用《民法典》第311条善意取得制度。《民法典》第27条规定,股东已经转让股权,但未办理登记,原股东又将登记在其名下的股权转让的,可以参照《民法典》第311条善意取得制度。本题中,李四转让其名下的股权,是有权转让,李四既非名义股东也非一股二卖,不适用善意取得制度,故王五不能善意取得李四转让的股权。

4. 赵六辞去法定代表人职务无效。

依据《公司法》第34条第1款的规定,公司法定代表人变更,应当办理变更登记。从理论上讲,法定代表人和公司并非简单的劳动合同关系,而是委任关系,不能如同普通劳动者一样通过辞职解除,必须办理变更登记。本题中,并未办理变更登记,所以赵六无法辞去法定代表人职务。

提　示

本题的答案回答有效，言之有理也可得分。回答无效是从保护动态交易安全，按简单的商事外观主义角度切入。回答有效，可以理解是公司与法定代表人之间是委托和被委托的关系，在公司内部辞职即生效。公司有配合办理登记的义务，只是对外不得对抗善意第三人。

5. 买卖合同有效。

根据《民法典》第504条的规定，法人的法定代表人或者非法人组织的负责人超越权限订立的合同，除相对人知道或者应当知道其超越权限外，该代表行为有效，订立的合同对法人或者非法人组织发生效力。本题中，赵六虽然提出辞职，但尚未办理变更登记，仍然是公司的法定代表人，并且B公司对赵六辞任法定代表人一事毫不知情，所以该合同有效。

6. E公司可以主张执行。

根据《公司法解释(三)》第13条第2款的规定，公司债权人请求未履行或者未全面履行出资义务的股东在未出资本息范围内对公司债务不能清偿的部分承担补充赔偿责任的，人民法院应予支持。本题中，E公司作为A公司的债权人，有权主张对A公司股东尚未履行的出资予以执行来清偿A公司欠E公司的债务。

2022年国家统一法律职业资格考试

主观题(回忆版)

1 CASE （35 分）

｜材 料｜

材料一：

改革开放以后，党坚持依法治国，不断推进社会主义法治建设……党领导深化以司法责任制为重点的司法体制改革，推进政法领域全面深化改革，加强对执法司法活动的监督制约，开展政法队伍教育整顿，依法纠正冤错案件，严厉惩治执法司法腐败，确保执法司法公正廉洁高效权威。

——《中共中央关于党的百年奋斗重大成就和历史经验的决议》（节选）

材料二：

当前，法治领域存在的一些突出矛盾和问题，原因在于改革还没有完全到位。要围绕让人民群众在每一项法律制度、每一个执法决定、每一宗司法案件中都感受到公平正义这个目标，深化司法体制综合配套改革，加快建设公正高效权威的社会主义司法制度。

——《全面推进中国特色社会主义法治体系建设》（节选）

材料三：

习近平总书记指出，权力是一把双刃剑，在法治轨道上行使可以造福人民，在法律之外行使则必然祸害国家和人民。执法司法权力专业性强、自由裁量度大、受干扰诱惑多，权力的多重属性表现尤为明显。

——《深化执法司法权力运行机制改革，归根结底就是要规范用权》（节选）

｜问 题｜

请根据以上材料，结合你对习近平法治思想的学习理解，谈谈党的十八大以来改革重构司法权力配置和运行机制的重大成就和意义。

｜答题要求｜

1. 无观点或论述、照搬材料原文不得分。

2. 观点正确，表述完整、准确。

3. 总字数不少于 600 字。

| 参考答案 |

改革重构司法权力配置和运行机制必须以习近平法治思想为指导思想，习近平法治思想是习近平新时代中国特色社会主义思想的重要组成部分。必须坚持以习近平同志为核心的党中央权威和集中统一领导。加强和改善党的领导是全面深化改革的根本保证，坚持党领导立法、保证执法、支持司法、带头守法，这样才能确保改革重构司法权力配置和运行机制能够取得重大成就。

改革重构司法权力配置和运行机制要坚持党的领导。党的十八大以来，习近平总书记对深化执法司法权力运行机制改革作出一系列重要指示，为进一步规范用权、提升执法司法质效和公信力提供了根本遵循。正如材料一所述，党领导深化以司法责任制为重点的司法体制改革，开展政法队伍教育整顿等取得了重大成绩。

改革重构司法权力配置和运行机制要以人民为中心，要“努力让人民群众在每一个司法案件中感受到公平正义”。法治是国家治理体系和治理能力的重要依托，立法、执法、司法、守法是依法治国的基本环节，要用法治保障人民安居乐业。正如材料二所述，“要围绕让人民群众在每一项法律制度、每一个执法决定、每一宗司法案件中都感受到公平正义这个目标”。

司法体制改革要坚持党领导立法、保证执法、支持司法、带头守法，确保司法机关依法办案，构建开放、动态、透明、便民的阳光司法机制，确保司法公开、透明。阳光是最好的防腐剂，正如材料三所述，权力是一把双刃剑，权力需要在法治轨道上行使。

综上所述，改革重构司法权力配置和运行机制利国利民，我们必须要坚持在党的领导下，坚持以人民为中心，牢牢把握社会主义公平正义的价值追求，从立法、执法、司法、守法等各环节发力，在思想上和行为上同党中央保持一致。只有这样，司法机关的依法独立性才能明显增强，司法权威及公正性才能进一步提升，司法廉洁性才能进一步提高。

2 CASE （31 分）

| 案 情 |

王某与郑某成立了一家公司，但经营不善，一直亏损。某日，二人合谋骗取银行贷款，王某让郑某伪造各种贷款材料，郑某伪造了部分材料，同时欺骗保险公司的工作人员，让保险公司对其贷款提供保险，保险公司未能识破骗局而同意。王某与郑某从银行取得600万元贷款后逃匿。贷款到期后银行向保险公司追偿，保险公司就银行贷款本息进行了赔付。事后查明王某对郑某欺骗保险公司的事情完全不知情。（事实一）

王某与郑某逃往外地后，侵入陈某所有的长期无人居住的住宅内，在该住宅生活多日。（事实二）

某日，王某趁郑某熟睡时打开郑某手机上的支付宝，发现支付宝余额有3000元，而且支付宝绑定了一张银行卡。王某将郑某银行卡中的2万元转入郑某的支付宝余额，然后从支付宝余额中将2万元转入自己的支付宝，并删除了郑某手机上的相关短信等信息。（事实三）

次日，郑某发现银行卡里少了2万元，就问王某，王某矢口否认。郑某将王某反锁在一个房间内近50小时，不让王某吃喝。待王某无力反抗后，郑某逼迫王某承认未果，遂将王某从二楼推下，致使王某重伤，郑某随后逃走。（事实四）

| 问 题 |

1. 就事实一中郑某行为的认定，主要有两种观点。第一种观点认为，郑某仅对保险公司成立保险诈骗罪；第二种观点认为，郑某既对银行成立贷款诈骗罪，也对保险公司成立保险诈骗罪，二者为牵连犯，应当从一重罪处罚。请说明这两种观点的理由与不足（如果认为有）；你持什么观点（可以是两种观点之外的观点），理由是什么？（9分）

2. 就事实一中王某行为的定性（包括犯罪形态），可能存在哪些观点？各种观点的理由是什么？（6分）

3. 关于事实二，王某与郑某的行为是否构成非法侵入住宅罪？理由分别是什么？（4分）

4. 就事实三的认定，主要存在两种观点。第一种观点认为，王某的行为构成盗窃罪；第二种观点认为，王某的行为构成信用卡诈骗罪。请说明两种观点的理由与不足（如果认为有）；你持什么观点（可以是两种观点之外的观点），理由是什么？（8分）

5. 就事实四的认定，有一种观点认为，对郑某的行为只能认定为故意伤害（重伤）罪。请问这种观点的理由与不足是什么？（4分）

| 参考答案 |

1.(1)本题的争议点在于银行是否有财产损失,进而确定郑某的行为是否可以被认定为贷款诈骗罪。题干中两种观点的理由如下:

第一种观点认为只成立保险诈骗罪。理由是银行最终找保险公司赔偿了贷款本息,银行不存在财产损失,故郑某的行为不再被认定为贷款诈骗罪,只对保险公司成立保险诈骗罪即可。

第二种观点认为成立保险诈骗罪和贷款诈骗罪的牵连犯。理由是银行存在财产损失。因为即使银行找保险公司赔偿了贷款本息,那也是挽回损失的手段。郑某的保险诈骗行为是贷款诈骗的手段行为,两行为具有手段和目的的通常性,属于牵连犯,择一重罪论处。

(2)我赞同成立保险诈骗罪和贷款诈骗罪的牵连犯的观点。因为如果只评价为保险诈骗罪,则遗漏了郑某对银行的欺骗行为的评价。依据罪刑法定原则和罪数,第二种观点更符合刑法立法目的,也更有利于司法机关依法办案。

提　示

本题答案不唯一,也可以在第1问中回答一下"不足",比如第一种观点遗漏了贷款诈骗罪的行为。第2问也可以回答:我认为郑某构成贷款诈骗罪和保险诈骗罪,但是因为被害人只存在一个财产损失,故属于包括的一罪,从一重罪论处。

2.存在两种观点。

观点一:王某成立保险诈骗罪(未遂)。理由:保险诈骗罪是指以非法获取保险金为目的,违反保险法规,采用虚构保险标的、保险事故或者制造保险事故等方法,向保险公司骗取保险金,数额较大的行为。本题中,王某只是教唆郑某实施贷款诈骗行为,并未教唆其实施保险诈骗行为,如果认定郑某只成立保险诈骗罪,不成立贷款诈骗罪,那么王某的行为属于因为意志以外的原因未得逞,应评价为犯罪未遂。

观点二:王某成立贷款诈骗罪。理由:贷款诈骗罪是以非法占有为目的,诈骗银行或者其他金融机构贷款数额较大的行为。结合本题,如果认定郑某成立贷款诈骗罪,那么王某属于贷款诈骗罪的共犯,犯罪形态为既遂。

3.(1)不构成非法侵入住宅罪。理由:如果认为非法侵入住宅罪保护的法益是住宅的安宁,即非法侵入住宅影响了公民的人身安全和生活宁静,那么二人的行为不构成非法侵入住宅罪,因为陈某的住宅长期无人居住,侵入行为不会侵犯住宅的安宁。

(2)构成非法侵入住宅罪。理由:根据《刑法》及相关规定,非法侵入住宅罪是指违背住宅内成员的意愿或无法律依据,进入公民住宅,或进入公民住宅后经要求退出而拒不退出的行为。我认为本罪保护的法益是住宅权,即是否允许他人进入的自由权利。陈某并未同意王某、郑某进入该住宅,故二人成立非法侵入住宅罪。

4.第一种观点认为王某构成盗窃罪。理由:根据《刑法》规定,盗窃罪是以非法占有为目的,窃取他人财物数额较大的行为。本题中,从郑某的银行卡转钱到郑某支付宝的行为并未给郑某造成财产损失,真正造成财产损失的是王某从支付宝转出资金到自己账户的行为,属于违背郑某意志转移财产的行为,构成盗窃罪。

第二种观点认为王某构成信用卡诈骗罪。理由:根据《刑法》规定,信用卡诈骗罪是指冒用他人信用卡的,骗取财物的行为。本题中,王某的行为属于"冒用他人信用卡"的情形,从整体上看,王某是从郑某的银行卡中转出资金,属于冒用郑某信用卡的行为。

第二种观点的不足:王某从郑某的银行卡转账到郑某支付宝的行为并未给郑某造成财产损失。真正导致郑某遭受财产损失的是王某从支付宝转出资金的行为,而这一行为并未使用郑某的信用卡信息资料(账号+密码),不能因为钱来自银行卡就认定为信用卡诈骗罪。

提　示

对于第1问,按照以上答案回答即可得分。第二种观点也可以不说不足,因为银行卡绑定支付宝/微信等平台后,转入资金是不需要输入密码的,但会有银行的短信提醒。利用已经设置好的"账号+密码+人脸识别"将银行卡中的钱转出也符合"冒用他人信用卡"的情形。关于"你持什么观点(可以是两种观点之外的观点),理由是什么?"这个问题,具有开放性,可有以下两个答案供大家参考,考生回答出其中一种就可以得分。

答案参考一:我赞同第一种观点。理由:在实务中,认定为《刑法》盗窃罪"以非法占有为目的,窃取他人财物数额较大"的构成标准比较好操作,取证也比较简单,只要是违背郑某意志转移财产,造成郑某财产损失的,就可以定罪。

答案参考二:我认为构成信用卡诈骗罪(数额1.7万元)和盗窃罪(数额3000元),数罪并罚。理由:郑某支付宝余额原为3000元,王某又通过已经绑定的银行卡转入2万元的行为属于"冒用他人信用卡"的行为。如果认定王某转入自己支付宝余额的2万元是原有的3000元加上新转入的2万元中的1.7万元,则王某的行为侵犯两个法益,构成两罪,应数罪并罚。

5. 依据《刑法》第238条的规定,非法拘禁他人,使用暴力致人伤残、死亡的,以故意伤害罪、故意杀人罪论处。结合本题,将郑某的行为只认定为故意伤害(重伤)罪,虽有理由支撑,但也有不足。

理由(合理):将《刑法》第238条的规定当作注意规定,即在非法拘禁行为之外故意实施伤害行为的,本来就应认定为故意伤害罪,即将非法拘禁和故意伤害认定为故意伤害罪一罪。

不足之处:

(1)《刑法》第238条规定属于法律拟制规定,只有在非法拘禁行为以外使用暴力,过失导致被害人重伤的,才能被认定为故意伤害罪,但是本案中郑某具有伤害的故意,不能适用该条款的规定,只能被认定为非法拘禁罪和故意伤害(重伤)罪,数罪并罚。

(2)认定为故意伤害罪一罪,实际上是将非法拘禁和故意伤害两个罪名认定为一罪。换言之,这种观点在罪名上认定为注意规定,但在罪数上认定为法律拟制(结合犯),这样做,无法做到罪刑相适应,即故意伤害的行为本就成立故意伤害罪,将非法拘禁和故意伤害罪认定为故意伤害罪一罪,法定刑并未提高,既无法做到罪刑相适应,又不利于预防犯罪。

3 CASE （30分）

｜案　情｜

钟某系A市网约车司机。某日晚，钟某独自在家中饮酒后心存侥幸，主动接单搭载乘客至市内某地。返程途中，因钟某超速行驶，车辆转弯不及冲至人行横道，撞倒路人顾某。顾某当场昏迷、血流不止。钟某害怕酒驾被查，打电话让恰好在附近购物的妻子王某尽快赶至现场。同时，钟某将顾某紧急送医救治后便返回家中。王某到达事故现场后，主动报警，并告知警方自己系肇事车主且伤者已被送医。当日，顾某因伤重不治身亡。经交警部门认定，王某负事故全部责任。公安机关予以刑事立案，并传唤王某接受讯问。王某在压力之下承认自己是为钟某顶罪。公安机关随即拘传钟某。钟某到案后，主动承认自己的交通肇事行为。公安机关遂以钟某涉嫌交通肇事罪、王某涉嫌包庇罪并案侦查。

后侦查人员带钟某到案发现场进行指认。其间，侦查人员孙某问钟某当时是否饮酒了，钟某回答"是的"。这一过程被孙某携带的执法记录仪拍摄下来，但未记入笔录。此后，在侦查人员的历次讯问中，钟某均承认自己系酒后驾车。起诉后，钟某与王某在审查起诉阶段均签署了认罪认罚从宽具结书。

检察院提起公诉后，顾某的近亲属对钟某提起附带民事诉讼，法院决定按照"先刑后民"原则以简易程序进行审理。庭审期间，被告人钟某当庭否认自己存在酒后驾车及肇事逃逸行为。法院休庭研究后，决定将钟某与王某分案处理。其中，对钟某涉嫌交通肇事罪适用普通程序审理并作如下安排：(1)由公诉机关补充提供指认现场的执法记录仪视频，作为视听资料予以认定；(2)通知孙某出庭作证，证实钟某在指认现场自认酒后驾车；(3)通知王某作为证人出庭，证实钟某案发后逃逸。其中，孙某在法庭上陈述"被告人指认了现场且自己听到了被告人自认饮酒的事实"。在上述证据出示并质证后，钟某再次表示认罪认罚。最终，法院判处钟某有期徒刑5年，并对附带民事诉讼原告人作相应赔偿；判决王某免予刑事处罚。

｜问　题｜

1. 请结合本案中公安机关对传唤与拘传的适用，阐述两种措施的区别。(4分)

2. 法院将钟某一案由简易程序转至普通程序审理是否妥当？普通程序与简易程序审理有什么不同？(10分)

3. 本案遵循"先刑后民"原则审理应注意哪些事项？(4分)

4. 法院分案审理钟某与王某的决定是否妥当？请说明理由。(4分)

5. 法院对于执法记录仪视频的性质认定是否正确？请说明理由。(4分)

6. 孙某的证言是否属于传闻证据？请说明理由。(4分)

| 参考答案 |

1. 传唤与拘传的区别：

（1）强制力和是否属于强制措施不同。传唤是自动到案，不是强制措施；拘传则是强制到案，是强制措施。

（2）适用的对象不同。传唤适用于所有当事人；拘传则仅适用于犯罪嫌疑人、被告人。

（3）适用时是否一定需要法律文书不同。传唤需要传唤证或者传票，但有例外；拘传需要拘传票或者拘传证。

2.（1）本案转为普通程序妥当。

《刑事诉讼法》第214条第1款规定，"基层人民法院管辖的案件，符合下列条件的，可以适用简易程序审判：（一）案件事实清楚、证据充分的；（二）被告人承认自己所犯罪行，对指控的犯罪事实没有异议的；（三）被告人对适用简易程序没有异议的"。

《刑事诉讼法》第221条规定，"人民法院在审理过程中，发现不宜适用简易程序的，应当按照本章第一节或者第二节的规定重新审理"。本案中钟某不认罪，故对该案不能适用简易程序，转为普通程序审理，是合法的。

（2）普通程序与简易程序在审理方面的区别：

①审判组织不同

普通程序应适用合议庭审理。适用简易程序审理案件，对可能判处3年有期徒刑以下刑罚的，可组成合议庭或独任庭审理；对可能判处的有期徒刑超过3年的，应组成合议庭审理。

《刑事诉讼法》第183条第1款规定，"基层人民法院、中级人民法院审判第一审案件，应当由审判员三人或者由审判员和人民陪审员共三人或者七人组成合议庭进行，但是基层人民法院适用简易程序、速裁程序的案件可以由审判员一人独任审判"。

②审理期限不同

普通程序审理期限为：《刑事诉讼法》第208条第1款规定，"人民法院审理公诉案件，应当在受理后二个月以内宣判，至迟不得超过三个月。对于可能判处死刑的案件或者附带民事诉讼的案件，以及有本法第一百五十八条规定情形之一的，经上一级人民法院批准，可以延长三个月；因特殊情况还需要延长的，报请最高人民法院批准"。

简易程序的审理期限：《刑事诉讼法》第220条规定，"适用简易程序审理案件，人民法院应当在受理后二十日以内审结；对可能判处的有期徒刑超过三年的，可以延长至一个半月"。

③审理程序简化程度不同

《刑事诉讼法》第219条规定，"适用简易程序审理案件，不受本章第一节关于送达期限、讯问被告人、询问证人、鉴定人、出示证据、法庭辩论程序规定的限制。但在判决宣告前应当听取被告人的最后陈述意见"。

简易程序中传唤、送达方式简便，公诉人可摘要宣读起诉书，法庭调查和法庭辩论可简化，一般应当当庭宣判，裁判文书可以简化。

3. 根据"先刑后民"原则审理需要注意的事项包括：《刑诉解释》第196条规定，附带民事诉讼应当同刑事案件一并审判,只有为了防止刑事案件审判的过分迟延,才可以在刑事案件审判后,由同一审判组织继续审理附带民事诉讼;同一审判组织的成员确实不能继续参与审判的,可以更换。《刑事诉讼法》第 104 条规定,附带民事诉讼应当同刑事案件一并审判,只有为了防止刑事案件审判的过分迟延,才可以在刑事案件审判后,由同一审判组织继续审理附带民事诉讼。

4. 分案审理正确。

钟某和王某的犯罪是关联犯罪,根据《刑诉解释》第 220 条第 1 款的规定,对一案起诉的关联犯罪案件,被告人数众多、案情复杂,法院经审查认为,分案审理更有利于保障庭审质量和效率的,可以分案审理。分案审理不得影响当事人质证权等诉讼权利的行使。

5. 认定执法记录仪视频为视听资料不正确。

行政执法人员携带执法记录仪中的内容是执法人员当场询问被告人是否饮酒,被告人回答"是"。该记录仪的内容并非形成于案发过程中,是犯罪嫌疑人、被告人钟某对案件事实的陈述以及钟某辨认案发现场的过程,其用于证明钟某涉嫌的犯罪事实,分别属于犯罪嫌疑人、被告人的供述和辨认笔录,而不是视听资料。

6. 不属于传闻证据。

依据《刑事诉讼法》及相关规定,传闻证据是指在本案法庭审理之外作出的用来证明其本身所主张的事实的各种陈述。本案中,侦查人员孙某在法庭上陈述"被告人指认了现场且自己听到了被告人自认饮酒的事实",该陈述并非侦查人员就自己亲身感知的事实作证,而是向法庭转述他从别人那里听到的情况,属于传来证据而不是传闻证据。

4 CASE （56 分）

| 案　情 |

2021 年 1 月，南峰市鹿台区的甲公司因扩大经营需要，拟发行公司债券融资。平远市凤凰区乙公司的大股东兼法定代表人李某也是甲公司股东。为帮助甲公司销售债券，李某找到平远市金龙区丙公司的总经理吴某，要求丙公司帮忙购买甲公司债券。

2021 年 4 月，甲公司债券（3 年期，年利率 8%）正式发行。4 月 5 日，甲公司与丙公司在南峰市鹿台区签订《债券认购及回购协议》，约定：丙公司认购甲公司 5000 万元债券；甲公司承诺 1 年后将以 5500 万元的价格进行回购，如逾期未回购，甲公司向丙公司支付 1000 万元的违约金；因本合同产生的一切纠纷均应提交甲公司所在地的南峰市鹿台区法院解决。

2021 年 4 月 8 日，李某代表乙公司与丙公司在平远市金龙区签订《担保合同》，约定：乙公司为甲公司的回购义务及违约责任等提供“充分且完全的担保”。该担保合同载明，“因本合同发生的纠纷，双方应友好协商，协商无法解决的，应提交平远仲裁委员会解决”。在签约前，丙公司询问李某是否获得了股东会的同意，李某向丙公司展示了微信群聊天记录，显示李某曾就担保一事征求乙公司其他两位股东张某、孙某意见，二人均微信回复“无异议”。

同日，李某个人应丙公司请求就甲公司回购义务向丙公司提供担保，并明确约定担保方式为：丙公司曾向李某个人借款 3000 万元，将于 2021 年 7 月 31 日到期；到期后，丙公司可以暂不返还该借款，以此作为李某为甲公司回购义务的担保。于是 2021 年 7 月 31 日，丙公司未向李某返还该笔借款。

2022 年 4 月，回购日期届至，甲公司未履行回购义务。丙公司沟通无果，向鹿台区法院起诉甲公司、乙公司，提出诉讼请求：（1）甲公司履行回购义务并支付违约金 1000 万元；（2）乙公司对甲公司上述义务承担连带责任。甲公司在答辩期间提交答辩状，认为违约金过高，请求法院予以减少。乙公司在答辩期间也提交了答辩状，未提出管辖权异议，但在开庭中提出，《担保合同》中存在仲裁协议，鹿台区法院对案件无管辖权。乙公司其他两位股东张某、孙某知悉该诉讼的消息后，向法院表示，依照公司章程，公司对外担保应经过股东会决议，乙公司为甲公司提供的保证，仅为李某个人的意思，未经公司股东会决议，应为无效。李某则表示，虽没有召开股东会，但李某通过微信聊天征求过张某和孙某的意见，他们均未表示反对，并提供了一份三人微信聊天记录截图的纸质打印件，并表示因为手机更换，只能提供当时聊天记录截图的纸质打印版。丙公司另行向平远市金龙区法院起诉李某，请求确认李某对其 3000 万元债权已因承担担保责任而消灭。

后在执行过程中，法院查明乙公司已无可供执行的财产，但其下属丁公司为乙公司的全资子公司。丙公司认为：丁公司长期与乙公司混用财务人员、其他工作人员和工作场所，账目不清，其财产无法与乙公司财产相区分，应与乙公司承担连带责任；丁公司承揽的戊公司的建设工程已竣工验收，但戊公司尚未依照合同约定的时间支付价款 1000 万元，因此丙公司希望追加执行丁、戊两公司。

| 问　题 |

1. 丙公司申请甲公司履行回购义务的诉讼请求是否成立？并说明理由。(5分)

2. 根据丙公司的诉讼请求，甲公司是否应当支付违约金，请说明理由。关于甲公司请求法院予以减少违约金的主张能否得到法院支持，请说明理由。(5分)

3. 张某和孙某提出乙公司担保合同无效的主张是否成立，请说明理由。(5分)

4. 根据丙公司的诉讼请求，乙公司应当承担何种(担保)责任，请说明理由。(5分)

5. 请具体分析李某向丙公司提供的担保的性质。(3分)

6. 丙公司起诉后乙公司提交了答辩状，但未提出管辖权异议，在庭审时提出了和丙公司签订过管辖协议。法院应如何处理？(5分)

7. 在丙公司提起的诉讼中，股东张某和孙某是否有权撤销李某以乙公司名义提供的担保，并说明理由。(5分)

8. 手机中微信聊天记录无法找回，请分析打印的微信聊天记录截图的证据能力和证明力，并说明理由。(5分)

9. 针对丙公司对李某提出的诉讼，请结合受理条件，法院应当如何处理；若法院受理案件，丙公司的主张法院是否支持？(7分)

10. 丙公司是否有权要求丁公司承担连带责任，请说明理由。(3分)

11. 如法院判决支持了丙公司对乙公司的诉讼请求，丙公司在执行过程中，申请法院追加丁、戊两公司作为被执行人，法院应当如何处理？如法院裁定追加，丁、戊两公司不同意追加，有何救济措施？(8分)

| **参考答案** |

1. 丙公司的诉讼请求成立。

最高人民法院《关于审理民间借贷案件适用法律若干问题的规定》(以下简称《民间借贷规定》)第1条第1款规定,该规定所称的民间借贷,是指自然人、法人和非法人组织之间进行资金融通的行为。本案中,甲公司向丙公司发行债券的行为构成民间借贷。

《民间借贷规定》第24条规定,借贷双方没有约定利息,出借人主张支付利息的,人民法院不予支持。自然人之间借贷对利息约定不明,出借人主张支付利息的,人民法院不予支持。除自然人之间借贷的外,借贷双方对借贷利息约定不明,出借人主张利息的,人民法院应当结合民间借贷合同的内容,并根据当地或者当事人的交易方式、交易习惯、市场报价利率等因素确定利息。

《民间借贷规定》第25条规定,"出借人请求借款人按照合同约定利率支付利息的,人民法院应予支持,但是双方约定的利率超过合同成立时一年期贷款市场报价利率四倍的除外。前款所称'一年期贷款市场报价利率',是指中国人民银行授权全国银行间同业拆借中心自2019年8月20日起每月发布的一年期贷款市场报价利率"。

本案中,甲公司承诺的回购款中的500万元相当于10%的利率,没有超过合同成立时一年期贷款市场报价利率的4倍,法院应予支持。综上所述,丙公司要求甲公司履行回购义务能得到支持。

2. 答案一:甲公司应当支付违约金;能够支持减少违约金(从利率的角度能够直接得出结论)。

甲、丙公司之间的《债券认购及回购协议》中加入了违约金条款。该违约金属于双方当事人的约定,不违反法律的强制性规定即为有效。但是该1000万元违约金高于合同成立时一年期贷款市场报价利率的4倍,所以当事人可以申请调整。若当事人不申请调整,法院可以根据公平原则主动调整违约金的适用,使违约金降至合理的范围。所以,甲公司只需要支付部分违约金即可。

(这一部分如果写法院不告不理亦可)

答案二:

(1)丙公司支付利息和违约金总和在合同成立时一年期贷款市场报价利率的4倍的范围内的部分可以支持。

《民间借贷规定》第29条规定,"出借人与借款人既约定了逾期利率,又约定了违约金或者其他费用,出借人可以选择主张逾期利息、违约金或者其他费用,也可以一并主张,但是总计超过合同成立时一年期贷款市场报价利率四倍的部分,人民法院不予支持"。

本案中,丙公司既主张500万元回购义务的利息,又主张违约金,两部分总和不能超过合同成立时一年期贷款市场报价利率的4倍,因此在合同成立时一年期贷款市场报价利率的4倍范围内的违约金是可以得到支持的。

(2)不能/能够得到支持(因为题目中没有写明实际损失,看对实际损失怎么理解)。甲、丙公司之间的《债券认购及回购协议》中加入了违约金条款。但是,该1000万元的违约金过分高于因违约造成的实际损失,人民法院可以根据当事人甲公司的申请予以适当地减少。

3. 答案一:不成立。

本案中,张某、孙某和李某三人作为股东对外为甲公司提供担保经过了股东会的决议而且为全票通过,虽然该决议以微信的方式作出,但是没有违反法律的强制性规定以及公司章程的规定,股东会的召开方式只要全体股东达成一致意见即可,无论是现场会议的形式还是微信群的形式。在乙公司的股东会决议有效的情形下,乙公司对外提供的担保合同没有法律规定的其他无效事由,所以也是有效的。

综上所述,张某和孙某提出乙公司担保合同无效的主张不成立。

答案二:根据丙公司是不是善意,决定该合同是否有效。

《公司法》明确规定股东会的议事方式和表决程序,除《公司法》有规定的外,由公司章程规定。本案中,乙公司的公司章程并没有载明股东会的议事方式可以采用微信的形式召开以及表决,所以乙公司为甲公司提供担保的决议违反程序规定。若丙公司明知乙公司的议事程序不包含微信表决,则丙公司为恶意,担保合同对乙公司不发生效力;若丙公司对于乙公司的表决程序不知情,则丙公司为善意,担保合同对乙公司发生效力。

4. 答案一:承担担保责任以及承担一般保证责任。(《民法典》第 686 条)

乙公司提供"充分且完全的担保"意味着乙公司将以自己的全部财产对甲公司的该笔债务提供担保,该担保方式为保证。

乙公司为甲公司提供的担保中写为提供"充分且完全的担保",但是该约定不能够明确担保人意欲承担何种担保责任,属于保证方式约定不明的情形,则保证人乙公司承担一般保证责任。

答案二:承担担保责任以及承担连带保证责任。

乙公司提供"充分且完全的担保"意味着乙公司将以自己的全部财产对甲公司的该笔债务提供担保,该担保方式为保证。

乙公司为甲公司提供的担保中写为提供"充分且完全的担保",该约定不具有债务人应当先承担责任的意思表示,所以应当将其认定为连带责任保证。

5. 李某以自己对丙公司的应收账款债权设立的权利担保。

依据《担保制度解释》第 53 条的规定,当事人在动产和权利担保合同中对担保财产进行概括描述,该描述能够合理识别担保财产的,人民法院应当认定担保成立。因此,李某以自己对丙公司的 3000 万元债权设定担保的行为构成权利担保。

6. 法院应当驳回乙公司提出的管辖异议。

根据《民事诉讼法》第 130 条第 2 款的规定,当事人未提出管辖异议,并应诉答辩或者提出反诉的,视为受诉人民法院有管辖权,但违反级别管辖和专属管辖规定的除外。乙公司没有在一审首次开庭前提出管辖权异议且进行应诉答辩,视为放弃提出管辖权异议,法院取得诉讼管辖权,应当驳回乙公司在庭审中提出的管辖权异议。

7. 有权。

股东代表诉讼是指公司董事、高级管理人员违反法律、行政法规或者公司章程的规定或他人侵害公司合法权益,给公司造成损失,公司怠于提起诉讼时,具有法定资格的股东为了公司的利益直接以自己名义向人民法院提起的诉讼。

董事、高级管理人员有《公司法》第188条规定的情形的，有限责任公司的股东、股份有限公司连续180日以上单独或者合计持有公司1%以上股份的股东，可以书面请求监事会向人民法院提起诉讼；监事有前条规定的情形的，前述股东可以书面请求董事会向人民法院提起诉讼。

本案中，如果张某和孙某认为李某的行为严重侵害公司的利益，可以提起股东代表诉讼撤销李某以乙公司名义提供的担保。

8. 复印件具有证据能力，但是不能单独作为认定案件事实的根据。

最高人民法院《关于民事诉讼证据的若干规定》第15条第2款规定，当事人以电子数据作为证据的，应当提供原件。电子数据的制作者制作的与原件一致的副本，或者直接来源于电子数据的打印件或其他可以显示、识别的输出介质，视为电子数据的原件。

本案中，微信聊天截图可以"视为"原件，但毕竟不是真正的原件，需要展示原始载体进行核对，所以该证据材料具有证据能力，能够作为证据使用。但是又属于无法与原件、原物核对的复印件、复制品，不能单独作为认定案件事实的根据。

9. (1)法院应当先受理，受理审查保证形式后进行释明，释明后由债权人决定是否追加被告，不追加裁定驳回起诉。

《民法典》第686条规定，保证的方式包括一般保证和连带责任保证。当事人在保证合同中对保证方式没有约定或者约定不明确的，按照一般保证承担保证责任。本案中，保证合同对保证方式没有约定，李某是一般保证人，有先诉抗辩权。在立案登记制下法院应先受理，受理后应当对保证形式进行审查。《担保制度解释》第26条第1款规定，一般保证中，债权人以债务人为被告提起诉讼的，人民法院应予受理。债权人未就主合同纠纷提起诉讼或者申请仲裁，仅起诉一般保证人的，人民法院应当驳回起诉。此处与民事诉讼程序处理有些差异，在民事诉讼程序中可以释明后由债权人决定是否追加被告，不追加的裁定驳回起诉。

(2)对于丙公司的主张，法院不能支持。

丙公司对李某提起的诉讼中，丙公司提出的主张为抵销。但是根据约定，应收账款只是暂不返还而非用来抵销，李某不对丙公司负有责任，所以不满足抵销条件中的双方当事人互负债务。丙公司提出的主张没有合理的法律根据作为支撑，所以法院不予支持。

10. 有权。

《公司法》第23条第3款规定，只有一个股东的公司，股东不能证明公司财产独立于股东自己的财产的，应当对公司的债务承担连带责任。

本案中，丁公司为乙公司的全资子公司，且丁公司与乙公司之间的交易往来账目不清，存在财产混同，因此丁公司应当对乙公司的债务承担连带责任。

11. (1)法院可以追加丁公司为被执行人，但是不可以将戊公司追加为被执行人。

丁公司作为乙公司的全资子公司且两公司之间构成高度的财产混同与人格混同，导致人格否认制度，此时丁公司与乙公司同为一体，因此，可以追加执行丁公司的财产。若丁公司的财产仍不足以清偿丙公司的债权，且丁公司又怠于向戊公司主张债权，则丙公司可以申请法院代位执行戊公司的财产,但是法律中对于法院能否直接追加次债务人作为被执行人并无直接规定,根据法无授权不可为的理念,法院不可以追加其为被执行人。

(2)丁公司对追加裁定不服可以自裁定书送达之日起15日内,向执行法院提起执行异议之诉;法院可以向戊公司发出履行到期债务的通知,戊公司不服可以在法定期间内提出异议。

最高人民法院《关于民事执行中变更、追加当事人若干问题的规定》第20条规定,作为被执行人的一人有限责任公司,财产不足以清偿生效法律文书确定的债务,股东不能证明公司财产独立于自己的财产,申请执行人申请变更、追加该股东为被执行人,对公司债务承担连带责任的,人民法院应予支持。因此,可以追加丁公司为被执行人,丁公司不服可以自裁定书送达之日起15日内,向执行法院提起执行异议之诉。

最高人民法院《关于人民法院执行工作若干问题的规定(试行)》第45条第1款、第47条规定,被执行人不能清偿债务,但对本案以外的第三人享有到期债权的,人民法院可以依申请执行人或被执行人的申请,向第三人发出履行到期债务的通知。履行通知必须直接送达第三人。第三人在履行通知指定的期间内提出异议的,人民法院不得对第三人强制执行,对提出的异议不进行审查。

以下第5题、第6题选做一道即可。

5 CASE （28分）

| 案　情 |

A公司与县政府委托的住建局签署《甲市天然气综合利用项目合作协议》，约定住建局同意A公司从事城市天然气特许经营，特许经营期限为30年。协议签署前后，A公司陆续取得了天然气综合利用项目的立项批复、管线规划意见、建设用地规划设计条件通知书、国有土地使用证、环评意见书等手续。同时，A公司对项目进行了部分开工建设，投入了1500万元。

后住建局对A公司作出催告通知，内容为："……你公司的管道天然气经营许可手续至今未能办理，影响了经营区域内居民、工业、商业用户及时用气……现通知你公司抓紧施工建设，抓紧办理管道天然气经营许可手续，若收到本通知2个月内经营许可手续尚未批准，将收回你公司的管道天然气经营区域，由此造成的一切损失由你公司自行承担。"

A公司等燃气公司和有关单位参加了甲市燃气工作会议，会议明确要求："关于天然气镇村通工程建设。各燃气企业要明确管网铺设计划，加快推进工程建设，今年9月底前未完成燃气配套设施建设的，一律收回区域经营权。"A公司出具项目保证书承诺：在办理完成项目开工手续后3个月内完成以上工作；如不能按期完成，将自动退出政府所授予经营区域。

县政府作出《关于印发甲市"镇村通"天然气工作推进方案的通知》（以下简称《"镇村通"通知》），表示根据燃气工作会议的内容，决定收回A公司的经营区域授权。区政府向A公司送达了《"镇村通"通知》。

A公司不服《"镇村通"通知》，于2021年8月向市政府申请复议，市政府补充了相关证据后，维持了县政府的收回决定。A公司遂于2022年1月提起诉讼，要求撤销《"镇村通"通知》和复议决定。法院审理查明，原属于A公司的经营区域内燃气项目特许经营权已经授予B公司。

《市政公用事业特许经营管理办法》（住房和城乡建设部2015年第24号令）第25条第2款规定，对获得特许经营权的企业取消特许经营权并实施临时接管的，必须按照有关法律、法规的规定进行，并召开听证会。

| 问　题 |

1. 县政府收回天然气特许经营权许可的行为的性质是什么？（5分）
2. 如何确定本案的当事人？（4分）
3. 如何确定本案的管辖？（4分）
4. 本案当事人起诉是否超过起诉期限？（5分）
5. 县政府收回天然气经营权的决定是否合法？（5分）
6. 本案法院应当如何判决？（5分）

| 参考答案 |

1. 是对行政许可的监督管理行为。

《行政许可法》第66条规定，被许可人未依法履行开发利用自然资源义务或者未依法履行利用公共资源义务的，行政机关应当责令限期改正；被许可人在规定期限内不改正的，行政机关应当依照有关法律、行政法规的规定予以处理。

行政许可是全程性的，行政机关作出许可后要进行监督，监督检查被许可人是否合法使用许可经营权。如果发现有违法行为，可以责令改正，拒不改正的，可以作出相应的行政行为。本案中，县政府为了公共利益的需要收回行政许可，属于对行政行为的监督管理。

阅评：本题也可以答行政处罚，言之有理即可。

2. 本案的原告是被收回特许经营权的A公司。本案的被告是县政府和市政府。本案中，B公司应当为第三人，其与被诉的收回许可的行为有利害关系。

根据《行政诉讼法》第26条第1、2款的规定，公民、法人或者其他组织直接向人民法院提起诉讼的，作出行政行为的行政机关是被告。经复议的案件，复议机关决定维持原行政行为的，作出原行政行为的行政机关和复议机关是共同被告。

虽然《甲市天然气综合利用项目合作协议》是A公司和住建局签订的，但住建局的权利是县政府授权的，而且收回特许经营权的也是县政府，因此本案的原机关是县政府，县政府为本案被告。市政府作为复议机关作出复议维持的决定，因此县政府和市政府应当作为共同被告。

3. 从级别管辖看，《行政诉讼法》第15条规定，“中级人民法院管辖下列第一审行政案件：(一)对国务院部门或者县级以上地方人民政府所作的行政行为提起诉讼的案件；(二)海关处理的案件；(三)本辖区内重大、复杂的案件……”因本案是经过复议的案件，所以原机关县政府和复议机关市政府为共同被告，因此应当由中级人民法院管辖。

从地域管辖看，经复议的案件，原机关和复议机关所在地法院都有管辖权，因此县政府和市政府所在地的中级人民法院都有管辖权，即本案由市中级人民法院管辖。

4. 没有超过起诉期限。

《行政诉讼法》第45条规定，公民、法人或者其他组织不服复议决定的，可以在收到复议决定书之日起15日内向人民法院提起诉讼。本案是经复议的案件，依据法律规定，当事人应当在收到复议决定之日起15日内起诉。

最高人民法院《关于适用〈中华人民共和国行政诉讼法〉的解释》(以下简称《行政诉讼法解释》)第64条第1款规定，“行政机关作出行政行为时，未告知公民、法人或者其他组织起诉期限的，起诉期限从公民、法人或者其他组织知道或者应当知道起诉期限之日起计算，但从知道或者应当知道行政行为内容之日起最长不得超过一年”。

本案中，复议机关在作出复议维持的决定书中并未告知当事人诉权及起诉期限，因此依据法律规定应当从当事人知道起诉期限之日起计算，但是不得超过知道或应当知道行政行为内容之日起1年。2021年8月市政府作出复议决定，2022年1月起诉没有超过起诉期限。

5. 不合法，因为存在程序违法。

《市政公用事业特许经营管理办法》第25条第2款规定，对获得特许经营权的企业取消特许经营权并实施临时接管的，必须按照有关法律、法规的规定进行，并召开听证会。

虽然县政府是为了公共利益需要，但是要保证A公司的利益，应当召开听证会。没有召开听证会属于程序违法。

6. 法院应当在判决中确认原行政行为违法，并撤销复议机关的复议维持决定。

《行政诉讼法》第74条第2款规定，"行政行为有下列情形之一，不需要撤销或者判决履行的，人民法院判决确认违法：（一）行政行为违法，但不具有可撤销内容的……"

本案中，县政府作出的行政行为存在程序违法，但是县政府已经将特许经营权给予B公司，因此该行政行为不具有可撤销的内容，法院可在判决中确认违法。

《行政诉讼法解释》第136条第1款规定，人民法院对原行政行为作出判决的同时，应当对复议决定一并作出相应判决。

本案中，对市政府作出的复议维持的决定，法院应当一并判决，即判决撤销市政府的复议维持决定。

6 CASE （28分）

｜案　情｜

甲有限责任公司（以下简称甲公司）成立于2015年6月，主要从事软件开发，股东分别为A、B、C、D、E，各股东的持股比例依次为55%、26%、11%、5%、3%。甲公司董事长兼法定代表人为A。甲公司运行良好，产品开发也很成功。

甲公司成立后一直未对股东分红。对此，E一直很有意见，遂打算将其股权转让给经营相同业务的乙公司，并与乙公司进行了初步洽谈。为便于其股权估价，2019年5月，E向A提出查账要求，要求查阅甲公司成立后所有的会计账簿，A得知E有转让股权意图后，认为E的目的不正当，拒绝其查阅要求。

2019年12月，A为担保其对丙公司所负2年期借款债务的履行，将其所持甲公司27%的股权转让给丙公司，并约定在A到期不偿还借款本息时，丙公司有权以该股权优先受偿。在双方达成约定后，A没有为丙公司在甲公司登记中办理相应的股东登记。

2020年3月，A在甲公司股东会上提议：第一，A、B、C、D、E五人在甲公司之外，再行设立"丁合伙企业（有限合伙）"，A为普通合伙人，其余均为有限合伙人；第二，A对丁合伙企业的出资，为其所持甲公司54%的股权，其余各合伙人的出资为各自所持甲公司的全部股权。就该项提议，除E表示强烈反对外，其余股东均表示赞同，遂形成相应的股东会决议。

2020年5月，丁合伙企业成立，合伙人分别为A、B、C、D。甲公司股东相应变更为A、E与丁合伙企业，持股比例分别为1%、3%与96%。甲公司法定代表人仍为A。

2022年年初，A无法清偿对丙公司的债务，丙公司遂就丁合伙企业所持甲公司27%的股权，主张优先受偿。

｜问　题｜

1. A拒绝E查阅会计账簿的请求是否合法？为什么？（5分）

2. 如何评价股东A和丙公司之间的约定？（5分）

3. 甲公司2020年3月形成的设立丁有限合伙企业的股东会决议，是否有效？（5分）

4. A、B、C、D四人以股权向丁有限合伙企业出资是否有效？（5分）

5. E能否主张公司回购其股权？为什么？（4分）

6. 丙公司能否向丁有限合伙企业主张对甲公司27%股权行使优先受偿权？（4分）

| **参考答案** |

1. 不合法。

根据《公司法》第57条第1、2款的规定，股东有权查阅、复制公司章程、股东名册、股东会会议记录、董事会会议决议、监事会会议决议和财务会计报告。股东可以要求查阅公司会计账簿、会计凭证。股东要求查阅公司会计账簿、会计凭证的，应当向公司提出书面请求，说明目的。公司有合理根据认为股东查阅会计账簿、会计凭证有不正当目的，可能损害公司合法利益的，可以拒绝提供查阅，并应当自股东提出书面请求之日起15日内书面答复股东并说明理由。公司拒绝提供查阅的，股东可以向人民法院提起诉讼。本题中，乙公司作为受让方，与甲公司经营相同业务，存在竞争关系。但它不是甲公司股东，只有股东与本公司存在实质竞争关系，才是认定“不正当目的”的要件。E拟将持有的股权转让，要评估股权价值，不存在“不正当目的”。A作为甲公司法定代表人，不应拒绝股东E的查账请求权。

2. 股东A与丙公司在借款合同中约定的所谓股权转让条款的真实目的不是股权交易，而是为借款行为提供担保。

2019年《全国法院民商事审判工作会议纪要》第71条第1款规定，债务人或者第三人与债权人订立合同，约定将财产形式上转让至债权人名下，债务人到期清偿债务，债权人将该财产返还给债务人或第三人，债务人到期没有清偿债务，债权人可以对财产拍卖、变卖、折价偿还债权的，人民法院应当认定合同有效。合同如果约定债务人到期没有清偿债务，财产归债权人所有的，人民法院应当认定该部分约定无效，但不影响合同其他部分的效力。因此，A与丙公司之间的约定属于股权让与担保。

《担保制度解释》第68条第1款规定，“债务人或者第三人与债权人约定将财产形式上转移至债权人名下，债务人不履行到期债务，债权人有权对财产折价或者以拍卖、变卖该财产所得价款偿还债务的，人民法院应当认定该约定有效。当事人已经完成财产权利变动的公示，债务人不履行到期债务，债权人请求参照民法典关于担保物权的有关规定就该财产优先受偿的，人民法院应予支持”。因此，若A不能履行到期债务，丙公司有权就股权优先受偿，双方约定有效。

3. 该股东会决议未生效。

该决议的本质是由A、B、C、D、E五人设立丁有限合伙企业，由A担任普通合伙人，B、C、D、E担任有限合伙人。各合伙人的出资形式为所持有的甲公司股权。根据《合伙企业法》第19条第1款第1句规定，合伙协议经全体合伙人签名、盖章后生效。因E对此表示反对，所以关于设立丁合伙企业(包括E作为有限合伙人在内)的决议未生效。

4. A、B、C、D以股权向丁有限合伙企业出资是有效的。

A、B、C、D以所持有的甲公司股权向丁有限合伙企业出资，本质是将股权对外转让给该有限合伙企业，在甲公司内部应当将股权转让的数量、价格、支付方式和期限等事项书面通知其他股东，其他股东在同等条件下有优先购买权。收到通知之日起30日未答复，视为放弃购买。

本题中，在甲公司的股东会上，对于以股权出资，A、B、C、D同意，E反对，且未主张优先购买权，故A、B、C、D的股权出资合法有效。因E反对，E未以股权向丁有限合伙企业出资。

5. 不能主张。

《公司法》第 89 条第 1 款规定,“有下列情形之一的,对股东会该项决议投反对票的股东可以请求公司按照合理的价格收购其股权:(一)公司连续五年不向股东分配利润,而公司该五年连续盈利,并且符合本法规定的分配利润条件;(二)公司合并、分立、转让主要财产;(三)公司章程规定的营业期限届满或者章程规定的其他解散事由出现,股东会会议通过决议修改章程使公司存续”。

本题中,虽有至 2019 年 5 月甲公司一直未分红的表述,但自公司成立至 2019 年 5 月并未满 5 年,且题目未提及 E 对公司不分红的股东会决议投了反对票,故本题无《公司法》第 89 条规定的有限公司回购的情形,E 不能主张甲公司回购其股权。

6. 不能行使优先受偿权。

《民法典》第 443 条第 1 款规定,以基金份额、股权出质的,质权自办理出质登记时设立。因此,未登记的股权担保无效。本案中是股权让与担保,股权未办理登记,不发生物权效力。加上 A 所持有的标的股权已经向丁有限合伙企业出资,丙公司不能向丁有限合伙企业主张就标的股权优先受偿。

2021年国家统一法律职业资格考试

主观题(回忆版)

1 CASE **（35 分）**

| 材 料 |

材料一：

推进全面依法治国是国家治理的一场深刻变革，必须以科学理论为指导，加强理论思维，不断从理论和实践的结合上取得新成果，总结好、运用好党关于新时代加强法治建设的思想理论成果，更好指导全面依法治国各项工作。

——《以科学理论为指导，为全面建设社会主义现代化国家提供有力法治保障》（节选）

材料二：

党的十八大以来，党中央对全面依法治国作出一系列重大决策、提出一系列重大举措……我们提出一系列全面依法治国新理念新思想新战略，明确了全面依法治国的指导思想、发展道路、工作布局、重点任务……这些新理念新思想新战略，是马克思主义法治思想中国化的最新成果，是全面依法治国的根本遵循，必须长期坚持、不断丰富发展。

——《论坚持全面依法治国》（节选）

材料三：

立足我国国情和实际，加强对社会主义法治建设的理论研究，尽快构建体现我国社会主义性质，具有鲜明中国特色、实践特色、时代特色的法治理论体系和话语体系。坚持和发展我国法律制度建设的显著优势，深入研究和总结我国法律制度体系建设的成功经验，推进中国特色社会主义法治体系创新发展。

——《法治中国建设规划（2020—2025 年）》（节选）

| 问 题 |

结合习近平法治思想的核心要义，谈谈你对当前和下一个阶段推进全面依法治国，重点抓住“十一个坚持”的认识。

| 答题要求 |

1. 无观点或论述、照搬材料原文不得分。

2. 观点正确，表达完整、准确。

3. 总字数不少于 600 字。

| **参考答案** |

习近平法治思想是顺应实现中华民族伟大复兴时代要求应运而生的重大战略思想。党的领导是建设中国特色社会主义法治体系的根本保障。建设中国特色社会主义法治体系必然要以人民的根本利益为出发点,坚持党领导立法、保证执法、支持司法、带头守法,为建设中国特色社会主义法治体系提供全方位的保障。

在推进全面依法治国过程中必须以习近平法治思想为指导思想,坚持党的领导,健全党领导全面依法治国的制度和工作机制。正如材料一中所述,“以科学理论为指导……运用好党关于新时代加强法治建设的思想理论成果”,加强对理论思维的学习。

建设中国特色社会主义法治体系,必须实现党领导立法、保证执法、支持司法、带头守法,健全党领导全面依法治国的制度和工作机制,通过法定程序使党的主张成为国家意志,形成法律,通过法律保障党的政策有效实施,确保全面依法治国正确方向。正如材料二和材料三中所言,党的十八大以来,党中央作出的一系列重大决策为全面依法治国提供了根本保障。立足国情和实际,要以人民为中心,坚持和发展我国法律制度建设的显著优势。

综上所述,在党的领导下,坚定不移地走中国特色社会主义法治道路。从立法、司法、执法、守法、法律监督等各个环节发力,全心全意为人民服务。无论在什么工作岗位上,我们都要在思想上、行为上同党中央保持高度一致。只有这样,才能保证中国特色社会主义法治事业不断走向新的胜利,才能为实现“两个一百年”奋斗目标、实现中华民族伟大复兴的中国梦提供有力保障。

2 CASE （31分）

| 案 情 |

赵某敲诈勒索周某,如果不给钱便将通过网络传播其隐私照片。周某害怕,就按照赵某的指示,将10万元现金放到指定的垃圾桶旁边。赵某将该事情真相告诉了刘某,让刘某去垃圾桶旁边取钱,刘某取到后与赵某平分,每人得5万元。(事实一)

赵某前往王某家盗窃,偷得一台笔记本电脑,在下楼离开时,遇到了李某。赵某误以为李某是回家的王某,为了窝藏赃物,将李某打成轻伤。事实上,李某只是来楼里贴小广告的,对赵某盗窃的事实并不知情。(事实二)

杨某欠刘某债务到期没有偿还,刘某提议拘禁杨某索取债务,赵某遂将杨某拘禁。二人将杨某拘禁后,杨某说:"你们把我绑起来我没办法还钱,就算你们把我放了我也没钱还。"两天后,赵某出主意说把杨某的大拇指砍下来,刘某同意,后来二人将杨某的大拇指砍下(重伤)。(事实三)

赵某的妻子万某发现赵某行为后劝其自首,否则就与赵某离婚并带走两个孩子。赵某不从,恼羞成怒想要杀死万某。正在拿皮带勒万某脖子的时候,万某叫喊,听到呼喊的两个孩子跑过来(一个孩子3岁,另一个孩子5岁),赵某觉得在两个孩子的面前杀死妻子影响不好,于是停止行凶,仅造成万某轻伤。(事实四)

| 问 题 |

1. 认定刘某构成敲诈勒索罪的理由有哪些？认定刘某构成侵占罪的理由有哪些？(10分)

2. 有观点认为赵某成立事后转化的抢劫,理由有哪些？有观点认定赵某成立盗窃罪和故意伤害罪,理由有哪些？(10分)

3. 有观点认为刘某和赵某仅成立故意伤害罪,你反对还是赞同这个观点,说明理由。(6分)

4. 赵某是故意杀人罪的犯罪中止还是犯罪未遂？请说明理由。(5分)

| 参考答案 |

1.(1)认定刘某构成敲诈勒索罪,属于共同犯罪。

理由一:以非法占有为目的,威胁恐吓他人,索取财物的行为成立敲诈勒索罪。事实一中,赵某所犯的敲诈勒索罪并未既遂,刘某知道真相后,主观上具有共同的故意,中途加入去取10万元,属于承继的共犯。依据《刑法》第25条的规定,构成敲诈勒索罪的共犯。

理由二:为正犯实施帮助的行为成立帮助犯。事实一中,赵某威胁周某给钱的行为符合敲诈勒索罪"威胁他人、索取财物"的构成要件,依法成立敲诈勒索罪。刘某事中加入,为赵某取财提供帮助,依法成立敲诈勒索罪的帮助犯。

(2)认定刘某构成侵占罪,赵某的敲诈勒索罪已经既遂。

理由一:敲诈勒索罪既遂的标准是被害人丧失对财物的占有,事实一中,周某已经将10万元放到了指定地点,对财物丧失了占有。属于脱离他人占有的遗忘物,刘某非法占有遗忘物,依据《刑法》第270条的规定,成立侵占罪。

理由二:《刑法》规定,教唆他人犯罪的,成立教唆犯。事实一中,赵某教唆刘某将脱离他人占有的遗忘物非法占有,刘某依法成立侵占罪。

2.(1)成立事后转化抢劫的理由有二。

理由一:《刑法》规定,犯盗窃罪,为了窝藏赃物,当场使用暴力或者以暴力相威胁的,转化为抢劫罪。事实二中,赵某误以为李某是失主王某而对其实施暴力,但对象错误不影响赵某转化抢劫,依法成立抢劫罪(转化型抢劫)。

理由二:《刑法》规定的转化型抢劫罪,只要是为了窝藏赃物而实施暴力或者以暴力相威胁即可。事实二中,赵某故意伤害李某致其轻伤,依据《刑法》第234条中"故意伤害他人身体"的规定,成立故意伤害罪。与抢劫罪属于法条竞合,仅定抢劫罪一罪即可。

(2)成立盗窃罪和故意伤害罪的理由有二。

理由一:《刑法》规定,犯盗窃罪,为了窝藏赃物,当场使用暴力或者以暴力相威胁的,转化为抢劫罪。其中使用暴力必须针对原占有人和抓捕人,事实二中,李某不知道赵某盗窃,赵某盗窃结束后,基于错误认识将李某打成轻伤,不符合转化型抢劫罪的规定,依法成立盗窃罪与故意伤害罪,数罪并罚。

理由二:赵某侵入王某家盗窃电脑,符合《刑法》关于"入户盗窃"成立盗窃罪的规定,依法成立盗窃罪。盗窃罪既遂以后,赵某故意伤害李某致其轻伤的行为符合《刑法》关于故意伤害罪的规定,依法成立故意伤害罪。对赵某依法应数罪并罚。

3.我赞同刘某和赵某成立故意伤害罪。

理由:《刑法》规定,在非法拘禁过程中,使用暴力致人伤残的,以故意伤害罪定罪处罚。此处的伤残只需要在客观上达到即可。事实三中,刘某和赵某共同将杨某控制,砍掉其大拇指的行为发生在拘禁过程中,仅定故意伤害罪一罪即可。

阅评:回答反对也可以得分,本题的答案不唯一。

反对的答案参考:我反对刘某和赵某成立故意伤害罪,应定非法拘禁罪与故意伤害罪,数罪并罚。

理由:刘某、赵某为了索取债务而拘禁杨某,属于《刑法》规定的“索债型”非法拘禁,在拘禁过程中,另起犯意,将杨某的大拇指砍下致其重伤的行为,应以非法拘禁罪和故意伤害罪(重伤)数罪并罚。

4. 犯罪中止。

理由:《刑法》规定,在犯罪过程中,自动放弃犯罪或者自动有效防止犯罪结果发生的,属于犯罪中止。事实四中,赵某见到两个孩子,主观上想当着孩子面杀害妻子不合适,属于“能达目的而不欲”,是主观上自动放弃杀人,属于犯罪中止。

3 CASE （30 分）

｜案 情｜

甲房地产开发公司开发商品房，为了赶走“钉子户”，股东贾某、刘某指示员工李某和赵某到“钉子户”住的地方进行骚扰。“钉子户”报警，公安机关立案侦查。在立案侦查过程中，因李某构成“重大立功”，公安撤销案件，将贾某、刘某和赵某以寻衅滋事罪提起公诉。在审查起诉阶段，贾某和刘某认罪认罚并签署了具结书。赵某没有委托辩护人，值班律师马某为其提供帮助。案件引起社会广泛关注。另经查明，甲房地产公司在取得此项目的开发资质过程中进行了行贿，监察委员会对此正在调查。

｜问 题｜

1. 怎样理解侦查中、认罪认罚中的“重大立功”？公安机关因重大立功撤销案件，应当经过何种法定程序？（5 分）

2. 本案一审中，法院应当如何组成合议庭？合议庭成员应当怎样分工？（5 分）

3. 值班律师（马某）在侦查阶段的诉讼地位是什么？在审判阶段赵某还是没有委托辩护人，马某能否出庭为其进行辩护？（5 分）

4. 寻衅滋事罪判决，当事人上诉，二审法院发现监察机关对房地产公司行贿案调查完毕移送至检察院审查起诉，二审法院如何处理？（5 分）

5. 二审中贾某、刘某被认定为直接负责人，如何确定诉讼代表人？为什么？（5 分）

6. 二审法院认为贾某、刘某案件事实清楚，证据确实、充分，但对赵某的案件部分事实不清，该如何处理？（5 分）

参考答案

1.(1)依据最高人民法院《关于处理自首和立功具体应用法律若干问题的解释》第7条第1款的规定，在认罪认罚案件中，重大立功是指：首先，犯罪分子有检举、揭发他人重大犯罪行为，经查证属实。其次，提供侦破其他重大案件的重要线索，经查证属实。再次，阻止他人重大犯罪活动；协助司法机关抓捕其他重大犯罪嫌疑人(包括同案犯)。最后，对国家和社会有其他重大贡献等表现的，应当认定为有重大立功表现。

(2)《公安机关办理刑事案件程序规定》第188条规定，犯罪嫌疑人自愿如实供述涉嫌犯罪的事实，有重大立功或者案件涉及国家重大利益，需要撤销案件的，应当层报至公安部，由公安部商请最高人民检察院核准后撤销案件。报请撤销案件的公安机关应当同时将相关情况通报同级人民检察院。公安机关根据前款规定撤销案件的，应当对查封、扣押、冻结的财物及其孳息作出处理。

2.(1)《刑诉解释》第213条第2款规定，基层人民法院、中级人民法院、高级人民法院审判下列第一审刑事案件，由审判员和人民陪审员组成七人合议庭进行：可能判处10年以上有期徒刑、无期徒刑、死刑，且社会影响重大的；涉及征地拆迁、生态环境保护、食品药品安全，且社会影响重大的；其他社会影响重大的。

本案涉及征地拆迁，且社会影响重大，应当由审判员和人民陪审员组成七人合议庭进行。

(2)《刑诉解释》第215条规定，人民陪审员参加三人合议庭审判案件，应当对事实认定、法律适用独立发表意见，行使表决权。人民陪审员参加七人合议庭审判案件，应当对事实认定独立发表意见，并与审判员共同表决；对法律适用可以发表意见，但不参加表决。

本案中，法院在审理时，如果组成七人合议庭，那么3名法官负责审理事实和法律问题，并对事实和法律问题均有表决权。4名人民陪审员，由于不是法律专业的，可以审理和表决事实问题，但不参与表决法律问题。

3.(1)值班律师马某并非犯罪嫌疑人、被告人的辩护人，根据《法律援助值班律师工作办法》(以下简称《值班律师工作办法》)第2条的规定，值班律师是为没有辩护人的犯罪嫌疑人、被告人提供法律帮助的律师。

(2)值班律师不能出庭辩护。根据《值班律师工作办法》第6条的规定，值班律师可以为犯罪嫌疑人、被告人提供法律咨询，提供程序选择建议，帮助申请变更强制措施，对案件处理提出意见，帮助申请法律援助等法律帮助。值班律师仅提供基本的法律帮助服务，不是真正的辩护人，值班律师没有出庭辩护的资格。

4.根据《刑诉解释》第24、25条的规定，本案中，二审法院发现该房地产公司涉嫌单位行贿罪被审查起诉，可以协商检察院并案处理，但可能造成审判过分迟延的除外。若第二审法院决定并案审理，应当发回第一审法院，由第一审法院作出处理。

5.本案中，根据《刑诉解释》第336、337条的规定，对于单位犯罪，一审法院可以从以下四个方面确定诉讼代表人：①被告单位的诉讼代表人，应当是甲房地产公司的法定代表人、实际控制人或者主要负责人；②法定代表人、实际控制人或者主要负责人被指控为单位犯罪直接责任人员或者因客观原因无法出庭的，应当由甲房地产公司委托其他负责人或者职工作为诉讼代表人，但是，有关人员被指控为单位犯罪直接责任人员或者知道案件情况、负有作证义务的除外；③若仍难以确定诉讼代表人，可以由甲房地产公司委托律师等单位以外的人员作为诉讼代表人，但该律师不得同时担任甲房地产公司或者被指控为单位犯罪直接责任人员的有关人员的辩护人；④开庭审理时，应当通知甲房地产公司的诉讼代表人出庭；若诉讼代表人不符合上述规定的，应当要求某县检察院另行确定诉讼代表人。

6.《刑诉解释》第404条规定，第二审人民法院认为第一审判决事实不清、证据不足的，可以在查清事实后改判，也可以裁定撤销原判，发回原审人民法院重新审判。有多名被告人的案件，部分被告人的犯罪事实不清、证据不足或者有新的犯罪事实需要追诉，且有关犯罪与其他同案被告人没有关联的，第二审人民法院根据案件情况，可以对该部分被告人分案处理，将该部分被告人发回原审人民法院重新审判。原审人民法院重新作出判决后，被告人上诉或者人民检察院抗诉，其他被告人的案件尚未作出第二审判决、裁定的，第二审人民法院可以并案审理。

本案中，二审法院认为多名被告人中赵某事实不清、证据不足，二审法院需要衡量赵某的犯罪与其他同案被告人是否存在关联。如果存在关联，可以在查清事实后改判，也可以将全案裁定撤销原判，发回一审法院重新审判；如果不存在关联，二审法院根据案件情况，可以对赵某分案处理，仅将赵某的案件发回一审法院重新审判。

4 CASE （56 分）

| 案 情 |

枫桥公司位于京州市 Y 区，通过抵债的方式收了债务人一栋 20 层的枫叶办公楼（市值 10 亿元），枫叶办公楼位于京州市 T 区。枫桥公司准备 19 层和 20 层自用，其余层对外租赁，每层 1000 米^2，300 元/米^2。

恒通公司是一家拥有多个金融牌照的集团公司，位于京州市 C 区。恒通公司由于业务需要，分别设立了甲融资租赁公司（全资子公司）、乙保理公司（控股子公司）、丙公司（参股子公司）。甲、乙、丙三家公司与枫桥公司约定，分别承租枫叶写字楼的 16 层、17 层、18 层作为办公室。约定试租期 1 年，房租每 3 个月一付，租赁合同 1 年到期后如果没有问题续期 2 年。租赁期自 2020 年 1 月 15 日起算，并约定如有纠纷在京州市 Y 区诉讼。恒通公司为甲、乙、丙三家公司的租金支付提供连带保证，并出具了担保函。合同中约定了办公区的“硬装”不能更改，可以对办公区能拆卸的部分“软装”进行更改。

甲公司承租的 16 层，空调设备出现问题，多次联系枫桥公司处理未果，甲公司只好垫资自己维修，花费 60 万元，并明确表示会从下一季度的租金中扣除，枫桥公司表示拒绝。2020 年 3 月，甲公司向枫桥公司支付了 30 万元。枫桥公司诉至法院，要求甲公司支付第二季度租金 90 万元，恒通公司承担连带保证责任。甲公司向法院主张垫付的维修款 60 万元抵销租金，枫桥公司不认可，并且主张 2020 年 3 月甲公司打给自己的 30 万元明确表示是清偿另一项货款债务。

法院判决甲公司向枫桥公司支付租金 90 万元，恒通公司承担连带偿还责任，如恒通公司清偿债务，可以向甲公司追偿。

丁代表博达公司去跟乙公司签约，将车停放在枫叶写字楼的停车场车位上，停车场的一棵大树因为大风刮倒，砸坏了丁的车，损失 300 万元。事后查明，前几日已经有多名人员向大厦的管理方表明有树即将折断，由于工作人员未登记，交接班的时候彻底忘记此事。因此意外，丁与乙公司未签约保理合同，乙公司损失 5000 万元。

丙公司觉得大厦内部的风格与自己的经营理念不符，与枫桥公司协商，想要重新装修，遭到拒绝。心灰意懒的丙公司把第 18 层转租给了海涛公司，并决定 1 年到期后不再续租。

枫桥大厦经营失败，多次遭到投诉，纠纷越来越多，枫桥公司于 2021 年 1 月 2 日将枫桥大厦整体转让给私塾公司。甲公司要求就 16 层享受优先购买权，在此之前，枫桥公司已经将甲公司、丙公司诉至法院。

| 问 题 |

1. 枫桥公司起诉甲公司和恒通公司要求支付租金应当由哪个法院管辖，为什么？（4 分）

2. 甲公司主张 30 万元货款由谁承担举证责任？法院若不能形成自由心证，法院应该如何处理？（4 分）

3. 甲公司提出维修空调花费了 60 万元用来折抵租金的主张，是反诉还是抗辩，请说明理

由。（8 分）

4. 丁的汽车被砸坏，损失 300 万元可以向谁主张，为什么？（6 分）

5. 乙公司未能签订 5000 万元的保理合同所遭受的损失是否可以主张赔偿？为什么？（5 分）

6. 恒通公司如果承担了保证责任，是否可以向法院申请强制执行甲公司？为什么？（5 分）

7. 恒通公司是否需要为甲公司、丙公司承担连带保证责任？为什么？（6 分）

8. 枫桥公司要向私塾公司出售办公楼，枫桥公司与甲公司、乙公司、丙公司的合同是否自动解除？（4 分）

9. 枫桥公司将办公楼整体转让给私塾公司时，甲公司能否就其承租的 16 楼层行使优先购买权？请说明理由。（8 分）

10. 丙公司是否可以把 18 楼层转租给海涛公司？为什么？（6 分）

| **参考答案** |

1. 由京州市T区人民法院管辖。

依据《民诉解释》第28条第2款的规定，房屋租赁合同纠纷应当按照不动产纠纷确定管辖法院。

本案中，虽然枫桥公司与甲公司、乙公司、丙公司之间就租赁合同产生纠纷后的管辖法院作出了约定，但是该约定不得违反民事诉讼法关于专属管辖的规定，因此，本案因租赁合同产生纠纷，应当由京州市T区人民法院专属管辖。

2. 甲公司主张30万元货款应当由甲公司承担举证责任。法院若不能形成自由心证，应该依据证明责任分配原则来处理。

《民诉解释》第90条规定，当事人对自己提出的诉讼请求所依据的事实或者反驳对方诉讼请求所依据的事实，应当提供证据加以证明，但法律另有规定的除外。在作出判决前，当事人未能提供证据或者证据不足以证明其事实主张的，由负有举证证明责任的当事人承担不利的后果。

《民诉解释》第91条规定，人民法院应当依照下列原则确定举证证明责任的承担，但法律另有规定的除外：主张法律关系存在的当事人，应当对产生该法律关系的基本事实承担举证证明责任；主张法律关系变更、消灭或者权利受到妨害的当事人，应当对该法律关系变更、消灭或者权利受到妨害的基本事实承担举证证明责任。

《民诉解释》第108条规定，对负有举证证明责任的当事人提供的证据，人民法院经审查并结合相关事实，确信待证事实的存在具有高度可能性的，应当认定该事实存在。对一方当事人为反驳负有举证证明责任的当事人所主张事实而提供的证据，人民法院经审查并结合相关事实，认为待证事实真伪不明的，应当认定该事实不存在。法律对于待证事实所应达到的证明标准另有规定的，从其规定。

3. 甲公司的主张是反诉。

《民事诉讼法》第54条规定，原告可以放弃或者变更诉讼请求。被告可以承认或者反驳诉讼请求，有权提起反诉。

反诉，是在已经开始的诉讼程序中，本诉的被告向原告提出的一种独立的特殊之诉，是被告在本诉程序中提起的，向法院提出的就特定的权利主张进行裁判的行为，用以对抗或并吞原告的诉讼请求。

抗辩权，是对抗对方请求权的权利。行使抗辩权的目的，是阻止对方请求权的效力，或使对方的请求权迟延发生。

本案中，出租人枫桥公司未履行空调的维修义务，承租人甲公司可以自行维修，维修费用由出租人负担。之后，甲公司打了30万元给枫桥公司（本来应该付90万元租金），枫桥公司认为甲公司没有依约支付租金，于是起诉甲公司，要求甲公司向其支付房屋的租金；但在诉讼中，甲公司主张已经依约付给枫桥公司90万元租金了，该季度的租金付清了。其中，30万元是甲公司直接支付的，另外60万元是用空调费用抵扣的。

综上所述，甲公司主张以自己对枫桥公司的60万元债权与枫桥公司对自己的90万元租金债权，在60万元额度内抵销，甲公司的该主张为反诉，而不是抗辩。

4. 向枫桥公司主张。

依据《民法典》第1257条的规定，因林木折断等造成他人损害，林木的所有人或者管理人不能证明自己没有过错的，应当承担侵权责任。

本案中，因枫桥公司系该大树的管理人，且就现有案情来看，其不能证明自己没有过错，因此丁汽车被砸坏的损失可以向枫桥公司主张赔偿。

5. 不可以主张赔偿。

《民法典》第176条规定，民事主体依照法律规定或者按照当事人约定，履行民事义务，承担民事责任。

本案中，乙公司未与丁签订保理合同，因这既不属于其与枫桥公司租赁合同的内容，又与枫桥公司管理的大树刮倒不存在相当因果关系，故其没有任何理由去找枫桥公司赔偿损失。

6. 恒通公司如果承担了保证责任，有权向甲公司追偿；法院的该判决已经一并确定了恒通公司的追偿权及数额的，恒通公司可以直接向法院申请执行；法院的该判决并未就追偿权作出审理并判决的，则恒通公司在另行起诉甲公司并获得胜诉判决后，可以向有管辖权的法院申请强制执行。

《民法典》第688条规定，当事人在保证合同中约定保证人和债务人对债务承担连带责任的，为连带责任保证。连带责任保证的债务人不履行到期债务或者发生当事人约定的情形时，债权人可以请求债务人履行债务，也可以请求保证人在其保证范围内承担保证责任。

《民法典》第700条规定，保证人承担保证责任后，除当事人另有约定外，有权在其承担保证责任的范围内向债务人追偿，享有债权人对债务人的权利，但是不得损害债权人的利益。

《民事诉讼法》第247条第1款规定，发生法律效力的民事判决、裁定，当事人必须履行。一方拒绝履行的，对方当事人可以向人民法院申请执行，也可以由审判员移送执行员执行。

7. (1)需要对甲公司的租金支付承担连带保证责任。

依据《担保制度解释》第8条第1款第2项的规定，公司为其全资子公司开展经营活动提供担保后，以其未依照《公司法》关于公司对外担保的规定作出决议为由主张不承担担保责任的，法院不予支持。

本案中，因甲公司系恒通公司的全资子公司，故其需要对甲公司的租金支付承担连带保证责任。

(2)恒通公司是否需要对丙公司的租金支付承担连带保证责任应取决于其是否依照《公司法》关于公司对外担保的规定作出决议。

依据《担保制度解释》第8条第1款的规定，公司以其未依照《公司法》关于公司对外担保的规定作出决议为由主张不承担担保责任的，法院不予支持。

本案中，因现有案情并未明确描述恒通公司是否就对丙公司提供担保依法作出决议，故无法得出确定性的结论。

8. 不会自动解除。

《民法典》第725条规定，租赁物在承租人按照租赁合同占有期限内发生所有权变动的，不影响租赁合同的效力。

本案中，枫桥公司将枫叶写字楼整体转让给另一公司后，原租赁合同概括转移至新所有权人，对新所有权人继续有效，不会当然解除。

9. 可以行使优先购买权。

依据《民法典》第726条的规定，出租人出卖租赁房屋的，承租人享有以同等条件优先购买的权利。

本案中，虽然甲公司仅仅承租了第16层，且枫桥公司将枫叶写字楼整体转让，但是因甲公司承租的第16层与枫叶写字楼的其他楼层是可分的、使用功能上是相对独立的，故只要满足同等条件，甲公司即可以行使优先购买权。

备注：关于该问题，最高人民法院《关于承租部分房屋的承租人在出租人整体出卖房屋时是否享有优先购买权的复函》(2005年7月26日)中指出，目前法律和司法解释对此均无明确规定，经研究认为，目前处理此类案件，可以从以下两个方面综合考虑。第一，从房屋使用功能上看，如果承租人承租的部分房屋与房屋的其他部分是可分的、使用功能可相对独立的，则承租人的优先购买权应仅及于其承租的部分房屋；如果承租人的部分房屋与房屋的其他部分是不可分的、使用功能整体性较明显的，则其对出租人所卖全部房屋享有优先购买权。第二，从承租人承租的部分房屋占全部房屋的比例看，承租人承租的部分房屋占出租人出卖的全部房屋一半以上的，则其对出租人出卖的全部房屋享有优先购买权；反之，则不宜认定其对全部房屋享有优先购买权。

10. 可以把18层转租给海涛公司。

依据《民法典》第716条的规定，承租人经出租人同意，可以将租赁物转租给第三人……承租人未经出租人同意转租的，出租人可以解除合同。

本案中，无论丙公司是否经枫桥公司同意，其均有权将18楼层转租，且其未经同意擅自转租不会影响租赁合同的效力；只不过，若其未经同意擅自转租，则枫桥公司有权解除其与丙公司的租赁合同。

以下第5题、第6题选做一道即可。

5 CASE （28分）

| 案 情 |

2018年A公司、B公司、C公司、D公司、E公司出资设立甲公司，章程规定B公司、C公司、D公司成员出任董事会成员，E公司法定代表人张三担任甲公司的法定代表人。E公司以自有房屋（评估300万元）进行出资并过户，其余款项8年内缴足，其他人员5年内缴足。

股东B公司为了担保债权人赵六的债务把股权转让给了赵六，将赵六记载于股东名册，并办理了工商登记。

2019年某月，甲公司经过E公司法定表人张三的提议，建议巫某担任公司总经理，并担任公司法定代表人，出席股东会的股东所持表决权的半数以上通过。

后来甲公司经营状况不错，有盈余，遂打算进行分红。股东会就分红按照实缴还是认缴比例无法达成一致，无法继续召开股东会。巫某无法调解各个股东间的矛盾，2020年某月，股东会召开会议决定解聘巫某的总经理职务，经过全体股东一致同意，巫某不服，发生纠纷。

经查明，E公司自有房屋出资实际上为李四所有，由于登记错误而在E公司名下，E公司法定代表人对此知情。

| 问 题 |

1. 甲公司能否善意取得E公司提供的房屋？（4分）

2. 利润分配表决，股东是按照实缴比例还是认缴比例，为什么？（6分）

3. B公司和赵六之间的担保是否有效？（4分）

4. 巫某担任总经理和法定代表人是否生效？（4分）

5. B公司对外转让股权，其他股东是否具有优先购买权？（4分）

6. 解聘巫某的总经理职务是否有效？（6分）

| **参考答案** |

1. 不能。

首先，E公司出资的房屋实际归李四所有，故其出资行为属无权处分；其次，张三既是E公司的法定代表人，又是甲公司的法定代表人，法定代表人的个人意志可以推定为公司意志，张三对此知情，可视为甲公司亦知情，因此认定甲公司属于非善意，不符合善意取得的构成要件。据此，甲公司不能取得E公司提供的房屋。

2. 按照认缴比例。

依据《公司法》第65条规定，股东会会议由股东按照出资比例行使表决权；但是，公司章程另有规定的除外。由于《公司法》奉行认缴制，该规则中的"出资比例"应为认缴出资比例。本题中，甲公司章程对于表决权没有另行规定，因此就利润分配，股东应按照认缴出资比例行使表决权。

3. 答案一：有效。本案中，当事人已经完成财产权利变动的公示，B公司和赵六之间的担保行为属于股权让与担保。债务人B公司不履行到期债务，债权人赵六请求优先受偿的，人民法院应予支持。

答案二：有效。行为人与相对人以虚假的意思表示实施的民事法律行为无效；以虚假的意思表示隐藏的民事法律行为的效力，依照有关法律规定处理。本案中，如果把股东B公司和赵六之间的担保行为理解为隐藏的民事法律行为，则二者之间的股权转让行为无效，股权让与担保有效。

阅卷标准：言之有理，酌情给分。

4. (1)巫某担任总经理不生效。巫某担任总经理应经甲公司董事会聘任，而非股东会。(2)巫某担任法定代表人不生效。依据《公司法》规定，公司的法定代表人按照公司章程的规定，由代表公司执行公司事务的董事或者经理担任。本题中，巫某担任总经理并未生效，故其担任法定代表人亦不能生效。

5. 答案一：股权让与担保中，B公司与债权人的真实意思表示系担保，不会产生股权转让的效力，故不侵犯其他股东的优先购买权。因此，其他股东不具有优先购买权。

答案二：现行法律并未规定在股权让与担保中，其他股东是否享有优先购买权，故依有限责任公司人合性、封闭性的特点，应给予其他股东优先购买权。

阅卷标准：言之有理，酌情给分。

6. 答案一：无效。依职权法定主义，总经理应由该公司董事会解聘，而非股东会解聘，故辞退无效。

答案二：有效。依实质重于形式的原则，因全体股东一致同意解聘，可推定为董事会的意志，故辞退有效。

阅卷标准：言之有理，酌情给分。

6 CASE **（28 分）**

| 案　情 |

甲县政府于 2013 年 10 月 10 日作出第 76 号《关于同意取缔市集中式饮用水源一、二级保护区排污的批复》文件，该文件中明确由甲县生态环境局负责组织实施对在该水源保护区内的惠源公司等 9 个排污口的关停工作，但没有制定对于关停补偿的相关文件。为保护水源地，惠源公司于 2014 年开始正式关停。惠源公司于 2018 年向甲县政府投诉，申请对其按照国家政策给予一次性经济补偿或者迁址另建，免除关停未经营期间的税费及土地使用费等。

2020 年 5 月 15 日，甲县政府作出《关于甲县惠源公司等五家企业投诉问题的结案报告》，结论是“决定用司法途径解决投诉问题”。惠源公司于 2020 年 7 月 20 日向甲县政府提出搬迁补偿申请书，要求甲县政府履行职责，对惠源公司案给予货币补偿，但甲县政府未予答复。

2020 年 11 月 9 日，惠源公司向法院提起诉讼，要求判决甲县政府对其进行补偿。甲县政府辩称，原告未在合理期限内提出陈述申辩，原告的起诉已超过诉讼时效，且关闭该企业受益地是乙县，与甲县没有关系，应找乙县请求补偿。

附件一：《水污染防治法》第 66 条第 1 款规定：“禁止在饮用水水源二级保护区内新建、改建、扩建排放污染物的建设项目；已建成的排放污染物的建设项目，由县级以上人民政府责令拆除或者关闭。”

附件二：《环境保护法》第 31 条规定：“国家建立、健全生态保护补偿制度。国家加大对生态保护地区的财政转移支付力度。有关地方人民政府应当落实生态保护补偿资金，确保其用于生态保护补偿。国家指导受益地区和生态保护地区人民政府通过协商或者按照市场规则进行生态保护补偿。”

| 问　题 |

根据案情回答（如有不同处理意见，请列明）：

1. 本案法院级别管辖如何确定？请谈谈你的理由。（6 分）
2. 惠源公司起诉关停行为的，被告如何确定？（4 分）
3. 惠源公司的起诉是否超过起诉期限？（4 分）
4. 惠源公司提出的行政补偿请求是否合理？（4 分）
5. 被告主张自己不是行政补偿主体是否准确？（4 分）
6. 法院如何判决？（6 分）

| **参考答案** |

1. 由中级人民法院管辖。

《行政诉讼法》第15条规定:"中级人民法院管辖下列第一审行政案件:(一)对国务院部门或者县级以上地方人民政府所作的行政行为提起诉讼的案件;(二)海关处理的案件;(三)本辖区内重大、复杂的案件;(四)其他法律规定由中级人民法院管辖的案件。"

本案诉的是县政府不履行支付行政补偿的法定职责,县政府是被告,因此,由中级人民法院管辖。

2. 甲县政府为被告。

《行政诉讼法》第26条第1款规定:"公民、法人或者其他组织直接向人民法院提起诉讼的,作出行政行为的行政机关是被告。"第5款规定:"行政机关委托的组织所作的行政行为,委托的行政机关是被告。"

本案中,作出第76号《关于同意取缔市集中式饮用水源一、二级保护区排污的批复》文件的是县政府,该文件中明确由甲县生态环境局负责组织实施对在该水源保护区内的惠源公司等9个排污口的关停工作,属于县政府委托甲县生态环境局实施关停工作,根据"谁委托,谁被告"的规则,应当由甲县政府作为被告。

3. 没有超过。

《行政诉讼法》第47条第1款规定:"公民、法人或者其他组织申请行政机关履行保护其人身权、财产权等合法权益的法定职责,行政机关在接到申请之日起两个月内不履行的,公民、法人或者其他组织可以向人民法院提起诉讼。法律、法规对行政机关履行职责的期限另有规定的,从其规定。"《行政诉讼法解释》第66条规定:"公民、法人或者其他组织依照行政诉讼法第四十七条第一款的规定,对行政机关不履行法定职责提起诉讼的,应当在行政机关履行法定职责期限届满之日起六个月内提出。"

依照上述规定,对于法律、法规没有规定行政机关履职期限的,行政机关在接到履职申请之日起2个月内未履职的,相关权利人可以在2个月期限届满后的6个月内,对行政机关的不作为行为提起行政诉讼。惠源公司于2020年7月20日向县政府提出搬迁补偿申请书,要求县政府履行补偿职责,县政府收到后至今未予答复,属于未履行法定职责。惠源公司于2020年11月9日向法院提起诉讼,系在县政府收到履职申请2个月期限届满之后6个月内提起的,并未超过起诉期限。

4. 合理。

本案县政府作出的关停批复属于行政许可的撤回,应当给予被许可人合理的补偿。《水污染防治法》第66条第1款规定:"禁止在饮用水水源二级保护区内新建、改建、扩建排放污染物的建设项目;已建成的排放污染物的建设项目,由县级以上人民政府责令拆除或者关闭。"惠源公司系位于饮用水水源二级保护区范围内的已建成的排放污染物的建设项目,甲县政府为环境公共利益需要有权对其作关停批复,符合法律规定。但是惠源公司在其经营场所被划入水库饮用水水源二级保护区范围之前,已合法取得营业许可,并在被关闭前持续正常经营,其依法取得的行政许可受法律保护。

根据《行政许可法》第 8 条的规定，行政机关为了公共利益的需要依法变更或者撤回已经生效的行政许可，应当对由此给公民、法人或者其他组织造成的财产损失给予补偿。惠源公司基于行政许可行为产生的信赖利益损失有权获得适当、合理的补偿。

5. 不准确。

《环境保护法》第 31 条第 3 款规定："国家指导受益地区和生态保护地区人民政府通过协商或者按照市场规则进行生态保护补偿。"甲县政府系案涉生态保护地所在地政府，根据上述规定，其负有行政补偿职责。同时，根据《行政许可法》第 8 条的规定，甲县政府作为县级人民政府，为了公共利益的需要关闭惠源公司企业，事实上撤回了行政许可，亦负有补偿职责。

6. 责令甲县政府在一定期限内对惠源公司的补偿申请重新作出处理。

《行政诉讼法解释》第 91 条规定："原告请求被告履行法定职责的理由成立，被告违法拒绝履行或者无正当理由逾期不予答复的，人民法院可以根据行政诉讼法第七十二条的规定，判决被告在一定期限内依法履行原告请求的法定职责；尚需被告调查或者裁量的，应当判决被告针对原告的请求重新作出处理。"行政机关在实际给付之前尚有优先判断或者裁量余地的，应待行政机关先行处理后，法院再对其是否合法进行审查。在行政机关没有就补偿作出决定的情况下，不宜由法院运用司法权判定补偿的具体数额一事。

2020年国家统一法律职业资格考试

主观题(回忆版)*

* 根据《2021年国家统一法律职业资格考试公告》,2021年主观题考试中的"中国特色社会主义法治理论"科目调整为"习近平法治思想"科目。因此,本套试卷收录原第2~6题。

1 CASE **（34分）**

| 案 情 |

刘某和任某欲种植沉香，于是在国家森林里面砍伐林木（1200棵）。王某是森林公安局的侦查人员，其在2016年2月进行调查时发现刘某是其初中同学，碍于情面没有管，刘某、任某继续种植。

2017年3月，王某以此事为由找刘某帮自己装修新房，给了刘某50万元用于装修，但是要求装修费用要到100万元。刘某找某装修公司进行装修，装修实际费用120万元。刘某只给了装修公司的负责人钟某100万元，装修公司不同意。当钟某向刘某再要20万元的时候，刘某对钟某说："房主是混黑社会的，如果你还坚持要20万元，小心捣毁你的公司。"钟某害怕，就不敢再要了。事后刘某告知王某装修花了120万元，王某听到后说："太贵了，我再给你10万元吧。"然后又给了刘某10万元。

龚某喜欢爬山，有一天他和洪某爬山时看到了沉香，于是两人想占为己有，在偷窃过程中被刘某发现。洪某逃离，龚某为了窝藏沉香，对刘某说："如果你们敢抓我，我就举报你们滥伐林木！"刘某因此放弃，龚某拿走了价值2万元的沉香。

后来，洪某举报刘某、任某砍伐林木，林业局工作人员郑某、赵某上山检查，刘某和任某实施暴力阻拦，赵某和郑某反击，互相殴打。在该次事件中，赵某受轻伤，但无法查清是谁所致；刘某受重伤，系赵某和郑某所为，但无法查清是谁所致；任某受轻伤，系刘某要打击郑某，结果打到了同伙任某。

| 问 题 |

请根据《刑法》及相关规定，分析刘某、任某、王某、龚某、洪某、赵某和郑某的行为性质（包括罪名、犯罪金额等），并说明理由。有不同观点的，可以同时答出不同的观点。

| **参考答案** |

(一)关于第一段事实

刘某、任某构成滥伐林木罪的共同犯罪,王某构成徇私枉法罪。

我国《刑法》规定,两人以上共同故意犯罪的构成共同犯罪;没有采伐许可证,违反《森林法》的规定,滥伐森林或者其他林木,数量较大的行为成立滥伐林木罪。本案中,刘某、任某因种植沉香,砍伐了1200棵林木的行为符合我国《刑法》关于滥伐林木罪的构成要件,依法成立滥伐林木罪。

我国《刑法》规定,司法工作人员徇私枉法、徇情枉法,对明知是无罪的人而使他受追诉、对明知是有罪的人而故意包庇不使他受追诉的行为构成徇私枉法罪。本案中,王某因刘某是其初中同学,徇情枉法,依法成立徇私枉法罪。

(二)关于第二段事实

1. 王某索取贿赂的行为成立受贿罪,既遂数额为60万元。

依据我国《刑法》及相关规定,国家工作人员利用职务便利,索取他人财物的行为成立受贿罪。本案中,王某要求被管理人员低价提供房屋装修财产性利益,索取财物,成立索贿型的受贿罪。既遂数额为60万元(120万元-50万元-10万元=60万元)。

2. 刘某依法构成行贿罪,既遂数额为60万元。构成诈骗罪,既遂数额为20万元。实施数罪并罚。

依据我国《刑法》及相关规定,为了牟取不正当利益,给予国家工作人员以财物的行为是行贿罪;以非法占有为目的,虚构事实、隐瞒真相,使被害人基于错误认识处分财物的行为成立诈骗罪。本案中,刘某为了使自己伐木的事情不被追究,给王某提供价值120万元的装修(只收60万元)的行为依法成立行贿罪。刘某以编造虚假事实的手段使装修公司负责人钟某少收20万元装修款的行为依法成立诈骗罪。

(三)关于第三段事实

1. 龚某、洪某成立盗窃罪的共同犯罪,属于犯罪未遂。

我国《刑法》规定,以非法占有为目的,窃取公私财物数额较大的行为成立盗窃罪。由于意志以外的原因未得逞的属于犯罪未遂。本案中,龚某、洪某共同故意窃取沉香的行为符合盗窃罪的构成要件,依法成立盗窃罪,但未得逞,属于未遂。

2. 龚某另成立敲诈勒索罪,既遂数额2万元。洪某不构成敲诈勒索罪。

依据我国《刑法》及相关规定,以非法占有为目的,实施恐吓使对方基于恐吓行为产生恐惧心理交付财物的行为成立敲诈勒索罪。本案中,龚某以违法犯罪相挟,强迫刘某、任某放弃对沉香的占有,根据《刑法》第274条的规定,构成敲诈勒索罪,既遂数额为2万元。由于洪某逃离,对龚某实行的敲诈行为不知情,因此龚某的行为属于实行过限,洪某不构成敲诈勒索罪。

(四)关于第四段事实

1. 洪某构成立功,可以从轻或者减轻处罚。洪某举报刘某、任某砍伐林木的行为符合我国《刑法》中"揭发他人犯罪行为,查证属实的"有关立功的规定,可以对其从轻或者减轻处罚。(有的考生仅写了“立功”的知识点，也是得分的，至少给3分。）

2. 刘某、任某成立妨害公务罪的共同犯罪。

依据《刑法》及相关规定，以暴力、威胁方法阻碍国家机关工作人员依法执行职务的行为构成妨害公务罪。本案中，刘某、任某以暴力方法阻碍国家机关工作人员赵某、郑某依法执行职务的行为依法成立妨害公务罪。

3. 赵某、郑某反击的行为不构成犯罪，属于正当防卫。

我国《刑法》规定，为了使本人的人身免受正在进行的不法侵害，而采取的制止不法侵害的行为，对不法侵害人造成损害的，属于正当防卫，不负刑事责任。赵某、郑某对刘某、任某暴力伤害行为的反击属于正当防卫。其行为导致刘某重伤，因此就赵某、郑某的行为是否过当，存在以下观点展示。

观点一：不过当。由于不能查明重伤结果具体是由谁造成的，两人也不是共同犯罪，根据存疑有利于被告人原则，二人对重伤结果均不负责，所以，不过当。

观点二：过当，赵某、郑某要对重伤结果负责。两人的行为属于共同犯罪，客观上对共同防卫行为造成的重伤结果要负责，属于防卫过当。

我赞同观点一，不过当。因为在防卫限度上，即使造成重伤或重大损害结果，只要防卫行为与不法侵害相差不悬殊，赵某、郑某不存在明显过激行为，就不属于防卫过当。

4. 任某的轻伤系刘某所致，刘某属于偶然防卫，关于承担何种责任，存在如下几种观点。

观点一：承担故意伤害罪的刑事责任。

刘某客观上制止了任某正在进行的妨害公务、伤害赵某和郑某的行为，符合防卫的客观要件。虽然存在打击错误，但根据法定符合说，认为刘某具有伤害的犯罪故意，所以其应承担故意伤害罪的刑事责任（也可以分析妨害公务罪轻伤既遂的刑事责任，言之有理即可得分）。

观点二：不承担故意伤害罪的刑事责任。

刘某客观上制止了任某正在进行的妨害公务、伤害赵某和郑某的行为，符合防卫的客观要件。虽然存在打击错误，但根据具体符合说，认为刘某没有犯罪故意，所以其不承担故意伤害罪的刑事责任。

我赞同观点一，法定符合说更符合司法实践，刘某应该承担故意伤害罪的刑事责任。

5. 关于赵某的轻伤，无法查明是谁所致。刘某和任某成立妨害公务罪与故意伤害罪的想象竞合，择一重罪论处。

我国《刑法》规定，一个犯罪行为既符合妨害公务罪的构成要件，又符合故意伤害罪的构成要件的，属于想象竞合。对于想象竞合犯，应从一重罪论处。

2 CASE （30分）

｜案　情｜

林某明知洪某(已受刑罚)实施犯罪,而为其提供网游网站,并将玩家充值到游戏里的1.2万元转走。林某明知张某(已受刑罚)实施犯罪,而为其提供网游网站,并窃取玩家账号和密码,将账户内的资金转走。

甲市B区公安局进行侦查后,认为林某明知他人利用信息网络实施犯罪,仍为其提供网站,构成帮助犯,并将案件移送甲市B区检察院审查起诉,甲市B区检察院向甲市B区法院提起公诉。

本案证据:物价局出具的价格认定书、供述、讯问录音录像、邀请有专门知识的人对鉴定意见发表的意见等。

｜问　题｜

1. 本案属于利用计算机实施犯罪,利用计算机实施犯罪如何确定管辖?(4分)

2. 犯罪嫌疑人的供述笔录与讯问录音录像存在本质性差异,法院应该以哪个为准?讯问录音录像能否作为认定案件的依据?(6分)

3. 价格机构出具的价格认定书属于何种证据类型?其是否可以作为本案证据?(6分)

4. 针对电子证据的收集,法院应审查哪些内容?(4分)

5. 针对检察院提供的证据,应该如何质证?(4分)

6. 专家辅助人对鉴定报告提出的意见属于什么性质?其是否可以作为认定案件的依据?法院应如何处理?(6分)

参考答案

1. 被告人的居住地、网络架设地、服务器所在地、被害人财产损失地等的法院均有管辖权。

依据《刑诉解释》第 2 条的规定，针对或者主要利用计算机网络实施的犯罪，犯罪地包括用于实施犯罪行为的网络服务使用的服务器所在地，网络服务提供者所在地，被侵害的信息网络系统及其管理者所在地，犯罪过程中被告人、被害人使用的信息网络系统所在地，以及被害人被侵害时所在地和被害人财产遭受损失地等。所以本案中，林某的居所地、网络架设地、服务器所在地、被害人财产损失地等的法院均享有管辖权。

2. (1)法院会结合控辩双方提供的所有证据及被告人的全部供述和辩解进行综合判定。法院应当排除非法取得的证据，以排除后的证据为准。

依据《刑事诉讼法》及证据相关规定，被告人庭前供述与录音录像不一致很可能是出现了非法取证的行为，若能够证明证据系非法获取的，应当依法排除。此外，法官应当审查被告人庭前供述与录音录像的真实性，若庭前供述有其他证据印证，可以采纳庭前供述；若录音录像有其他证据印证，可以采纳录音录像。

(2)如果讯问的过程是非法的，则讯问录音录像不能作为认定案件的依据。

依据《刑事诉讼法》及相关规定，如果讯问笔录没有经过被告人的核对确认，则其不得作为定案的根据。如果讯问的过程是非法的，则同步录音录像也应当被排除，不能将其作为认定案件的依据。

3. 价格认定书不属于《刑事诉讼法》规定的证据种类。其属于检验报告，法官应结合整体证据并参照鉴定意见的审查规定确定能否将其作为本案证据。

依据《刑事诉讼法》及相关规定，价格认定书不属于法定的证据种类。《刑诉解释》第 100 条规定："因无鉴定机构，或者根据法律、司法解释的规定，指派、聘请有专门知识的人就案件的专门性问题出具的报告，可以作为证据使用。对前款规定的报告的审查与认定，参照适用本节的有关规定。经人民法院通知，出具报告的人拒不出庭作证的，有关报告不得作为定案的根据。"本案中，物价部门出具的价格认定书即为由有专门知识的人就案件的专门性问题出具的报告，该价格认定书可以作为证据使用，对其的审查与认定参照鉴定意见的程序规定。

4. 根据《刑诉解释》第 112 条的规定，对收集、提取电子数据是否合法，应当着重审查以下内容：

(1)收集、提取电子数据是否由 2 名以上调查人员、侦查人员进行，取证方法是否符合相关技术标准；

(2)收集、提取电子数据，是否附有笔录、清单，并经调查人员、侦查人员、电子数据持有人、提供人、见证人签名或者盖章；没有签名或者盖章的，是否注明原因；对电子数据的类别、文件格式等是否注明清楚；

(3)是否依照有关规定由符合条件的人员担任见证人，是否对相关活动进行录像；

(4)采用技术调查、侦查措施收集、提取电子数据的，是否依法经过严格的批准手续；

(5)进行电子数据检查的，检查程序是否符合有关规定。

5. 本案中，检察院提供了如下证据：物价局出具的价格认定书、供述、讯问录音录像、邀请有专门知识的人对鉴定意见发表的意见等。依据《刑事诉讼法》及相关规定，在法庭调查阶段，根据“谁主张，谁举证”的规则，应当由公诉人首先举证，一般是一证一质，证据较多的，可以成组出示证据。

举证时一般先通过讯问本案被告人，询问相关证人等方式出示言词证据，再向法庭出示物证、书证等实物证据。在公诉方举证完毕后，辩护方可以举证，由公诉方质证，公诉人应当紧紧围绕辩护方证据的客观性、真实性、合法性进行有针对性的质证并听从甲市 B 区法院法官的指挥。

6. (1) 专家辅助人可以对鉴定意见发表意见，专家辅助人不是法定的诉讼参与人，其对鉴定意见发表的专业意见不是法定证据，但可以作为参考材料。

依据《刑事诉讼法》及相关规定，可以用于证明案件事实的材料是证据。证据包括物证，书证，证人证言，被害人陈述，犯罪嫌疑人、被告人供述和辩解，鉴定意见，勘验、检查、辨认、侦查实验等笔录，视听资料，电子数据。本案中，专家辅助人对鉴定报告提出的意见不是法定意见，可以作为参考材料。

(2) 不能作为认定案件的依据。

依据《刑事诉讼法》及相关规定，证据必须经过查证属实，才能作为定案的根据。本案中的专家辅助人的意见不属于法定证据，仅能作参考材料，不能作为认定案件的依据。

(3) 法院应结合全案证据进行裁判，对于专家辅助人发表的意见可以进行参考，但不能将其作为定案依据。

3 CASE （56分）

｜案　情｜

甲公司的住所地在东上市西山区，该公司有两个股东A和B，各持股50%。甲公司拥有南下市北山区一地块的土地使用权，该地块正在准备拆迁。东下市西河区的乙公司是北上市南海区的明达公司的全资子公司，主营房地产业务。

A和B以个人的名义找到乙公司，与乙公司协商，A和B以该地块的使用权出资，设立承接该开发的项目公司。双方达成协议，约定：①以乙公司为项目运营的商事载体；②A、B不涉及乙公司管理事务，包括投资、以土地使用权设定质押等；③A、B可以分得40%（各20%）的房产；④A、B分得房产后，即应无偿转回乙公司名下；⑤如在履行协议过程中发生争议，由被告所在地法院管辖。

协议签订后，乙公司对股权进行了变更，并根据股权的调整进行了工商变更登记。

乙公司将该土地使用权抵押给了丙公司，融资租赁2台铲车。为获得更多融资款，乙公司将公司动产与丁公司签订了动产浮动抵押协议，并办理了登记，为实现担保物权，丁公司要求乙公司提供担保，乙公司找来了自然人C和D提供连带保证。后在经营过程中，乙公司将2台铲车卖给了自然人E，并获得1950万元货款。后因为铲车的质量问题和设计缺陷，E一直与乙公司进行交涉但未果。

乙公司为体现自己落实了《民法典》中的营利法人的社会责任，承诺每年向"青少年基金会"捐款1000万元，并在媒体上宣传。为获取更多融资款，乙公司与戊信托商签订协议，由担保人庚和抵押人辛（以其价值1500万元的房子抵押，已办理抵押登记）提供担保，但庚和辛并不知道对方的存在。楼盘建成之后，乙公司陆续对外销售了约15%的房屋。自然人F购买房屋后发现房屋的面积、容积率、配套设施均与宣传有很大差距。

A和B发现乙公司大规模融资，又迅速对外销售房产，产生怀疑，于是向法院起诉乙公司违约，后撤回起诉。之后乙公司经营不佳，A和B申请对乙公司进行重整，要求乙公司交付约定的40%的房产。

｜问　题｜

1. 甲公司的债权人能否直接要求A、B承担连带责任？为什么？（5分）

2. A、B起诉乙公司要求其交付40%的房产，由哪个（些）法院管辖？（5分）

3. A、B能否主张撤销乙公司的房屋买卖合同？（5分）

4. 乙公司的债权人是否有权直接主张撤销乙公司向"青少年基金会"的捐款？乙公司是否能够任意撤销对"青少年基金会"的捐款？（6分）

5. 自然人E针对2台铲车的质量问题和设计上的缺陷，应该向谁主张权利？如果可以，主张何种责任？（6分）

6. 丁公司对2台铲车的抵押权能否对抗E？（5分）

7. 辛代乙公司向戊信托商支付相当于其提供的抵押房产价值的1500万元后，其是否可以向庚主张权利？(5分)

8. 自然人F就房屋面积、结构设计等与宣传内容不符事宜，可以寻求何种救济方式？能否依据《消费者权益保护法》主张3倍的惩罚性赔偿？(6分)

9. 若乙公司到期无法偿还借款，丁公司应如何行使其担保物权？(5分)

10. 鉴定的启动方式及鉴定机构如何确定？当事人对鉴定意见提出异议申请重新鉴定的，法院应如何处理？(8分)

| 参考答案 |

1. 不能。

依据《公司法》第 23 条第 1 款规定,公司股东滥用公司法人独立地位和股东有限责任,逃避债务,严重损害公司债权人利益的,应当对公司债务承担连带责任。

本案中,A、B 和乙公司约定合伙开发,既没有逃避债务,也不能看出严重损害了债权人的利益,且根据应当慎用公司人格否定制度的原则,甲公司的债权人不能直接要求 A、B 承担连带责任。

2. 东下市西河区人民法院。

根据《民事诉讼法》第 35 条规定,合同或者其他财产权益纠纷的当事人可以书面协议选择被告住所地、合同履行地、合同签订地、原告住所地、标的物所在地等与争议有实际联系的地点的人民法院管辖,但不得违反《民事诉讼法》对级别管辖和专属管辖的规定。

本案中,A、B 与乙公司签订了合作开发房地产合同,书面约定发生纠纷由被告所在地法院管辖,且上述约定不违反级别管辖和专属管辖的规定,故本案由东下市西河区人民法院管辖。

3. 不能。

根据《民法典》及相关规定,当事人均具有相应的民事行为能力,意思表示真实,不违反法律、行政法规的强制性规定且不违背公序良俗的,民事法律行为有效。具有欺诈、胁迫、重大误解、显失公平等情形的,民事法律行为可撤销。

本案中,乙公司卖房属于有权处分,而且没有法律规定的无效或者可撤销的事由,A、B 当然不能要求撤销该合同。

4. (1)不能。根据《民法典》第 538 条规定,债务人以放弃其债权、放弃债权担保、无偿转让财产等方式无偿处分财产权益,或者恶意延长其到期债权的履行期限,影响债权人的债权实现的,债权人可以请求人民法院撤销债务人的行为。

本案中,虽然乙公司向基金会捐赠 1000 万元,但是其房屋仅仅出售了 15%,且债权人丁公司与戊信托商的债权都有相应的担保,因此,乙公司向基金会捐赠 1000 万元的行为并不会影响债权人债权的实现,其债权人无权行使撤销权撤销该捐赠行为。

(2)不能。根据《民法典》第 658 条规定,赠与人在赠与财产的权利转移之前可以撤销赠与。经过公证的赠与合同或者依法不得撤销的具有救灾、扶贫、助残等公益、道德义务性质的赠与合同,不适用前述规定。

本案中,乙公司将财产捐赠给基金会的合同属于具有公益性质的赠与合同,那么此时乙公司不能行使任意撤销权来撤销该赠与合同。

5. (1)乙公司。依据《民法典》及相关规定,无权处分不会影响买卖合同的效力。

本案中,乙公司没有所有权而将设备出卖属于无权处分,但是无权处分并不影响买卖合同的效力。所以,自然人 E 应向乙公司主张权利。

(2)违约责任。依据《民法典》第 577 条规定,当事人一方不履行合同义务或者履行合同义务不符合约定的,应当承担继续履行、采取补救措施或者赔偿损失等违约责任。

本案中,乙公司交付的设备存在严重的质量问题和设计缺陷,依据合同的相对性,E 可以向乙公司主张违约责任。

6. 能。根据《民法典》第 404 条规定,以动产抵押的,不得对抗正常经营活动中已支付合理价款并取得抵押财产的买受人。本案中,乙公司为房地产开发企业,其正常的经营范围为房地产开发活动,出卖设备并不在其正常经营范围之内。所以,乙公司为丁公司设立的动产浮动抵押权可以对抗自然人 E。

7. 答案一:不能。依据《民法典》第 392 条规定,提供担保的第三人承担担保责任后,有权向债务人追偿。本案中,庚、辛不构成连带共同担保,辛替乙公司归还了 1500 万元的债务之后,只能向债务人追偿,不可以向其他担保人追偿。

答案二:可以。根据民法通说理论,提供担保的第三人承担担保责任后,有权向债务人追偿,也可以要求其他担保人承担其应当承担的份额,可以按照内部份额比例向其他担保人追偿。本案中,辛替乙公司清偿债务后,既可以向债务人追偿,也可以按照内部份额比例向庚追偿。

8. (1)依据《民事诉讼法》及相关规定,购房人 F 可以通过和解、调解、达成有效的仲裁协议或者提起诉讼的方式获得救济。

(2)观点一:可以。根据《消费者权益保护法》第 55 条第 1 款规定,经营者提供商品或者服务有欺诈行为的,应当按照消费者的要求增加赔偿其受到的损失,增加赔偿的金额为消费者购买商品的价款或者接受服务的费用的 3 倍。

本案中,乙公司的宣传和其实际交付的房屋明显不符,成立欺诈,F 可以依据上述规定主张 3 倍的惩罚性赔偿。

观点二:不可以。最高人民法院《关于审理商品房买卖合同纠纷案件适用法律若干问题的解释》中没有关于 3 倍赔偿的明文规定。

本案中,F 不能主张 3 倍的惩罚性赔偿。

9. 先就乙公司的抵押实现债权,未获清偿的部分要求 C、D 承担保证责任。

根据《民法典》第 392 条规定,当债务人自己提供的物的担保与人的担保并存,且当事人未约定如何实现债权时,债权人应当先就债务人提供的物的担保实现债权,再要求保证人承担保证责任。

本案属于混合担保,由于债务人乙公司自己提供了物保,因此债权人丁公司行使权利就有顺序限制,必须先就乙公司的抵押实现债权,才能再要求 C 和 D 对未获清偿的部分承担保证责任。

10. (1)鉴定的启动方式:可以依当事人申请启动鉴定,法院可以依职权启动鉴定。

依据最高人民法院《关于民事诉讼证据的若干规定》第 30 条规定,人民法院在审理案件过程中认为待证事实需要通过鉴定意见证明的,应当向当事人释明,并指定提出鉴定申请的期间。如果是人民法院认为审理案件需要的证据,应当依职权委托鉴定。

因此,可以依当事人申请启动鉴定,法院也可以依职权启动鉴定。

(2)鉴定机构确定:

①当事人申请鉴定的,法院应当组织当事人协商确定鉴定人,如果协商不成,则由人民法院

指定。

②法院依职权委托鉴定的，在询问当事人意见后，由法院指定鉴定机构。

依据最高人民法院《关于民事诉讼证据的若干规定》第32条第1、2款规定，人民法院准许鉴定申请的，应当组织双方当事人协商确定具备相应资格的鉴定人。当事人协商不成的，由人民法院指定。人民法院依职权委托鉴定的，可以在询问当事人的意见后，指定具备相应资格的鉴定人。

(3)法院处理方式：

①当事人对鉴定书的内容有异议的，应当在人民法院指定期间内以书面方式提出。

②对于当事人的异议，人民法院应当要求鉴定人作出解释、说明或者补充。人民法院认为有必要的，可以要求鉴定人对当事人未提出异议的内容进行解释、说明或者补充。

③当事人在收到鉴定人的书面答复后仍有异议的，人民法院应当通知有异议的当事人预交鉴定人出庭费用，并通知鉴定人出庭。有异议的当事人不预交鉴定人出庭费用的，视为放弃异议。

以下第4题、第5题选做一道即可。

4 CASE （28分）

| 案 情 |

甲公司为一家集体所有制转制的有限责任公司，有股东4人，分别为郑一、关二、刘三、工会，持股比例分别为15%、8%、26%、51%。工会已登记为法人，代表甲公司全体职工持股。郑一担任董事长和法定代表人，关二任总经理。工会委派曹四、谢五任甲公司董事，与郑一、关二、刘三共同组成董事会。职工股东曹四将其股权对外转让给赵七，但未告知工会。工会知情后，召开全体职工会撤销曹四董事的委派。

后甲公司有意增资3000万元，拟定的增资方案为全部增资均由乙公司认缴，出资款分三期实缴，第一期在合同签订后支付200万元，第二期在办理股权变更登记后支付800万元，剩余出资在第三期支付，增资后乙公司持有甲公司60%的股权。甲公司针对上述增资事宜召开股东会，全体职工股东参加：(1)关二不同意本次增资；(2)刘三主张优先认购500万元增资；(3)持股0.5%的职工股东黄十一主张按其持有的股权优先认购增资；(4)其他股东同意上述增资方案。股东会最终决议通过该增资方案（同意人所占股权比例为73.5%），后乙公司登记为甲公司股东，并依约实缴前两期出资。后乙公司委派到甲公司的董事善八，在乙公司的指示下与乙公司的全资子公司丙公司签订了700万元的无息借款合同，借款期限为8年。后乙公司经营陷入困境，一年多以来，乙公司与甲公司原有股东因经营理念不合等矛盾剧增，后甲公司原股东在未通知乙公司的情况下，召开股东会，通过了解除乙公司股东资格的股东会决议。

| 问 题 |

1. 职工股东曹四将其股权对外转让给赵七的行为的效力如何？（4分）
2. 工会召开全体职工会撤销曹四董事的委派，是否产生曹四董事资格丧失的效力？（5分）
3. 甲公司针对增资的股东会决议的效力如何？（4分）
4. 刘三、黄十一关于增资认缴的主张是否可以获得支持？（5分）
5. 甲公司与丙公司签订的借款合同的效力如何？（4分）
6. 解除乙公司股东资格的股东会决议的效力如何？（6分）

| **参考答案** |

1. 不发生股权转让的效力(或者无效)。

答案一:本案中,工会作为甲公司合法登记的法人,代表全体职工持股,工会作为“集合股东”(全体职工股的代表),在公司内部行使股东权利,参与公司的管理。对于工会管理的职工股转让问题,由于公司实行职工持股计划本来就具有维系企业与职工关系的目的,并且职工股股东相对于普通股股东,享受了诸多的优惠条件,因而,对职工股股权的转让应当进行一定的限制。实践中一般根据公司章程、职工持股会章程等进行转让,且一般通过内部转让、回购等形式完成转让。职工私下将职工股转让给他人是无效的。

答案二(参考即可,不作为标准答案):依据《公司法》第 84 条规定,有限责任公司的股东对外转让股权的,章程有规定的依规定;章程没有规定的,应当将股权转让的数量、价格、支付方式和期限等事项书面通知其他股东,其他股东在同等条件下享有优先购买权,股东自接到书面通知之日起 30 日内未答复的,视为放弃优先购买权。本案中,职工股东曹四将其股权对外转让,没有告知工会,题干也未提及经过了郑一、关二、刘三等的同意,可以看出曹四对外转让股权的行为不发生效力。

2. 工会召开全体职工会撤销曹四董事的委派,产生了曹四董事资格丧失的效力。

根据《公司法》及相关规定,有限责任公司的股东会选举和更换非由职工代表担任的董事、监事,决定有关董事、监事的报酬事项。董事会中的职工代表由公司职工通过职工代表大会、职工大会或者其他形式民主选举产生。可见,《公司法》将职工董事的任免权赋予了职工大会。

本案中,曹四作为职工董事由职工大会选举和罢免,曹四被职工大会撤销任命后丧失了在甲公司的董事资格。

曹四是职工大会选出的职工董事,职工大会作出决议免除其职工董事的资格,符合《公司法》的规定。

3. (1)甲公司增资 3000 万元的决议有效。

根据《公司法》第 66 条第 3 款的规定,股东会会议作出增加注册资本的决议,应当经代表2/3以上表决权的股东通过。

本案中,就甲公司的增资方案,虽然股东关二明确表示反对,但代表 73.5% 表决权的其他股东均同意,故该增资决议有效。

(2)由乙公司认购全部新增股本的决议不成立。

根据《公司法》第 227 条第 1 款的规定,有限责任公司增加注册资本时,股东在同等条件下有权优先按照实缴的出资比例认缴出资。但是,全体股东约定不按照出资比例优先认缴出资的除外。

本案中,甲公司增资 3000 万元,其他股东有权按实缴的出资比例行使优先认购权,如果违反此认购比例,涉及公司股权架构的重新搭建问题,则需要全体股东一致同意。关于由乙公司认购全部增资的方案,有股东关二反对、刘三主张优先认购权等,故同意此方案的表决结果未达到《公司法》规定的通过比例,该决议不成立。

4. 刘三的主张可以得到支持；黄十一的主张不能得到支持。

（1）刘三的主张可以得到支持。

根据《公司法》第227条第1款的规定，有限责任公司增加注册资本时，股东有权优先按照实缴的出资比例认缴出资。但是，全体股东约定不按照出资比例优先认缴出资的除外。本案中，刘三实缴的出资比例为26%，在此范围即780万新股的范围内，刘三有优先认购权。在无其他约定的情况下，刘三主张优先认购500万股并未超出法定范围，该主张可以得到支持。

（2）黄十一的主张不能得到支持。

根据《公司法》第227条的规定，公司新增资本时，享有优先认购权的是公司的股东。本案中，黄十一的职工股并非由黄十一直接持有的，而是由工会作为集体持股平台统一持有的并将工会登记为股东。黄十一既然不是甲公司的直接股东，那么自然无权主张股东的优先认购权。

5. 有效。

依据《公司法》第22条规定，公司的控股股东、实际控制人、董事、监事、高级管理人员利用其关联关系给公司造成损失的，应当承担赔偿责任。但是，《公司法》没有将关联交易的行为确定为无效。

本案中，善八以甲公司名义与丙公司签署的无息借款合同，属于控股股东善八实施的关联交易，但法律并不否认关联交易的效力，只是因此给公司造成的损失，行为人需要对公司承担赔偿责任。甲公司与乙公司签订合同并不违反法律的禁止性规定，所以合同是有效的。

6. 无效。

依据《公司法解释（三）》第17条的规定，有限责任公司的股东未履行出资义务或者抽逃全部出资，经公司催告缴纳或者返还，其在合理期间内仍未缴纳或者返还出资的，公司可以以股东会决议解除该股东的股东资格。

本案中，乙公司虽然利用其股东身份与甲公司发生了关联交易，损害了甲公司的利益；但是，乙公司没有不履行出资义务的行为，因此解除乙公司的股东资格是于法无据的。

本案中，乙公司已经实际缴纳了1000万元的出资，并且题目并未说明甲公司进行了催告，也没有乙公司拒不缴纳出资的相关表述，所以，不能解除乙公司的股东资格，甲公司股东会解除其股东资格的行为无效。

5 CASE （28 分）

｜案　情｜

甲市乙区人民政府为了进行旧城改造，发布了国有土地征收补偿公告，对所划定的区域内的国有土地进行征收补偿。乙区人民政府与乙区管委会签订《征收补偿授权协议书》，授权乙区管委会以乙区人民政府的名义实施征收补偿事务。

黄某是一名个体工商户，在公告所划定的区域内有厂房，该厂房登记在黄某名下，评估公司评估该房屋的价值为 260 万元，黄某与乙区管委会签订了《资产收购协议》，约定补偿数额为 300 万元，同时协议中约定，如果发生争议，双方先协商解决，协商不成的，任何一方均有权向仲裁机构申请仲裁。后黄某认为补偿数额过低，向法院提起诉讼要求确认协议无效。

经法院查明，乙区管委会是甲市人民政府设立的派出机构，乙区管委会经乙区人民政府授权实施征收事宜。因黄某认为补偿数额过低，所以其向乙区人民政府申请公开其他被征收人的补偿数额，乙区人民政府以涉及第三人隐私为由拒绝公开。

｜材　料｜

《国有土地上房屋征收与补偿条例》（国务院于 2011 年 1 月 21 日发布并施行）

第二条　为了公共利益的需要，征收国有土地上单位、个人的房屋，应当对被征收房屋所有权人（以下称被征收人）给予公平补偿。

第八条　为了保障国家安全、促进国民经济和社会发展等公共利益的需要，有下列情形之一，确需征收房屋的，由市、县级人民政府作出房屋征收决定：

（一）国防和外交的需要；

（二）由政府组织实施的能源、交通、水利等基础设施建设的需要；

（三）由政府组织实施的科技、教育、文化、卫生、体育、环境和资源保护、防灾减灾、文物保护、社会福利、市政公用等公共事业的需要；

（四）由政府组织实施的保障性安居工程建设的需要；

（五）由政府依照城乡规划法有关规定组织实施的对危房集中、基础设施落后等地段进行旧城区改建的需要；

（六）法律、行政法规规定的其他公共利益的需要。

第二十九条　房屋征收部门应当依法建立房屋征收补偿档案，并将分户补偿情况在房屋征收范围内向被征收人公布。

审计机关应当加强对征收补偿费用管理和使用情况的监督，并公布审计结果。

｜问　题｜

根据案情回答（如有不同处理意见，请列明）：

1. 本案的原告是谁？为什么？（4 分）

2. 本案的被告是谁？为什么？（4 分）

3.《资产收购协议》是否属于行政协议？为什么？（5 分）

4. 本案约定的仲裁协议是否有效？为什么？（5 分）

5. 如何确定本案诉讼时效？为什么？（5 分）

6. 乙区人民政府以涉及第三人隐私为由拒绝黄某的公开申请的行为是否合法？（5 分）

| 参考答案 |

1. 黄某是原告。

依据最高人民法院《关于审理行政协议案件若干问题的规定》及相关规定，行政机关为了实现行政管理或者公共服务目标，与公民、法人或者其他组织协商订立的具有行政法上权利义务内容的协议，属于行政协议。行政协议是具体行政行为，对其可提起诉讼。在行政诉讼中，签订协议的一方当事人是原告，行政机关恒定为被告。

本案中，黄某是房屋所有权人，也是行政协议的行政相对人，与被诉协议具有利害关系，所以黄某是原告。

2. 乙区人民政府是被告。

依据《行政诉讼法解释》第20条的规定：(1)行政机关组建并赋予行政管理职能但不具有独立承担法律责任能力的机构，以自己的名义作出行政行为，当事人不服提起诉讼的，应当以组建该机构的行政机关为被告。(2)授权依据只能是法律、法规或者规章；根据法律规定，委托行政的，委托机关为被告。

本案中，乙区管委会是受区人民政府的委托，甲市乙区人民政府通过《征收补偿授权协议书》授权乙区管委会以乙区人民政府的名义开展征收工作，但是因为授权依据必须是法律、法规、规章，而区人民政府授权乙区管委会没有法律依据，所以视为区人民政府委托了乙区管委会。所以本案的被告是乙区人民政府。

3.《资产收购协议》属于行政协议。

依据最高人民法院《关于审理行政协议案件若干问题的规定》及相关规定，行政协议是指行政机关为实现公共服务或者行政管理目标，在法定职责范围内，与公民、法人或者其他组织协商订立的具有行政法上权利义务内容的协议。

本案中，区人民政府为了行政管理及公共利益的需要，委托乙区管委会与黄某签订的具有行政法上权利义务内容的协议属于行政协议。

4. 约定的仲裁协议无效。

依据最高人民法院《关于审理行政协议案件若干问题的规定》规定，行政协议约定仲裁条款的，人民法院应当确认该条款无效。

因此，本题中约定的仲裁条款违反了相关法律及司法解释的规定，是无效的。

5. 本案的诉讼时效为3年。

根据最高人民法院《关于审理行政协议案件若干问题的规定》第25条规定，公民、法人或者其他组织对行政机关不依法履行、未按照约定履行行政协议提起诉讼的，诉讼时效参照民事法律规范确定；对行政机关变更、解除行政协议等行政行为提起诉讼的，起诉期限依照行政诉讼法及其司法解释确定。本案中，黄某并不是对行政机关变更、解除行政协议等行政行为提起诉讼，所以，诉讼时效参照民事法律规范确定。

6. 区人民政府拒绝公开是违法的。

依据《政府信息公开条例》及相关规定，涉及商业秘密、个人隐私等公开会对第三方合法权益造成损害的政府信息，行政机关不得公开。但是，第三方同意公开或者行政机关认为不公开会对公共利益造成重大影响的,予以公开。

本案中,乙区人民政府以涉及被征收人的隐私为由拒绝公开,没有征求被征收人的意见,也没有衡量社会公共利益,这是违法的。对于涉密的信息,区人民政府应当书面征求第三方的意见,第三方同意公开的,就公开;第三方不同意公开,但不公开会损害社会公共利益的,应予以公开。

第三编　模拟冲刺 AB 卷

模拟冲刺A卷

一、论述题(35分)

| 材料一 |

全面建设社会主义现代化国家,必须有一支政治过硬、具备领导现代化建设能力的干部队伍。要深入总结和学习运用中国共产党一百年的宝贵经验,教育引导广大党员、干部坚持共产主义远大理想和中国特色社会主义共同理想,不忘初心、牢记使命,为党和人民事业不懈奋斗。

——习近平:《新发展阶段贯彻新发展理念必然要求构建新发展格局》(节选)

| 材料二 |

坚持党的领导,不是一句空的口号,必须具体体现在党领导立法、保证执法、支持司法、带头守法上。一方面,要坚持党总揽全局、协调各方的领导核心作用,统筹依法治国各领域工作,确保党的主张贯彻到依法治国全过程和各方面。另一方面,要改善党对依法治国的领导,不断提高党领导依法治国的能力和水平。

——习近平:《论坚持人民当家作主》(节选)

| 材料三 |

新的征程上,我们必须紧紧依靠人民创造历史……站稳人民立场,贯彻党的群众路线,尊重人民首创精神,践行以人民为中心的发展思想,发展全过程人民民主,维护社会公平正义,着力解决发展不平衡不充分问题和人民群众急难愁盼问题,推动人的全面发展、全体人民共同富裕取得更为明显的实质性进展!

——习近平:《在庆祝中国共产党成立100周年大会上的讲话》(节选)

| 问　题 |

根据上述材料,结合依法治国总目标,谈谈习近平法治思想对中国特色社会主义法治现代化国家建设的作用或意义,谈谈你对中国式现代化的理解。

| 要　求 |

1. 没有观点论述和表达,照抄材料不得分。

2. 观点正确,表述完整、准确。

3. 总字数不少于600字。

二、案例分析题(31分)

| 案　情 |

赵某与罗某因口角产生仇恨，赵某遂出资2万元雇请钱某去教训一下罗某。(事实一)

钱某同意，回家后将此事告诉其妻孙某，并让孙某为自己放风。孙某说，“我才不去呢，你自己去吧”，但提示钱某说，“把人打伤就行了，别把人打死了”，钱某答应。为此，钱某准备了一根用软实的厚胶布缠好的硬木棒。后钱某又找到外甥李某(15周岁)帮忙，商量好一起去伤害罗某，答应事成之后分给李某5000元。(事实二)

为了保险起见，钱某找到周某，骗周某说，“我要去罗某家盗窃，你帮我去放风吧”。周某起初不答应，钱某就恐吓周某说，“盗窃的事也告诉你了，你要不去的话，我明儿灭你的口”，周某被迫同意。(事实三)

第二天晚上，钱某与李某一起进入罗某家，周某在门外放风。钱某见床上有一人睡觉，认为是罗某，遂持硬木棒朝该人身上击打数下，见其没再动弹便停止下来。钱某先行离开后，李某暗想“不如砸死算了”，遂操起一个板凳，朝该人头上猛砸几下。(事实四)

李某在钱某走后，为了破坏现场，将房间内的一个电炉插上，并在上面扔了一个纸箱，想引火烧毁罗某家。李某出门后，钱某问李某：“你在后面磨蹭什么?”李某答：“我把屋里的电炉插上了，隔一会儿起火烧他个精光，免得留下证据。”钱某听到后也没说什么。(事实五)

二人发现门外没有周某的踪影。原来，周某见钱某、李某入户之后，越想越害怕，不一会儿就逃回家中。(事实六)

当晚，罗某家发生火灾，引起相邻数间房屋被烧毁。事后查明，当天罗某因事出差，睡在床上的是罗某患有心脏病的妻子张某，张某因遭受殴击(尸检证明身体伤情为轻伤、头部伤情为重伤)，引发心脏病当场身亡，并未死于火灾。但不能查明是何处伤情引发心脏病。(事实七)

| 问　题 |

1. 结合事实一、事实四、事实七分析：关于致张某死亡的事实，赵某、钱某、李某三人构成何罪？说明理由。

2. 结合事实二分析：孙某与钱某是否构成共同犯罪？说明理由。

3. 结合事实三、事实六分析：周某与钱某、李某是否构成共同犯罪？如构成犯罪，构成何罪？犯罪形态如何？说明理由。

4. 结合事实五分析：李某引发火灾的行为如何定性？钱某是否须对此行为负责？说明理由。

5. 事实五中，如果死者不是被打死的，而是死于窒息(被烟呛死)，那么这种情形在理论上称为什么？针对这一死亡结果在理论上有几种处理意见？

三、案例分析题(30分)

｜案　情｜

2020年10月2日午夜,A市某区公安人员在辖区内巡逻时,发现路边停靠的一辆轿车内坐着3个形迹可疑的年轻人(朱某、尤某、何某),即上前盘查。其在该车后备箱中发现盗窃机动车的工具,遂将3人带回区公安分局作进一步审查。案件侦查终结后,区检察院向区法院提起公诉。

【证据】朱某在侦查中供称,其作案方式是3人乘坐尤某的汽车在街上寻找作案目标,确定目标后由朱某、何某下车盗窃,得手后共同分赃。作案过程由尤某策划、指挥。其在法庭调查中承认起诉书指控的犯罪事实,但声称在侦查中因刑讯受伤。

尤某在侦查中与朱某的供述基本相同,但不承认作案由自己策划、指挥。其在法庭调查中翻供,不承认参与盗窃机动车的犯罪,声称对朱某盗窃机动车毫不知情,并声称在侦查中因刑讯受伤。

何某始终否认参与犯罪。其声称以前从没有与A市的朱某、尤某共同盗窃,其在被抓获当天从C市老家来A市玩,与原先偶然认识的朱某、尤某一起吃完晚饭后坐在车里闲聊,后被公安机关抓获。其还声称在侦查中因刑讯受伤。

公安机关在朱某、尤某供述的十几起案件中核实认定了A市发生的3起案件,并循线索找到了被害人,取得了当初的报案材料和被害人陈述。他们调取到某一案发地录像,该录像显示了朱某、尤某盗窃汽车的经过。根据朱某、尤某在侦查阶段的供述,公安机关认定何某在2010年3月19日参与了1起盗窃机动车案件。

何某辩护人称在案卷材料中看到朱某、尤某、何某受伤后包有纱布的照片,并提供了4份书面材料。(1)何某父亲的书面证言:2010年3月19日案发前后,何某因打架被当地公安机关告知在家等候处理,不得外出。何某未离开C市。(2)2010年4月5日,公安机关发出行政处罚通知书。(3)C市某机关工作人员赵某的书面证言:2010年3月19日案发前后,赵某经常与何某在一起打牌,何某随叫随到,其间未离开C市。(4)何某女友范某的书面证言:2010年3月,何某一直在家,偶尔与朋友打牌,未离开C市。

【法庭审判】庭审中,3名被告人均称受到侦查人员刑讯。辩护人提出,其在案卷材料中看到朱某、尤某、何某受伤后包有纱布的照片,被告人供述系通过刑讯逼供取得,属于非法证据,应当予以排除,要求法庭调查。公诉人反驳,被告人受伤系因抓捕时3人有逃跑和反抗行为造成,与讯问无关,但未提供相关证据证明。法庭认为,辩护人意见没有足够根据,即开始对案件进行实体审理。

法庭调查中,根据朱某供述,法庭认定尤某为策划、指挥者,系主犯。

审理中,何某辩护人向法庭提供了证明何某没有作案时间的4份书面材料。法庭认为,公诉方提供的有罪证据确实充分,辩护人提供的材料不足以充分证明何某在案发时没有来过A市,且材料不具有关联性,不予采纳。

最后,法院采纳在侦查中朱某、尤某的供述笔录、被害人陈述、报案材料、监控录像作为定案根据，认定尤某、朱某、何某构成盗窃罪（尤某为主犯），分别判处有期徒刑9年、5年和3年。

｜问　题｜

1. 法院对于辩护人提出排除非法证据的请求的处理是否正确？为什么？

2. 如法院对证据合法性有疑问，应当如何进行调查？

3. 法院对尤某犯罪事实的认定是否已经达到事实清楚、证据确实充分？为什么？

4. 现有证据能否证明何某构成犯罪？为什么？

5. 如何判断证据是否具有关联性？法院认定何某辩护人提供的4份书面材料不具有关联性是否适当？为什么？

四、案例分析题(56 分)

| 案　情 |

A 公司为生产经营向 B 银行借款,以 A 公司的两台设备和一块土地的建设用地使用权为 B 银行设立抵押,并办理了抵押登记。获得贷款后,A 公司继续开发土地,在土地上修建厂房,并将厂房的一部分出租给了 C 公司。

A 公司与 D 公司签订合同,A 公司按照合同要求将货物交付给 D 公司指派的上门运货车队,在运输过程中部分货物被盗。D 公司对收到的剩余货物进行检验后,认为货物不符合质量要求遂以违约为由将 A 公司起诉至法院。A 公司认为 D 公司的检验报告不正确,并向法院出示了检验合格的鉴定,但 D 公司认为该鉴定是 A 公司自己做的,不具有可信性。法院认为货物是否符合质量要求需要进行专业鉴定。

A 公司与 E 公司签订合同,A 公司按照合同要求将货物运送给 E 公司。在运输过程中,A 公司接到 E 公司通知,E 公司已经将货物转给急需货物的 F 公司,要求 A 公司将货物直接送到 F 公司。但是由于 A 公司与 F 公司历来不和,其没有将货物送往 F 公司而是仍送到 E 公司,结果导致 F 公司因为原料短缺而停止生产。

A 公司因为资金周转困难,将已经为 B 银行设定抵押的设备卖给了不知情的 G 公司。G 公司支付了全部价款,先取走了一台设备。

| 问　题 |

1. B 银行应当如何实现抵押权?

2. 对于 A 公司与 D 公司的合同,货物被盗的损失应当由谁承担?

3. 对于 A 公司与 D 公司的合同,D 公司能否以 A 公司交付的货物质量不合格为由,请求 A 公司对被盗货物承担不符合质量要求的违约责任?

4. 关于 A 公司、D 公司对产品质量检验的争议,法院应当如何处理?

5. D 公司应当向哪个(些)法院起诉?

6. 对于 A 公司与 E 公司的合同,A 公司是否有义务将货物送给 F 公司?

7. 对于 A 公司未能送货导致 F 公司停产的损失,F 公司能否主张 A 公司赔偿?诉讼当事人应当如何列明?

8. B 银行对于已经出卖的两台设备的抵押权能否实现?

9. B 银行如果想实现担保,应当向哪些法院申请?

10. 对于 B 银行实现担保的请求,法院应当如何做?

以下第五题、第六题选做一道即可。

五、案例分析题(28分)

｜案　情｜

材料一:为响应国家政策号召,京州市市委辖区内某乡政府跟康某签订了《补偿协议》,要求康某拆除违法修建和许可证到期的养殖场,并要求以后不得重新修建。康某依约将养殖场拆除,拿到乡政府补偿款。

后来康某又私自修建养殖场,被乡政府发现,乡政府发出通知要求康某拆除。履行期限届满后,康某没有拆除养殖场,乡政府组织沈村村民委员会将养殖场拆除。

康某发现后,骑上摩托车追赶已经拆除完毕的乡政府工作人员,不慎发生碰撞导致其受伤。康某以拆除行为违法为由向法院起诉乡政府和沈村村民委员会,要求赔偿其医疗费、误工费、精神损失费,并要求附带性审查县政府制定的一个措施(授权乡政府有权拆除)。

材料二:国务院某相关条例,具体内容为授权政府有权实施赔偿补偿。

材料三:县政府制定的某措施,具体内容为授权乡政府有权拆除。

｜问　题｜

1. 本案被告是谁?

2.《补偿协议》的性质是什么?

3. 法院应当如何处理附带性审查请求?

4. 法院通知乡政府负责人出庭,但是负责人没有理由未出庭,人民法院可以采取哪些措施?

5. 康某要求赔偿因受伤遭受的损失能否得到支持?

六、案例分析题(28 分)

｜案　情｜

2018 年 2 月,白桦公司设立,公司股东为绿枫公司、红枫公司、李某。白桦公司注册资本为 1000 万元,绿枫公司认缴 800 万元,红枫公司认缴 150 万元,李某认缴 50 万元。李某与绿枫公司、红枫公司达成约定,李某以技术、劳务及其所有的某公司的净资产经会计师事务所评估后作价出资,李某的货币出资部分由绿枫公司代为出资。各股东应当在 2018 年 8 月之前完成出资。

白桦公司设立后,李某受白桦公司委托,代表白桦公司与摩文公司签订合同,想要获取摩文公司的一项专项技术用于公司生产经营。但是摩文公司拒绝把该项技术转让给白桦公司使用,李某多次与摩文公司进行谈判均未果。与此同时,白桦公司与达尔公司签订合同,约定达尔公司向白桦公司交付生产经营所必需的原材料,达尔公司按期向白桦公司交付了全部货物,但是白桦公司一直拖着拒绝支付价款。在最终谈判失败后,李某告诉达尔公司已不需要这些货物,并催促其尽快卖掉。然而,这些货物基于市场需求原因,根本就没有卖出去的可能性。

红枫公司决定把全部股权转让给关联企业紫枫公司,自己退出红枫公司。白桦公司、绿枫公司与李某对此都知情,自知道之日起 30 日内未明确表示要购买,也没说不购买。于是就办理了股东变更登记,白桦公司登记股东变为绿枫公司、紫枫公司和李某。

2018 年 5 月,绿枫公司提议召开股东会,并通过了两项决议:第一项决议是进行公司减资。决定公司注册资本减为 100 万元,各股东同比例减资,绿枫公司出资减为 80 万元(但没有经代表 2/3以上表决权的股东通过),红枫公司出资减为 15 万元,李某出资减为 5 万元。股东会认为公司没有开展实质性生产经营,因此无须编制资产负债表及财产清单,也没有通知达尔公司等债权人公司,但还是在当地报纸上公告了减少注册资本的决议。后来在某个股东的运作下,公司登记机关对减资后的白桦公司进行了股东、注册资本的变更登记。第二项决议是延长股东出资期限至 2020 年 12 月 31 日。

2018 年 7 月,白桦公司资不抵债。达尔公司为获取货物价款,向法院起诉白桦公司并申请强制执行。

｜问　题｜

1. 李某以技术、劳务及其所有的某公司的净资产经会计师事务所评估后作价出资,是否合法?为什么?关于李某的货币出资由绿枫公司代为支付的协议是否有效?为什么?

2. 红枫公司股权转让行为是否合法,为什么?

3. 白桦公司的减资决议是否有效,为什么?

4. 在达尔公司要求白桦公司支付货款的诉讼中,由于白桦公司资不抵债,达尔公司可否追加绿枫公司和李某为被执行人?绿枫公司和李某能否以股东会决议延长股东出资期限为由,拒绝达尔公司的请求?为什么?

5. 达尔公司能否向红枫公司主张权利,为什么?

模拟冲刺A卷参考答案及解析

一、论述题(本题35分)

| 参考答案 |

习近平法治思想是引领法治中国建设实现高质量发展的思想旗帜,是新时代全面依法治国的根本遵循。要想实现中国式现代化,只有在习近平法治思想指导下,坚持党中央集中统一领导,以人民为中心,坚持科学立法、严格执法、公正司法、全民守法,才能引领和保障中国特色社会主义现代化行稳致远。(6分)

坚持党的领导是发展社会主义的根本保证,党的中心任务就是团结带领全国各族人民全面建成社会主义现代化强国、实现第二个百年奋斗目标,以中国式现代化全面推进中华民族伟大复兴。要坚持党总揽全局、协调各方的领导核心作用,统筹依法治国各领域工作,使党的意志通过法定程序上升为国家意志,把党的领导贯彻到中国式现代化的全过程和各方面,确保中国式现代化朝正确的方向前进。正如材料所言,坚持党的领导不是一句空话,要落实到各个方面。(8分)

发展全过程人民民主是中国式现代化的本质要求。中国式现代化是人口规模巨大的现代化,是全体人民共同富裕的现代化。必须坚持人民至上,站稳人民立场、把握人民愿望、尊重人民创造、集中人民智慧,依法保障人民的合法权益,让人民真正感受到幸福、获得满足,实现物质文明和精神文明相协调的现代化。如材料所言,依靠人民创造历史……站稳人民立场。(8分)

法治是中国式现代化的重要保障。立法上,要加强宪法实施、完善立法体制,加强重点领域立法;执法上,要公正文明执法、强化监督制约、完善依法决策机制;司法上,要优化权力配置、深入严格司法,加强人权保障;守法上,要加大全民普法力度,推进全民守法。如材料所言,具体体现在党领导立法、保证执法、支持司法、带头守法上。(7分)

综上所述,应当在习近平法治思想指导下,坚持中国共产党领导的社会主义现代化,坚持社会主义法治现代化,发展全过程人民民主,形成强大合力。只有如此,才能全面建成社会主义现代化强国、实现第二个百年奋斗目标,以中国式现代化全面推进中华民族伟大复兴。(6分)

二、案例分析题(31分)

| 法理透析 |

1. 本题考查的考点比较综合,涉及故意伤害罪、故意杀人罪、共同犯罪和观点展示的相关考点。

2. 共同犯罪中的帮助犯是指为正犯犯罪提供帮助。

3. 具体符合说和法定符合说是法考核心考点，命题会结合认识错误进行考查，具体的认识错误是指同一犯罪构成内的错误。

4. 事实认识错误中的事前故意。

| **参考答案** |

1.【结论】赵某、钱某、李某三人在故意伤害罪范围内成立共同犯罪，赵某、钱某构成故意伤害罪（致人死亡），李某构成故意杀人罪。（2分）

【理由】我国《刑法》规定，在共同犯罪中，2人以上共同实施犯罪行为是共同正犯。本案中，赵某、钱某、李某实施的共同行为与被害人死亡结果具有因果关系，其行为符合我国《刑法》关于故意伤害罪的构成要件，依法成立故意伤害罪（致人死亡）的共同犯罪。李某主观上系杀人故意，符合我国《刑法》第232条“故意杀人”的规定，成立故意杀人罪。（3分）

2.【结论】孙某与钱某不构成共同犯罪。（2分）

【理由】我国《刑法》规定，2人以上共同故意犯罪是共同犯罪。共同犯罪行为，除实行犯的行为是由《刑法》明文规定的以外，还有其他共同犯罪人的行为，如组织行为、教唆行为和帮助行为。本案中，孙某客观上没有实施上述行为，只是附和孙某，不能构成共同犯罪。其知情不举亦不属于犯罪。（3分）

3.（1）构成共同犯罪。周某与钱某在非法侵入住宅罪范围内构成共同犯罪，周某与李某在故意杀人罪的范围内构成共同犯罪。（2分）

我国《刑法》规定，共同犯罪必须具有共同的犯罪故意，即有共同犯罪的认识因素和意志因素。本案中，周某为钱某提供了物理帮助和心理帮助，主观上具有故意，是钱某实施的盗窃罪（入户盗窃）的帮助犯。周某也为李某提供了物理帮助和心理帮助，主观上依旧具有故意。李某的非法侵入住宅罪与故意杀人罪是牵连犯，以故意杀人罪论处，所以，周某是李某实施的故意杀人罪的帮助犯。（2分）

（2）既遂形态。周某在正犯实行之后逃离，没有切断因果关系，不能认定为共犯脱离，因而其仍需对正犯造成的结果承担责任，系犯罪既遂。（2分）

4.【结论】李某引发火灾的行为构成放火罪，钱某需要负责。（2分）

【理由】我国《刑法》规定，行为人负有实施某种积极行为的特定的法律义务，并且能够实行而不实行的行为即为不作为。本案中，李某引发火灾的行为构成放火罪，其放火是为破坏二人实施共同伤害行为的现场，系因共同犯罪行为而引起的。钱某具有制止义务而不制止，构成放火罪，系不作为形式的共同放火罪。（3分）

5.（1）在《刑法》理论上称为事前故意。（4分）

（2）依据《刑法》理论，事前故意是指行为人误认为第一个行为造成结果，出于其他目的实施第二个行为，实际上第二个行为才导致预期结果的发生。（2分）

观点一：将前后两个行为视为一体，视为对因果关系的认识错误处理，只要发展过程在相当的因果关系内，就仅成立故意杀人罪（既遂）。（2分）

观点二：如果在实施第二个行为时相信死亡结果已经发生，则成立故意杀人罪（未遂）与过

失致人死亡罪的想象竞合,二者择一重罪处罚。(2 分)

三、案例分析题(30 分)

| **法理透析** |

1. 最高人民法院、最高人民检察院、公安部、国家安全部、司法部《关于办理刑事案件严格排除非法证据若干问题的规定》第 23 条规定:“人民法院向被告人及其辩护人送达起诉书副本时,应当告知其有权申请排除非法证据。被告人及其辩护人申请排除非法证据,应当在开庭审理前提出,但在庭审期间发现相关线索或者材料等情形除外。人民法院应当在开庭审理前将申请书和相关线索或者材料的复制件送交人民检察院。”第 25 条第 1 款规定:“被告人及其辩护人在开庭审理前申请排除非法证据,按照法律规定提供相关线索或者材料的,人民法院应当召开庭前会议。人民检察院应当通过出示有关证据材料等方式,有针对性地对证据收集的合法性作出说明。人民法院可以核实情况,听取意见。”

2. 最高人民法院、最高人民检察院、公安部、国家安全部、司法部《关于办理刑事案件严格排除非法证据若干问题的规定》第 31 条规定:“公诉人对证据收集的合法性加以证明,可以出示讯问笔录、提讯登记、体检记录、采取强制措施或者侦查措施的法律文书、侦查终结前对讯问合法性的核查材料等证据材料,有针对性地播放讯问录音录像,提请法庭通知侦查人员或者其他人员出庭说明情况。被告人及其辩护人可以出示相关线索或者材料,并申请法庭播放特定时段的讯问录音录像。侦查人员或者其他人员出庭,应当向法庭说明证据收集过程,并就相关情况接受发问。对发问方式不当或者内容与证据收集的合法性无关的,法庭应当制止。公诉人、被告人及其辩护人可以对证据收集的合法性进行质证、辩论。”第 34 条规定:“经法庭审理,确认存在本规定所规定的以非法方法收集证据情形的,对有关证据应当予以排除。法庭根据相关线索或者材料对证据收集的合法性有疑问,而人民检察院未提供证据或者提供的证据不能证明证据收集的合法性,不能排除存在本规定所规定的以非法方法收集证据情形的,对有关证据应当予以排除。对依法予以排除的证据,不得宣读、质证,不得作为判决的根据。”

3. 最高人民法院、最高人民检察院、公安部、国家安全部、司法部《关于办理死刑案件审查判断证据若干问题的规定》第 5 条第 1、2 款规定,办理死刑案件,对被告人犯罪事实的认定,必须达到证据确实、充分。证据确实、充分是指:(1)定罪量刑的事实都有证据证明;(2)每一个定案的证据均已经法定程序查证属实;(3)证据与证据之间、证据与案件事实之间不存在矛盾或者矛盾得以合理排除;(4)共同犯罪案件中,被告人的地位、作用均已查清;(5)根据证据认定案件事实的过程符合逻辑和经验规则,由证据得出的结论为唯一结论。

而本案仅根据同案犯朱某供述即认定尤某为策划指挥者,无其他证据印证。

4. 根据《刑事诉讼法》第 55 条第 2 款的规定,证据确实、充分,应当符合以下条件:(1)定罪量刑的事实都有证据证明;(2)据以定案的证据均经法定程序查证属实;(3)综合全案证据,对所认定事实已排除合理怀疑。最高人民法院、最高人民检察院、公安部、国家安全部、司法部《关于办理死刑案件审查判断证据若干问题的规定》第 1 条规定:“办理死刑案件,必须严格执行刑法和刑事诉讼法,切实做到事实清楚,证据确实、充分,程序合法,适用法律正确,确保案件质量。”

5. 证据的关联性，指的是作为证据的事实与案件事实之间存在某种联系。关联性是实质性和证明性的结合。关联性不涉及证据的真假和证明价值，其侧重的是证据与证明对象之间的形式性关系，即证据相对于证明对象是否具有实质性，以及证据对于证明对象是否具有证明性。在厘清案件待证事实的情况下，要判断某项证据是否具有实质性，主要就要考查当事人提出该证据的证明目的，考查该证明目的是否有助于证明本案中的争议事实。如果特定证据的证明目的并非指向本案的待证事实，则该证据不具有实质性，也就没有关联性。不具有关联性的证据有类似行为、品格证据、特定的诉讼行为、特定的事实行为、被害人过去的行为等。

| 参考答案 |

1. 不正确。(2 分)因为根据最高人民法院、最高人民检察院、公安部、国家安全部、司法部《关于办理刑事案件严格排除非法证据若干问题的规定》的规定，法庭应当启动对证据是否为非法取得的调查程序。本案被告人均称供述系刑讯逼供所得，辩护人提出了排除非法证据的请求，并有一定证据支持，法院在公诉人没有证据支持的情况下，不调查即采纳公诉人的解释，是不正确的。(4 分)

2. 根据最高人民法院、最高人民检察院、公安部、国家安全部、司法部《关于办理刑事案件严格排除非法证据若干问题的规定》的规定，法庭应进行如下调查：(1)应要求公诉人向法庭提供讯问笔录、原始讯问过程的录音录像或者其他证据，提请法庭通知讯问时其他在场人员或者其他证人出庭作证。(2)仍不能排除刑讯逼供嫌疑的，公诉人应提请法庭通知本案讯问人员出庭作证。(3)公诉人当庭不能举证的，可以建议法庭延期审理。(4)控辩双方可以就被告人审判前供述取得的合法性问题进行质证、辩论。(5)对被告人供述的合法性，如果公诉人不提供证据加以证明，或者已提供的证据不够确实、充分，则该供述不能作为定案根据。(6 分)

3. 没有。(2 分)因为根据最高人民法院、最高人民检察院、公安部、国家安全部、司法部《关于办理死刑案件审查判断证据若干问题的规定》的规定，共同犯罪案件中，被告人的地位、作用均已查清，是证据确实、充分的基本要素。本案仅根据同案犯朱某供述即认定尤某为策划、指挥者，无其他证据印证。(4 分)

4. 不能。(2 分)因为根据《刑事诉讼法》和最高人民法院、最高人民检察院、公安部、国家安全部、司法部《关于办理死刑案件审查判断证据若干问题的规定》规定，认定有罪，必须达到证据确实、充分。法庭认定何某犯罪的证据中，朱某、尤某在侦查中的供述笔录尚未排除刑讯逼供可能；被害人陈述笔录和车辆被盗时的报案材料只能证明车辆被盗，不能证明谁是盗车者；监控录像只证明朱某、尤某实施了其中 1 起案件。对于何某辩护人提供的犯罪时何某不在现场的 4 份证据，法庭没有查明其真伪。因此，现有证据没有排除何某没有犯罪的可能性，不能得出唯一的结论，认定何某犯罪的证据不确实充分。(4 分)

5. (1)判断证据是否具有关联性的依据主要有两点：第一，该证据是否用来证明本案的争点问题，与案件证明对象之间是否存在客观联系；第二，该证据是否能够起到证明的作用，即是否具有对案件事实的证明价值。(3 分)

(2)不适当。因为这些材料与案件证明对象之间存在客观联系，指向何某是否有罪的争点

问题;同时,这些材料具有证明案件事实的证明价值,能够实际起到使指控的犯罪事实更无可能存在的证明作用。(3 分)

四、案例分析题(56 分)

| 法理透析 |

1.《民法典》第 604 条规定,标的物毁损、灭失的风险,在标的物交付之前由出卖人承担,交付之后由买受人承担,但是法律另有规定或者当事人另有约定的除外。

2.《民法典》第 577 条规定,当事人一方不履行合同义务或者履行合同义务不符合约定的,应当承担继续履行、采取补救措施或者赔偿损失等违约责任。

3. 最高人民法院《关于民事诉讼证据的若干规定》第 41 条规定,对于一方当事人就专门性问题自行委托有关机构或者人员出具的意见,另一方当事人有证据或者理由足以反驳并申请鉴定的,人民法院应予准许。第 30 条第 1 款规定,人民法院在审理案件过程中认为待证事实需要通过鉴定意见证明的,应当向当事人释明,并指定提出鉴定申请的期间。第 31 条第 1 款规定,当事人申请鉴定,应当在人民法院指定期间内提出,并预交鉴定费用。逾期不提出申请或者不预交鉴定费用的,视为放弃申请。

4.《民事诉讼法》第 24 条规定,因合同纠纷提起的诉讼,由被告住所地或者合同履行地人民法院管辖。《民诉解释》第 18 条第 1、2 款规定,合同约定履行地点的,以约定的履行地点为合同履行地。合同对履行地点没有约定或者约定不明确,争议标的为给付货币的,接收货币一方所在地为合同履行地;交付不动产的,不动产所在地为合同履行地;其他标的,履行义务一方所在地为合同履行地。即时结清的合同,交易行为地为合同履行地。本题中,双方当事人之间为普通合同买卖纠纷,故被告住所地即 A 公司住所地法院有管辖权。同时,由于双方并未约定合同履行地,应当适用“其他标的,履行义务一方所在地为合同履行地”的规定。

5.《民法典》第 523 条的规定,当事人约定由第三人向债权人履行债务,第三人不履行债务或者履行债务不符合约定的,债务人应当向债权人承担违约责任。

6.《民法典》第 417 条的规定,建设用地使用权抵押后,该土地上新增的建筑物不属于抵押财产。该建设用地使用权实现抵押权时,应当将该土地上新增的建筑物与建设用地使用权一并处分。但是,新增建筑物所得的价款,抵押权人无权优先受偿。

7.《民法典》第 404 条规定,以动产抵押的,不得对抗正常经营活动中已经支付合理价款并取得抵押财产的买受人。对于正常经营活动,《担保制度解释》第 56 条规定:“买受人在出卖人正常经营活动中通过支付合理对价取得已被设立担保物权的动产,担保物权人请求就该动产优先受偿的,人民法院不予支持,但是有下列情形之一的除外:……(二)购买出卖人的生产设备……”

8.《民事诉讼法》第 207 条规定,申请实现担保物权,由担保物权人以及其他有权请求实现担保物权的人依照《民法典》等法律,向担保财产所在地或者担保物权登记地基层人民法院提出。

| 参考答案 |

1. B 银行能仅就土地实现抵押权,不能对房屋实现抵押权。(2 分)

根据《民法典》第 417 条的规定,建设用地使用权抵押后,该土地上新增的建筑物不属于抵押财产。该建设用地使用权实现抵押权时,应当将该土地上新增的建筑物与建设用地使用权一并处分。但是,新增建筑物所得的价款,抵押权人无权优先受偿。本题中,A公司先抵押建设用地使用权后建厂房,抵押的客体仅为建设用地使用权,而不及于新增的建筑物。B银行仅可就拍卖的建设用地使用权的费用主张优先受偿。(4分)

2. 货物被盗的损失应当由D公司承担。(2分)

根据《民法典》第604条的规定,标的物毁损、灭失的风险,在标的物交付之前由出卖人承担,交付之后由买受人承担,但是法律另有规定或者当事人另有约定的除外。本题中,A公司已将货物交付给D公司指派的运货车队,货物毁损、灭失的风险应当由D公司承担。(4分)

3. D公司可以以A公司交付的货物质量不合格为由,请求A公司对被盗货物承担违约责任。(2分)

根据《民法典》第577条的规定,当事人一方不履行合同义务或者履行合同义务不符合约定的,应当承担继续履行、采取补救措施或者赔偿损失等违约责任。本题中,虽然A公司交付的部分货物被盗,但是A公司仍然应当承担该部分货物质量不合格的违约责任。(4分)

4. 法院应当向D公司释明由D公司对货物质量问题申请鉴定,并指定提出鉴定申请的期间。(2分)

根据最高人民法院《关于民事诉讼证据的若干规定》第41条的规定,对于一方当事人就专门性问题自行委托有关机构或者人员出具的意见,另一方当事人有证据或者理由足以反驳并申请鉴定的,人民法院应予准许。第30条第1款规定,人民法院在审理案件过程中认为待证事实需要通过鉴定意见证明的,应当向当事人释明,并指定提出鉴定申请的期间。第31条第1款规定,当事人申请鉴定,应当在人民法院指定期间内提出,并预交鉴定费用。逾期不提出申请或者不预交鉴定费用的,视为放弃申请。本题中,对于A公司就货物质量问题单方出具的意见,D公司不予承认,且法院也认为货物质量问题需要专业鉴定,则法院应向D公司释明,并指定提出鉴定申请的期间。(4分)

5. D公司应当向A公司住所地法院起诉。(2分)

根据《民事诉讼法》第24条的规定,因合同纠纷提起的诉讼,由被告住所地或者合同履行地人民法院管辖。《民诉解释》第18条规定,合同约定履行地点的,以约定的履行地点为合同履行地。合同对履行地点没有约定或者约定不明确,争议标的为给付货币的,接收货币一方所在地为合同履行地;交付不动产的,不动产所在地为合同履行地;其他标的,履行义务一方所在地为合同履行地。即时结清的合同,交易行为地为合同履行地。本题中,双方当事人之间为普通合同买卖纠纷,故被告A公司住所地法院有管辖权。同时,由于双方并未约定合同履行地,应当适用"其他标的,履行义务一方所在地为合同履行地"的规定。由于A公司为履行义务一方,A公司所在地为合同履行地。综上所述,D公司应当向A公司住所地法院起诉。(4分)

6. A公司无义务将货物送给F公司。(2分)

根据《民法典》第523条的规定,当事人约定由第三人向债权人履行债务,第三人不履行债务或者履行债务不符合约定的,债务人应当向债权人承担违约责任。本题中,A公司和E公司达成买卖合同,E公司和F公司达成转售买卖合同。此时,未经A公司的同意,其不负有替E公司向F公司履行债务的义务。因此,A公司无义务将货物送给F公司。(4分)

7. F公司无法直接向A公司主张赔偿。F公司应当起诉E公司,同时法院可列A公司为无独立请求权第三人。(2分)

F公司与A公司之间并无合同关系,基于合同的相对性,F公司应当起诉E公司,E公司败诉后,可向A公司主张损害赔偿。由于A公司与此诉讼结果有法律上的利害关系,可在F公司与E公司的诉讼中将A公司列为无独立请求权第三人。(4分)

8. B银行可以就设备主张抵押权。(2分)

根据《民法典》第404条的规定,以动产抵押的,不得对抗正常经营活动中已经支付合理价款并取得抵押财产的买受人。对于正常经营活动,《担保制度解释》第56条规定:"买受人在出卖人正常经营活动中通过支付合理对价取得已被设立担保物权的动产,担保物权人请求就该动产优先受偿的,人民法院不予支持,但是有下列情形之一的除外:……(二)购买出卖人的生产设备……"因此,购买出卖人的生产设备不属于正常的经营范围,可以对生产设备主张抵押权。(4分)

9. B银行如果想实现担保,应当向设备或土地所在地基层人民法院提出。(2分)

根据《民事诉讼法》第207条的规定,申请实现担保物权,由担保物权人以及其他有权请求实现担保物权的人依照《民法典》等法律,向担保财产所在地或者担保物权登记地基层人民法院提出。本题中,A公司以设备和建设用地使用权作为抵押,B银行如果想实现担保,应当向设备或土地所在地基层人民法院提出申请。(3分)

10. 法院受理申请后,经审查,符合法律规定的,裁定拍卖、变卖担保财产,当事人依据该裁定可以向人民法院申请执行;不符合法律规定的,裁定驳回申请,当事人可以向人民法院提起诉讼。(3分)

五、案例分析题(28分)

|法理透析|

1. 本题考查内容比较常规,知识点涉及行政协议的性质确定、被告资格的确认、行政授权、行政机关负责人出庭应诉制度、行政赔偿等考点。

2. 行政授权的作出依据是法律、法规或者规章。县政府颁布的措施文件性质上是其他规范性文件。

3. 行政协议是指行政机关为实现公共利益或者行政管理目标,在法定职责范围内,与公民、法人或者其他组织协商订立的具有行政法上权利义务内容的协议。

4. 行政机关负责人有正当理由不能出庭应诉的,应当向人民法院提交情况说明,并加盖行政机关印章或者由该机关主要负责人签字认可。行政机关拒绝说明理由的,不发生阻止案件审理的效果,人民法院可以向监察机关、上一级行政机关提出司法建议。

|参考答案|

1. 本案的被告是县政府。(2分)

依据《行政诉讼法》及相关规定,行政授权的作出依据是法律、法规或者规章。县政府颁布的措施文件性质上是其他规范性文件，是没有权利授权乡政府拆除违法建筑物的。本案中，县政府的措施文件无授权资格，所以不能以乡政府为被告，只能以县政府为被告。(4分)

2.《补偿协议》属于行政协议。(2分)

依据《行政诉讼法》及相关规定，行政协议是指行政机关为了实现行政管理或者公共服务目标，与公民、法人或者其他组织协商订立的具有行政法上权利义务内容的协议。本案中，乡政府为了对外实施行政管理、满足公共利益需要，与康某签订的具有行政法上权利义务内容的协议，属于行政协议。(4分)

3. 依据《行政诉讼法解释》第149条第1款的规定，人民法院经审查认为规范性文件不合法的，不作为人民法院认定行政行为合法的依据，并在裁判理由中予以阐明。作出生效裁判的人民法院应当向规范性文件的制定机关提出处理建议，并可以抄送制定机关的同级人民政府、上一级行政机关、监察机关以及规范性文件的备案机关。(5分)

4. 依据《行政诉讼法解释》第129条第3、4款的规定，行政机关负责人有正当理由不能出庭应诉的，应当向人民法院提交情况说明，并加盖行政机关印章或者由该机关主要负责人签字认可。行政机关拒绝说明理由的，不发生阻止案件审理的效果，人民法院可以向监察机关、上一级行政机关提出司法建议。(5分)

5. 不能。(2分)

根据《行政诉讼法》及《国家赔偿法》的相关规定，因公民、法人或其他组织自己的行为致使损害发生的，国家不承担赔偿责任。本案中，康某受伤的原因是自己骑摩托车追赶已经拆除完毕的乡政府工作人员，自己不慎发生碰撞而受伤，与乡政府工作人员执行职务的行为没有任何因果关系，所以其赔偿申请不予支持。(4分)

六、案例分析题(28分)

| 法理透析 |

1. 股东出资方式包括货币和非货币形式。非货币主要是指实物、知识产权、土地使用权等可以用货币估价并可以依法转让的财产。对于作为出资的非货币财产应当评估作价。股东不得以劳务、信用、自然人姓名、商誉、特许经营权或者设定担保的财产等作价出资。

2.《公司法》第84条规定，对于有限责任公司的股东对外转让股权，应当将股权转让的数量、价格、支付方式和期限等事项书面通知其他股东。在同等条件下，其他股东有优先购买权。股东自接到书面通知之日起30日内未答复的，视为放弃优先购买权。两个以上股东行使优先购买权的，协商确定各自的购买比例；协商不成的，按照转让时各自的出资比例行使优先购买权。

3. 根据《公司法解释(三)》第13条的规定，公司债权人请求未履行或者未全面履行出资义务的股东在未出资本息范围内对公司债务不能清偿的部分承担补充赔偿责任的，人民法院应予支持；未履行或者未全面履行出资义务的股东已经承担上述责任，其他债权人提出相同请求的，人民法院不予支持。

| 参考答案 |

1. (1)李某以技术、劳务出资不合法，以其所有的某公司的净资产经会计师事务所评估后作

价出资是合法的。(2 分)

根据《公司法》的规定,股东的出资方式包括货币和非货币形式。非货币主要是指实物、知识产权、土地使用权等可以用货币估价并可以依法转让的财产。对于作为出资的非货币财产应当评估作价。股东不得以劳务、信用、自然人姓名、商誉、特许经营权或者设定担保的财产等作价出资。(2 分)

本案中,李某以技术、劳务出资不合法,而以其所有的某公司的净资产出资尽管没有在我国《公司法》中规定为出资形式,但公司实践中运用较多,并且已经经过了会计师事务所的评估作价,所以出资合法。(1 分)

(2)李某的货币出资由绿枫公司代为支付的协议有效。(1 分)

根据《公司法》的规定,股东以货币出资的,应当将货币出资足额存入有限责任公司在银行开设的账户。本案中,李某与绿枫公司之间的代为支付协议属于二者之间的内部约定,并没有法律规定的无效情形,即为有效。(2 分)

2. 合法。(1 分)

依据《公司法》及相关规定,股东向股东以外的人转让股权的,应当将股权转让的数量、价格、支付方式和期限等事项书面通知其他股东,其他股东在同等条件下有优先购买权。股东自接到书面通知之日起 30 日内未答复的,视为放弃优先购买权。(2 分)

本案中,红枫公司决定把全部股权转让给紫枫公司,白桦公司、绿枫公司与李某对此都知情,但既不表示购买也不表示不购买视为放弃优先购买权,随后办理了股东变更登记,因此,红枫公司对外转让股权的行为合法有效。(1 分)

3. 无效。(1 分)

依据《公司法》的规定,股东会作出减少注册资本的决议,必须经代表 2/3 以上表决权的股东通过。本题只提到了绿枫公司提议召开股东会,随即便作出了决议,没有经 2/3 多数表决通过。另外,公司决定减少注册资本时,应当编制资产负债表及财产清单。公司应当自作出减少注册资本决议之日起 10 日内通知债权人,并于 30 日内在报纸上或者国家企业信用信息公示系统公告。债权人自接到通知书之日起 30 日内,未接到通知书的自公告之日起 45 日内,有权要求公司清偿债务或者提供相应的担保。(2 分)

本案中,白桦公司作出减资决议后,没有注意必须经 2/3 多数表决,也没有编制资产负债表及财产清单、没有通知债权人,仅就决议本身进行公告,侵犯了公司债权人的利益,所以该决议无效。(1 分)

4. 达尔公司可以追加绿枫公司和李某为被执行人,二者不能以股东会决议延长股东出资期限为由拒绝。(2 分)

有限责任公司的股东以其认缴的出资额为限对公司承担责任。本案中,绿枫公司和李某作为白桦公司的股东,应当在其认缴的出资范围内对公司承担责任。(2 分)

在注册资本认缴制下,股东依法享有期限利益。但是,根据《全国法院民商事审判工作会议纪要》的相关内容可知,在公司债务产生后,公司股东会决议或以其他方式延长股东出资期限的,债权人有权以公司不能清偿到期债务为由，请求未届出资期限的股东在未出资范围内对公司不能清偿的债务承担补充赔偿责任。(2 分)

本案中，白桦公司通过股东会决议将股东的出资期限延长至 2020 年 12 月 31 日，属于恶意延长股东出资期限的行为，所以，达尔公司有权要求未届出资期限的股东在未出资范围内对不能清偿的货款承担补充赔偿责任。(1 分)

5. 达尔公司不可以向红枫公司主张权利。(2 分)

依据《公司法解释(三)》第 13 条的规定，公司债权人请求未履行或者未全面履行出资义务的股东在未出资本息范围内对公司债务不能清偿的部分承担补充赔偿责任的，人民法院应予支持；未履行或者未全面履行出资义务的股东已经承担上述责任，其他债权人提出相同请求的，人民法院不予支持。(2 分)

本案中，红枫公司已经将自己的股权合法转让给紫枫公司，退出了白桦公司，并且根据题干表述，红枫公司与绿枫公司之间并无其他规避法律责任的违法行为，所以红枫公司无须承担责任，达尔公司可以向新股东紫枫公司主张权利。(1 分)

模拟冲刺B卷

一、论述题(35分)

| 材料一 |

法治是中国式现代化的重要保障。必须全面贯彻实施宪法,维护宪法权威,协同推进立法、执法、司法、守法各环节改革,健全法律面前人人平等保障机制,弘扬社会主义法治精神,维护社会公平正义,全面推进国家各方面工作法治化。要深化立法领域改革,深入推进依法行政,健全公正执法司法体制机制,完善推进法治社会建设机制,加强涉外法治建设。

——《中国共产党第二十届中央委员会第三次全体会议公报》(节选)

| 材料二 |

总结和运用改革开放以来特别是新时代全面深化改革的宝贵经验,贯彻以下原则:坚持党的全面领导,坚定维护党中央权威和集中统一领导,发挥党总揽全局、协调各方的领导核心作用,把党的领导贯穿改革各方面全过程,确保改革始终沿着正确政治方向前进;坚持以人民为中心,尊重人民主体地位和首创精神,人民有所呼、改革有所应,做到改革为了人民、改革依靠人民、改革成果由人民共享;坚持守正创新,坚持中国特色社会主义不动摇,紧跟时代步伐,顺应实践发展,突出问题导向,在新的起点上推进理论创新、实践创新、制度创新、文化创新以及其他各方面创新;坚持以制度建设为主线,加强顶层设计、总体谋划,破立并举、先立后破,筑牢根本制度,完善基本制度,创新重要制度;坚持全面依法治国,在法治轨道上深化改革、推进中国式现代化,做到改革和法治相统一,重大改革于法有据、及时把改革成果上升为法律制度。

——《中共中央关于进一步全面深化改革 推进中国式现代化的决定》(节选)

| 材料三 |

强化"四个意识",坚持党对政法工作的绝对领导,坚持以人民为中心的发展思想,增强工作预见性、主动性,深化司法体制改革,推进平安中国、法治中国建设,加强过硬队伍建设,深化智能化建设,严格执法、公正司法,履行好维护国家政治安全、确保社会大局稳定、促进社会公平正义、保障人民安居乐业的主要任务,努力创造安全的政治环境、稳定的社会环境、公正的法治环境、优质的服务环境,增强人民群众获得感、幸福感、安全感。

——《论坚持全面依法治国》(节选)

| 问题 |

请根据上述材料,结合新时代"枫桥经验"的意义,谈一谈司法体制改革如何彰显中国法律制度的生机与活力。

| 答题要求 |

1. 无观点或论述、照搬材料原文的不得分。

2. 观点正确，表述完整、准确。

3. 总字数不少于 600 字。

二、案例分析题(31 分)

| 案 情 |

博达(1990 年出生)与大美(1998 年出生)为好友,博达对大美有好感,博达为了追求大美并送大美奢侈品礼物,就开始在某平台以和岁数大的有钱女性“谈恋爱”为名直播,诱使有钱大龄女性打赏,明确打赏金额达到 20 万元后可线下见面。截至 2024 年 10 月 5 日,打赏金额已经达到了 200 万元,平台扣除 110 万元后,剩余的被博达提到大美的银行卡以向大美示好(大美感觉有问题但是没细问)。后来两人甜蜜地在一起,博达以各种理由拒绝和打赏的大龄女性见面。(事实一)

2024 年 10 月 9 日,两人举行了婚礼,婚后博达买了一辆奥迪 A8L 汽车,博达经常驾驶着豪车去各大加油站加油,并且让人觉得很有钱的样子,手里拿着钱包装作有付钱的意思。加油员李某问博达如何支付,博达回复现金,李某给豪车加了 980 元的 98 号汽油。博达为了逃避支付油费,明知李某正用手抓住其衣服阻拦其逃跑,为了摆脱李某,猛踩油门加速驶离加油站,并将李某拖倒在地,致其轻微伤。(事实二)

博达在逃跑的过程中,又遇到了好友张三,两人合计“大干一场”。当晚 12 点后,两人来到安某(县公安局局长,现已经退休)家,张三在外面望风,博达入室行窃。博达在搜索财产的时候,正好被起床上厕所的安某发现,安某拿出手枪对博达说“举起手来,要不我开枪了”。博达以为是假枪,于是转身给了安某一拳,直接将安某打晕。博达拿起手枪发现是真枪,于是将枪藏了起来,并拿走了价值 4 万元的金佛一尊。事后,博达告知张三只盗窃了 5000 元现金。(事实三)

2024 年 10 月 10 日,大美为了竞选公司经理一职并防止落选,私下送给上级主管单位副局长王五一根价值 50,000 元的金条,让王五破例在竞选中照顾自己一下。王五已经知道了大美竞选成功,只是没有宣布,但是假装不知道并收下了金条,表示会予以照顾。后来大美担任经理一职,后查明金条系从澳洲购买,含金量不足,市价 5000 元。(事实四)

某日,张三在京州市某停车场发现了某公司的共享汽车,这种汽车安装了 GPS 定位系统,需要扫码交押金才能解锁打开车门使用。张三利用该共享汽车车窗没有关严的机会打开车门拿到钥匙将车开走,之后将汽车车身的二维码及公司标识全部撕下。经过鉴定,被盗车辆价值 88,000 元。(事实五)

| 问 题 |

1. 根据事实一,博达的行为是否构成犯罪,某平台收的费用应该如何定性,请至少从两种角度进行评价。

2. 根据事实二,在不考虑数额的情况下,有观点认为博达成立盗窃罪,有观点认为博达成立抢夺罪,还有观点认为博达成立诈骗罪。你赞同哪种观点,并结合《刑法》第 269 条进行分析。

3. 根据事实三,分析博达、张三、安某的刑事责任。

4. 根据事实四,分析大美的行为是否构成行贿罪,并说明理由。

5. 根据事实五,对于张三的行为如何定性?关于张三的犯罪形态,理论上有不同的观点,你认为哪一种更合理?

三、案例分析题(30 分)

|案 情|

李某与王某系甲市 A 县某工地工友,同住一个职工宿舍,某日二人因生活作息问题发生口角,李某因此怀恨在心。某日午休,李某趁王某熟睡之机,用木棍对着王某头部猛击,王某惊醒之后大声呼救,李某被其他舍友拉开。王某因被钝器打击头部受伤,随即向 A 县公安局报了案。A 县公安局对此案以故意伤害罪立案,侦查终结并移送 A 县检察院审查起诉。A 县检察院向 A 县法院提起公诉。

A 县法院经过庭前审查认为案件事实清楚,决定开庭。鉴于李某申请排除非法证据,A 县法院在开庭前召开了庭前会议,在听取控辩双方的意见后,发现如果该证据不排除会导致庭审中断,于是在庭前会议中排除了证据。A 县法院依法组成合议庭,公开开庭审理了此案。庭审过程中,证人吴某以担心被告人报复为由拒绝出庭作证。审判庭考虑到吴某是唯一目击证人,对查明案件事实很重要,且被告人李某要求与王某质证,遂发布拘传令将吴某拘传到庭。经审理,法庭发现李某在审查起诉阶段有翻供行为,检察机关指控被告人李某犯罪的事实有不清楚之处,证据不够确充分,于是决定将案件退回检察机关补充侦查,并作出延期审理的决定。检察机关补充侦查后将补充的证据材料移送人民法院。A 县法院恢复审判并作出一审判决,判李某犯故意伤害罪,判处有期徒刑 5 年。

一审判决后,李某向甲市中级人民法院提出上诉。经过审理,甲市中级人民法院认为事实不清,证据不足,于是裁定撤销原判,发回 A 县法院重审。A 县法院另行组成合议庭审理此案,最终仍判处被告人李某犯故意伤害罪,但是判处有期徒刑 3 年。检察机关对该判决提起抗诉,最终甲市中级人民法院判决被告人李某犯故意伤害罪,并判处有期徒刑 6 年。

|问 题|

1. A 县法院经过庭前审查认为案件事实清楚,决定开庭。请问该法庭的庭前审查活动是否正确?

2. 本案 A 县法院庭前会议对非法证据的处理是否正确?为什么?

3. 法院直接将案件退回检察机关补充侦查的做法是否正确?为什么?

4. 检察机关抗诉后,甲市中级人民法院的改判加刑行为是否违背上诉不加刑原则?为什么?

5. 本案在检察机关抗诉后,二审法院在审查程序上应如何处理?

四、案例分析题(56分)

|案 情|

甲公司向乙银行贷款200万元,到期不能按时偿还,遂与乙银行达成协议,以甲公司所有的一批名贵家具交给乙银行折抵债务。乙银行表示同意,遂在协议中约定甲公司应于1周后向乙银行交付该批家具。但甲公司到期仍未交付家具,乙银行经过催告后,甲公司仍不交付,乙银行遂将甲公司诉诸法院,要求法院判甲公司偿还贷款200万元。甲公司提出抗辩,认为双方既然达成以家具折抵贷款的协议,乙银行应该诉求甲公司交付家具而非偿还贷款。(事实一)

甲公司迟迟不能偿还乙银行贷款,也不交付家具,乙银行经查甲公司名下财产甚少,但甲公司对丙公司具有300万元合法债权且已经到期。不过甲公司一直没有向丙公司主张债权,乙银行遂提起代位权诉讼,起诉丙公司,请求丙公司向自己偿还200万元。甲公司得知乙银行起诉后,遂与丙公司达成协议,将丙公司的债务偿还期延后2年。法庭上,丙公司主张自己的债务尚未到期,乙银行不能提起代位权诉讼。(事实二)

乙银行因迟迟不能收回甲公司的200万元贷款,遂将该笔债权转让给张三并通知了甲公司,张三向甲公司确认确实存在该笔债权后,遂与乙银行签约受让该笔债权。但乙银行又将该笔债权转让给李四,也通知了甲公司,李四也向甲公司确认了该笔债权的存在后与乙银行签约受让。后甲公司财务好转,按照乙银行最新的通知向李四做了清偿,当张三要求甲公司向自己清偿时,甲公司表示该笔债权已经消灭而拒绝,遂向李四请求返还该笔受偿,也遭到李四的拒绝。(事实三)

张三一直向甲公司主张债权,甲公司表示愿意偿还,但需要时间来周转资金。张三同意但要求甲公司提供担保,甲公司遂以自己所有的一套住房提供了抵押担保,甲公司股东王五提供了保证。后甲公司到期仍未履行,因房屋正处于出租状态,月租金可收入1万元,但张三嫌变卖房屋麻烦,遂要求王五承担保证责任,王五认为张三应先对甲公司抵押的房子行使抵押权,至少应收取每月的月租1万元冲抵债务。(事实四)

张三在前面一系列纠纷中,与李四、王五熟识后,发现彼此志趣相投,便建立起了友谊。张三为开店向银行借贷,李四为张三提供了一般保证。后张三经营不善无力偿还贷款,银行遂在贷款期限届满之日起1个月内起诉了张三。张三焦虑之下找到王五,王五表示愿意提供连带责任担保,银行遂撤诉。张三依旧无力偿还,银行遂直接起诉了王五,因为正值该银行筹划上市,不宜有诉讼在身,银行又撤回了上诉,但是起诉状副本已经送达了王五。(事实五)

后来,李四承担了保证责任,替张三偿还了银行的债务,张三非常感激,表示自己一定会偿还李四。为表示诚意,张三当即表示可以把自己珍藏的古董出质给李四作为担保。但李四觉得保管古董是件操心受累的事,遂表示不用质押,让张三将股东抵押给自己即可,二人签订抵押合同,合同中约定抵押期间张三不得将古董转让给第三人,但该"禁转约定"并未登记。张三在资金捉襟见肘的无奈情形下,将古董卖给了一家古董行。(事实六)

李四听说张三将抵押给自己的古董转卖给了古董行,很是不满。遂以张三违约为由将张三告上法庭。法庭要求李四出具抵押合同以证明张三违反了"禁转约定",李四表示合同因为自己

搬家而丢失，张三手中也有一份，要求张三提供当初的抵押合同，张三拒不提交。（事实七）

古董行购买了张三的古董后，某日因员工打扫时不小心将古董摔裂，发现并非真正的古董，而是精心做旧的高仿品。古董行遂起诉张三，要求撤销合同。因古董搬运不便，古董行遂将古董摔裂部位拍照打印出来提交法庭以作为证据。（事实八）

随后，甲公司又与胜达公司签订了电子版"合同1"，约定好了甲公司向胜达公司购买设备10台，每台单价300万元，共计3000万元。该笔交易需要到政府有关部门备案，待到胜达公司办完手续后，两公司又签订了"合同2"，双方在"合同1"中约定，胜达公司如果怠于履行审批报备义务，承担5万元违约金。后胜达公司弄虚作假被政府发现，甲公司想依据"合同1"追究胜达公司的责任，胜达公司表示当时签署"合同1"的时候电子文本要求甲公司勾选责任事项，其中免责包括"胜达公司报送材料后，若政府拒绝批准，胜达公司免责"，甲公司已经勾选，胜达公司认为自己可以据此免责。（事实九）

| 问　题 |

1. 根据事实一，乙银行应诉求甲公司偿还贷款还是交付家具？

2. 根据事实二，乙银行能否提起代位权诉讼？若在乙银行起诉丙公司前，甲公司和丙公司达成债务偿还期延后2年，乙银行又该如何处理？

3. 根据事实三，甲公司的清偿是否消灭了债务？张三能否要求李四向自己返还该笔受偿？

4. 根据事实四，抵押房屋的月租1万元应由谁收取？张三能否直接要求王五承担保证责任？

5. 根据事实五，乙银行是否对李四和王五行使了保证权？

6. 根据事实六，古董行能否取得古董的所有权？古董行和张三签订的古董买卖合同是否有效？

7. 根据事实七，针对张三的行为，法庭应作何种认定？

8. 根据事实八，古董摔裂部位照片是什么种类的证据？

9. 根据事实九，胜达公司能否免除责任？

以下第五题、第六题选做一道即可。

五、案例分析题(28 分)

| 案　情 |

2024 年 4 月 1 日,杨树县大棚镇政府交通安全管理办公室工作人员向某等人进行交通检查。张三打了一辆李四驾驶的黑车去机场,行至大棚镇加油站(省道 S105 其中一段)路段时,被向某等人在途中拦截,打算要扣押车辆,并依据《杨树县公安局关于印发杨树县乡村道路交通安全管理办法的通知》(草案)规定,出具罚款 5 万元的处罚决定书。李四趁着向某用手抓车钥匙时,启动车辆猛踩油门逃跑,不慎撞到了电线杆上,造成坐在副驾驶的张三受伤。张三伤后被送往杨树县人民医院治疗,经诊断为特重型颅脑损伤、多器官功能不全。2024 年 6 月 12 日,张三申请司法鉴定,鉴定结果为特重型颅脑损伤愈后遗留智力缺损和神经功能障碍后遗症,构成精神残疾,伤残程度系七级。2024 年 7 月 2 日,张三不服,以大棚镇政府为被告提起行政诉讼,要求确认向某等人履职行为违法,并请求赔偿医疗费、误工费、残疾赔偿金、律师费及精神损害抚慰金共计 50 万元。

立案后,被告提交了杨树县交警大队与其签订的《行政执法委托协议书》,协议书全文为:“根据《杨树县公安局关于印发杨树县乡村道路交通安全管理办法的通知》(以下简称《通知》),将本乡(镇)行政区域内乡道和村道的道路交通安全监督管理工作委托给大树镇政府,具体由大树镇交通安全监督管理办公室行使下列监督管理职权:(一)行政检查权。(二)违法行为制止权。(三)部分行政处罚权。”在审理过程中,经申请,法院对张三的伤残等级进行重新鉴定,鉴定意见和张三提供的一致。

2024 年 7 月 12 日上午 8 点,李四不服提起诉讼,并要求对处罚依据进行附带审查。当日下午 2 点,李四向杨树县政府提出政府信息公开申请,要求获得本县正规网约车数量及注册流程。2024 年 8 月 9 日,杨树县政府信息公开办公室回复李四:本县网约车数量涉及个人隐私,不予公开。注册流程不属于公开范围,也不予公开。

材料一:《道路旅客运输及客运站管理规定》

第 3 条第 1 款　本规定所称道路客运经营,是指使用客车运送旅客、为社会公众提供服务、具有商业性质的道路客运活动,包括班车(加班车)客运、包车客运、旅游客运。

材料二:《道路交通安全法》

第 5 条　国务院公安部门负责全国道路交通安全管理工作。县级以上地方各级人民政府公安机关交通管理部门负责本行政区域内的道路交通安全管理工作。

县级以上各级人民政府交通、建设管理部门依据各自职责,负责有关的道路交通工作。

材料三:《杨树县公安局关于印发杨树县乡村道路交通安全管理办法的通知》

载明:为切实加强乡村道路交通安全管理,预防和控制乡村道路交通安全事故发生,确保人民群众生命财产安全,各乡镇(街道)成立由乡镇(街道)分管道路交通安全工作负责人任主任,安监办主任、每条村道的乡镇(街道)责任人及辖区派出所、交巡警中队、司法所、农综站等单位负责人为成员的交通安全管理办公室,负责辖区乡道和村道交通监督管理工作。

| 问 题 |

1. 张三提起诉讼,如何确定本案的被告,管辖法院?请阐明理由。

2. 根据《行政处罚法》规定,分析本案有关行政处罚的委托是否合法?

3. 张三提出的哪些行政赔偿事项能够获得支持?请阐明理由。

4. 对李四罚款 5 万元的处罚决定是否符合行政法的基本原则?李四要求附带审查,法院应如何处理?

5. 李四对杨树县政府政府信息公开办公室的答复不服,能否直接向人民法院提起行政诉讼?为什么?

六、案例分析题(28 分)

| **案　情** |

甲公司是由张三、李四、王五三人创立的有限责任公司，张三是甲公司股东，也是董事，兼任法定代表人，张三因自己家庭事务准备向乙银行贷款 100 万元，乙银行需要张三提供担保，张三遂向公司提出由甲公司为自己担保。后被拒绝，张三恼怒之下提出辞任法定代表人，此后法定代表人一直空缺。甲公司决定由李四接任法定代表人。将法定代表人变更申请提交公司登记机关后，登记机关重新换发了电子营业执照。(事实一)

甲公司成立后，李四以一套高档办公家具出资，章程记载其价值为 30 万元。1 年后，经甲公司多方核查，该套家具在甲公司成立时的市值是 12 万元，但到目前为止仅值 8 万元。甲公司要求李四补足差额 22 万元，李四不服。但李四表示自己名下有另一家公司的净资产，经会计师事务所评估后作价 22 万元可用于补足出资，该部分资产现实际交付甲公司使用。(事实二)

甲公司在自己的业务领域经营的很好，某投资公司(乙公司)颇为眼热，遂提出向甲公司出资 200 万元成为股东，甲公司表示同意。但乙公司加入后，在经营方针方面做了一些变化导致甲公司业务急转直下，资金链非常紧张，无法清偿债权人已到期的债权。此时债权人发现李四当初出资的家具只值 8 万元，且乙公司的 200 万元出资是认缴，5 年缴清，目前只实缴出资 40 万元。债权人要求张三、王五、乙公司对李四的出资承担连带责任，且要求乙公司将剩余的 160 万元出资一次性缴清。此时，该债权诉讼时效尚未届满。(事实三)

甲公司修正经营路线，经营一段时间后，重新扭亏为盈，获利丰厚。但李四发觉自己所得与公司业绩很不匹配，遂向甲公司提出查账的请求，要求查阅、复制甲公司的会计账簿和会计凭证。甲公司认为李四当初出资有瑕疵，不同意李四查阅和复制会计账簿和会计凭证。李四后来发现甲公司有一大笔资金转入了全资子公司 A 公司，遂要求查阅 A 公司会计账簿和会计凭证，A 公司以李四并非本公司股东为由拒绝。(事实四)

后来，股东王五在经营过程中萌生退意，想将自己的股权转让，张三也想将自己的股权转让。二人分别找到买家，王五将股权转让给表弟大周，张三将股权转让给妻弟小徐。经查，王五当初认缴出资 100 万元，实缴 40 万元。张三当初承诺 2 年内缴清，但过期迟迟未足额出资。现公司找到大周和小徐，要求二人承担责任。(事实五)

| **问　题** |

1. 根据事实一，张三要求甲公司为自己做担保，甲公司应如何处理？张三辞去法定代表人，是否应一并辞去董事职位？法定代表人变更申请应由谁签署？

2. 根据事实二，李四应补多少钱的出资？李四能否以“净资产”出资？

3. 根据事实三，债权人能否要求张三、王五、乙公司承担连带责任？能否要求乙公司一次性缴清全部出资？

4. 根据事实四，甲公司能否以李四当初出资有瑕疵为由拒绝李四查阅和复制会计账簿和会计凭证？李四能否查阅 A 公司会计账簿和会计凭证？

5. 根据事实五，甲公司能否要求大周和小徐承担出资责任？

模拟冲刺B卷参考答案及解析

一、论述题(35分)

| 参考答案 |

新时代"枫桥经验"是在党领导下的重要的经验积累,对实现司法体制改革有十分重要的意义。只有坚持党的领导,才能彰显中国法制制度的生机与活力,是社会主义法治的根本要求,是党和国家的根本所在、命脉所在,是全国各族人民的利益所系、幸福所系,是全面推进依法治国的题中应有之义。(6分)

党的领导是社会主义法治最根本的保证,结合新时代"枫桥经验"总结的重要意义,我们必须始终坚持党总揽全局、协调各方的领导核心地位不动摇。只有在法治的环境下进行司法体制改革,方能彰显其生机与活力,实现中国法制现代化。正如材料一中所述,法治是中国式现代化的重要保障,全面推进国家各方面工作法治化,确保在党的领导下实现司法体制改革。(8分)

新时代中国特色司法体制改革之所以能迅速开创新局面、谱写新篇章,最根本的就是有以习近平同志为核心的党中央的坚强领导,有习近平新时代中国特色社会主义思想的科学指导。在新时代"枫桥经验"的成果下,我们党坚持守正创新,在正确的道路上进行改革。正如材料二中所述,"人民有所呼、改革有所应,做到改革为了人民、改革依靠人民、改革成果由人民共享",只有坚持党的全面领导,方能彰显中国法律制度的生机与活力。(8分)

要把加强党对司法体制改革的领导落实到法治中国建设的全过程和各方面,坚持党领导立法、保证执法、支持司法、带头守法。不断提升司法公信力,为中国法律制度的进一步改革、优化提供了重要的价值。正如材料三中所述,深化司法体制改革,推进平安中国、法治中国建设,加强过硬队伍建设,深化智能化建设,严格执法、公正司法,增强人民群众获得感、幸福感、安全感。(7分)

综上所述,坚持党的领导,是社会主义法治的根本要求,是全面深化司法体制改革的题中应有之义,是司法体制改革取得成功的根本前提和政治保证。深化司法体制改革,是要更好坚持党的领导、更好发挥中国司法制度的特色、更好促进社会公平正义。必须毫不动摇地坚持党的领导,把党的领导贯彻到司法改革的全过程和各方面。只有这样,才能保证中国特色社会主义法治事业不断走向新的胜利,才能为实现中华民族伟大复兴的中国梦提供有力保障,才能使党和国家长治久安。(6分)

二、案例分析题(31 分)

| **法理透析** |

1. 本题结合最新的直播热点,涉嫌诈骗罪、盗窃罪、共同犯罪及观点展示等常考核心考点。

2.《刑法》第 269 条规定,犯盗窃、诈骗、抢夺罪,为窝藏赃物、抗拒抓捕或者毁灭罪证而当场使用暴力或者以暴力相威胁的,依照抢劫罪定罪处罚。

3. 违反枪支管理规定,非法持有枪支、弹药的,依法成立非法持有枪支、弹药罪。依法配备、配置枪支、弹药的人员,在配备、配置枪支、弹药的条件消除后,违反枪支管理法律、法规的规定,私自藏匿所配备、配置的枪支、弹药且拒不交出的行为成立非法私藏枪支、弹药罪。

| **参考答案** |

1. 角度一:不成立犯罪,平台收费属于正常抽成。

理由:刑法规定具有"有体性、有意性、有害性"的行为才是刑法评价的危害行为。本题中,博达带着谈恋爱的目的直播,观众也是觉得博达人还行才打赏,属于自愿赠与,不构成犯罪。平台按照规则收费,合法。(2 分)

角度二:成立诈骗罪。平台收费属于正常抽成,既遂数额为 90 万元。

理由:刑法规定以非法占有为目的,虚构事实、隐瞒真相,使被害人陷入错误认识而处分财物的行为成立诈骗罪。本题中,博达并没有谈恋爱的想法,就是想通过直播欺骗观众打赏获利,观众基于错误认识而处分财物,遭受损失。既遂数额应该是博达的实际收入 90 万元。(2 分)

角度三:成立诈骗罪。平台收费属于正常抽成,既遂数额为 200 万元。

理由:刑法规定以非法占有为目的,虚构事实、隐瞒真相,使被害人陷入错误认识而处分财物的行为成立诈骗罪。本题中,博达并没有谈恋爱的想法,就是想通过直播欺骗观众打赏获利,观众基于错误认识而处分财物,遭受损失。既遂数额应该是受害人实际损失数额,平台扣除部分属于正常抽成,平台不知道该款性质,不需要承担责任。既遂数额为 200 万元。(2 分)

2. 我赞同成立诈骗罪,根据《刑法》第 269 条规定,博达的行为转化为抢劫罪。(2 分)

《刑法》规定,以非法占有为目的,使用虚构事实、隐瞒真相的形式使被害人陷入错误认识,基于错误认识而处分财物的行为成立诈骗罪。本题中,博达开着豪车到加油站装作有钱的意思让加油站工作人员加油的举动,让李某产生豪车车主加油后会付钱的判断,博达的行为成立诈骗罪。

《刑法》第 269 条规定,犯盗窃罪、抢夺罪、诈骗罪,为了窝藏赃物、抗拒抓捕、毁灭证据而当场使用暴力或者以暴力相威胁的,依照抢劫罪定罪处罚。本题中,博达有诈骗的行为,为了抗拒抓捕,明知李某抓其衣角阻拦其逃跑仍旧踩油门加速行驶足以压制对方反抗,依法转化为抢劫罪。(3 分)

3. (1)博达和张三成立盗窃罪的共同犯罪,属于入户盗窃。博达成立转化型抢劫罪,张三成立盗窃罪。

《刑法》规定,两人以上共同故意犯罪的,成立共同犯罪。博达和张三共谋入户盗窃,成立盗窃罪的共同犯罪。本案中,张三在外望风,博达入室盗窃,在盗窃过程中为了抗拒抓捕对安某使

用暴力,依据《刑法》第269条规定转化为抢劫罪。(3分)

(2)博达成立非法持有枪支罪。

《刑法》规定,非法持有枪支的,成立非法持有枪支罪。本题中,博达明知是真枪仍旧非法持有,定非法持有枪支罪。回答不构成盗窃枪支罪也对,因为主观上没有盗窃枪支的故意,虽然客观上盗窃了枪支,但是主客观不统一,不构成盗窃枪支罪。(3分)

(3)安某成立私藏枪支罪。

刑法规定,配备、配置公务用枪资格的人,在丧失资格后仍旧持有枪支的行为成立私藏枪支罪。本题中,安某作为退休的警察,曾经有配枪资格,但在该资格消除后不上缴枪支的行为,成立窝藏枪支罪。(3分)

4. 构成行贿罪。(2分)

刑法规定,为了牟取不正当利益,给予国家工作人员以财物的行为成立行贿罪。本题中,大美为了争取职务给了副局长一根金条,违背了公平、公正原则,谋取竞争利益也属于不正当利益,因此成立行贿罪。大美并不知道金条的含金量,且真实花费了50,000元购买金条,符合行贿罪的构成要件。(3分)

5. (1)盗窃罪。刑法规定,以非法占有为目的,以和平手段将财物转移给自己或者第三人占有的行为属于盗窃罪。本案中,张三打开车门将汽车开走,侵害了公司对汽车的占有,依法成立盗窃罪。(2分)

(2)理论上有两种观点,我更赞同成立盗窃罪既遂。

观点一:盗窃罪既遂。张三已经实际控制了涉案的共享汽车,本案中张三利用车窗没有完全关闭之机打开车门将车辆开走等行为,属于实质控制了该汽车,依法成立盗窃罪既遂。

观点二:盗窃罪未遂。张三没有实际控制涉案的共享汽车,因为本案中的汽车安装了GPS定位系统,汽车一直处在公司的“监视”之下,由于定位系统的存在,公司对汽车仍旧是可以控制并且取回的。因此,张三成立盗窃罪未遂。

我认为盗窃罪既遂更合理。虽然机动车所有人或者占有人通过GPS等装置能掌握涉案车辆的位置,但对张三的盗窃行为并不构成实质性影响,定位系统只是一种事后性的保护措施,更是为了便捷地追回赃物,对已经发生的盗窃结果并没有实质影响,因此本案张三构成盗窃罪既遂更为合理。(4分)

三、案例分析题(30分)

| 法理透析 |

1. 庭前审查应当是程序性审查而非实质性审查。

2. 法庭审理阶段的补充侦查一般由检察机关建议,法院只有在被告人提出新的立功线索的情况下才可以建议检察院补充侦查,而不能主动将案件退回检察机关补充侦查。

3. 被告人或者其法定代理人、辩护人、近亲属提出上诉,人民检察院未提出抗诉的案件,第二审人民法院发回重新审判后,除有新的犯罪事实且人民检察院补充起诉的以外,原审人民法院不得加重被告人的刑罚。

| 参考答案 |

1. 该法庭的庭前审查活动不正确。(2分)根据《刑事诉讼法》及相关司法解释规定，庭前审查应当是程序性审查而非实质性审查。本案中，该法庭经过庭前审查认为案件事实清楚而决定开庭，表明该法院在庭前审查活动中进行了实质性审查。因此，其庭前审查活动不正确。(4分)

2. 不正确。(2分)根据《刑事诉讼法》及相关司法解释规定，庭前会议就非法证据等问题只是了解情况、听取意见，不能作出决定。对于可能导致庭审中断的程序性事项，法院可以在庭前会议后依法作出处理，但不能在庭前会议中处理。(4分)

3. 法院直接退回检察机关补充侦查的做法是不正确的。(2分)根据《刑事诉讼法》及相关司法解释规定，法庭审理阶段的补充侦查一般由检察机关建议，法院只有在被告人提出新的立功线索的情况下才可以建议检察院补充侦查，而不能主动将案件退回检察机关补充侦查。(4分)

4. 违反上诉不加刑原则。(2分)根据《刑诉解释》第403条规定，被告人或者其法定代理人、辩护人、近亲属提出上诉，人民检察院未提出抗诉的案件，第二审人民法院发回重新审判后，除有新的犯罪事实且人民检察院补充起诉的以外，原审人民法院不得加重被告人的刑罚。对前述规定的案件，原审人民法院对上诉发回重新审判的案件依法作出判决后，人民检察院抗诉的，第二审人民法院不得改判为重于原审人民法院第一次判处的刑罚。本案中，检察院抗诉的，甲市中级人民法院改判时不得重于A县法院第一次判处的5年有期徒刑。(4分)

5. (1)甲市中级人民法院应当由审判员组成合议庭进行审理。(2)甲市中级人民法院应当开庭审理。(3)甲市中级人民法院应当在2个月以内审结。(4)甲市中级人民法院应当根据审理的情况作出判决：如果事实清楚、证据确实充分，维持原判。本案是以事实不清证据不足发回重审的，因此，如果事实不清、证据不足，应当在查清基础上改判；程序错误的，应当发回重审；适用法律错误、量刑错误的，应当改判。但受制于上诉不加刑原则，法院即使想加重刑罚，也只能维持原判。(一般情况下要写3点，每点2分。)

四、案例分析题(56分)

| 法理透析 |

1. 履行期届满后的以物抵债协议，债权人应先请求债务人履行以物抵债协议，转移抵债物所有权。债务人不履行以物抵债协议，经催告仍不履行，债权人既可选择让债务人履行以物抵债协议，也可选择让债务人履行原来的债务。

2. 债权人对次债务人提起代位权诉讼“之后”，债务人无正当理由减免次债务人债务或延长次债务人债期的，次债务人不得以此对债权人提出抗辩。

3. 债权多次转让的，债务人应向通知先到达的受让人履行，债务人向通知后达到的受让人履行的，履行对象不正确，债权不消灭，“先通知受让人”有权请求债务人继续履行。

4. 在混合担保中，主债权人应当先对债务人提供的担保物行使担保物权，第三担保人对债权人承担连带担保责任。

5. 通过网络订立电子合同，提供方仅以设置“勾选”或“弹窗”等方式提示对方注意的，不构成尽到提示注意、说明义务。提示方未尽到义务，该条款不构成合同的内容。

6. 本题除了民综常考的核心考点外，还把最高人民法院《关于适用〈中华人民共和国民法典〉合同编通则若干问题的解释》(以下简称《民法典合同编解释》)新增的内容进行了命题，方便考生巩固练习。

｜ **参考答案** ｜

1. 乙银行可请求甲公司偿还贷款或交付家具，乙银行有选择权。(2 分)根据《民法典合同编解释》第 27 条规定，履行期届满后的以物抵债协议，债权人应先请求债务人履行以物抵债协议，转移抵债物所有权。债务人不履行以物抵债协议，经催告后在合理期限内仍不履行，债权人既可选择让债务人履行以物抵债协议，也可选择让债务人履行原来的债务。本题中，甲乙之间是履行期届满后的以物抵债协议，乙银行应先要求甲公司交付家具，但甲公司拒绝交付且经催告后仍不交付，此时乙银行具有选择权，可以选择请求甲公司交付家具或偿还贷款。(3 分)

2. (1)乙银行能提起代位权诉讼。根据《民法典合同编解释》第 41 条规定，债权人对次债务人提起代位权诉讼"之后"，债务人无正当理由减免次债务人债务或延长次债务人债期的，次债务人不得以此对债权人提出抗辩(起诉后减免债务或延长债期的，不需要债权人"先撤销"了)。本题中，债权人乙银行对次债务人丙公司提起代位权诉讼后，债务人甲公司无正当理由延长次债务人丙公司债期的，丙公司不得以此抗辩乙银行。(3 分)(2)此时乙银行应先撤销"债务延期"，再提起代位权诉讼。根据《民法典合同编解释》的规定，债权人对次债务人提起代位权诉讼"之前"，债务人减免次债务人债务或延长次债务人债期的，债权人应当"先撤销、再代位"(按照原先规定走)。若在乙银行起诉丙公司之前，甲公司和丙公司达成债期延后的约定，乙银行应先撤销该约定，恢复丙公司"债务到期的次债务人"身份，然后再提起代位诉讼。(3 分)

3. (1)甲公司的清偿并没有消灭债务。根据《民法典合同编解释》第 50 条规定，债权多次转让的，债务人应向通知先到达的受让人履行(简称"先通知受让人")，债务人向通知后达到的受让人履行的，履行对象不正确，债权不消灭，"先通知受让人"有权请求债务人继续履行。本题中，张三是"先通知受让人"，甲公司应该向张三偿还，但却向李四偿还，属于履行对象不正确，并没有消灭自己的债务。(3 分)

(2)张三无权要求李四向自己返还该笔受偿。根据《民法典合同编解释》第 50 条规定，先通知受让人请求后通知受让人返还财产的，原则上不可以(后通知受让人基于债权受领，非不当得利，但后通知受让人知道先通知受让人存在的除外)。本题中，李四受领甲公司的清偿是基于受让了乙银行的债权转让，并非不当得利，且李四并不知道张三的存在，故李四无须向张三返还。(3 分)

4. (1)月租 1 万元应由甲公司收取。(2 分)根据《民法典》规定，抵押物被查封、扣押之前，抵押物孳息由抵押人收取，且不构成抵押权的客体(抵押权不及于孳息)。本题中，房屋作为抵押物，且未被查封、扣押，房租作为孳息应由抵押人甲公司收取。(3 分)

(2)张三不能直接要求王五承担保证责任。(2 分)根据《民法典》规定，在混合担保中，主债权人应当先对债务人提供的担保物行使担保物权，第三担保人对债权人承担连带担保责任，故张三应先就抵押的房屋行使抵押权，而不能直接要求王五承担保证责任。(3 分)

5. 乙银行对李四没有行使保证权,但对王五行使了保证权。根据《民法典》规定,一般保证中,债权人保证期间起诉或仲裁后,又撤诉或撤回仲裁,应当认定未行使保证权(一般保证中,诉讼和仲裁是必需的)。(3 分)

在连带责任保证中,债权人在保证期间内起诉或申请仲裁后,又撤诉或撤回仲裁,但诉状或仲裁申请书副本已经送达保证人的,应当认定债权人已经行使了保证权。本题中,李四提供一般保证,则乙银行起诉张三即视为对李四行使保证权(有指东打西作用),但是乙银行又撤诉则应认定未行使保证权,因为撤回起诉等于没起诉。王五提供连带保证,乙银行起诉王五又撤诉,但起诉状副本送达王五时,乙银行即对王五提出了承担保证责任的请求,即使乙银行撤诉也认定行使了保证权。(4 分)

6. 古董行可以取得古董所有权,古董买卖合同有效。(2 分)根据《民法典》相关规定,约定禁止转让抵押物,抵押人违约转让抵押财产,抵押物转让合同有效。受让人能否取得抵押物所有权,关键看"禁止转让抵押物"的约定是否办理登记手续,约定未做登记,抵押物已交付,善意受让人取得抵押物所有权,抵押权人可请求抵押人承担违约责任;约定已经登记,抵押物已交付或登记,受让人不得取得抵押物所有权。但受让人代替债务人清偿债务导致抵押权消灭的除外。(3 分)本题中,抵押人张三违约转卖古董,但张三和李四的"禁转约定"未登记,古董行作为善意受让人可取得古董所有权,二者之间的转让合同也有效。(1 分)

7. 法庭应认定确实存在一份"禁转协议"但不足以认定张三违反"禁转协议"。(2 分)根据《民事诉讼法》相关规定,重要的书证、视听资料、电子数据在对方当事人手中,负举证责任的当事人可书面申请法院责令对方提交,申请费用由申请人负担。对方拒不提交,书证内容推定为真(注意,证据真不一定事实真)。持有书证者为妨碍对方使用,毁坏书证或令书证不能使用的。法院可以认定对方当事人主张以该书证证明的事实为真实(此为积极阻碍,前述拒不提交只是消极阻碍)。(3 分)本题中,李四要求法院命令张三提交合同书证,张三拒绝,则推定书证内容为真,即存在"禁转约定",但张三是否真的违反了"禁转约定"则应审理后判定。(1 分)

8. 是物证。(2 分)根据民诉证据规则要求,对书证、物证、视听资料和电子数据,原则上应提交原件,确有困难的,可提交复制件或影像资料。但原始证据是何种类,传来证据也是何种类,本题中,损坏的物品是物证,那么拍照打印出来的也是物证而非书证。(3 分)

9. 胜达公司不能免除责任。(2 分)根据《民法典合同编解释》第 10 条规定,通过网络订立电子合同,提供方仅以设置"勾选"或"弹窗"等方式提示对方注意的,不构成尽到提示注意、说明义务。提示方未尽到义务,该条款不构成合同的内容。本题中,甲公司勾选了胜达公司的免责条款,但依法胜达公司不构成尽到提示注意、说明义务,该免责条款不构成合同内容。胜达公司不能据此免责。(3 分)

五、案例分析题(28 分)

| 法理透析 |

1. 中级人民法院管辖的第一审行政案件:(1)被告是国务院部门或者县级以上地方政府;(2)海关处理的案件;(3)本辖区内重大、复杂的案件(社会影响重大的共同诉讼、涉外或者涉及港澳台案件);(4)其他法律规定由中级法院管辖的案件。

2. 复议前置的新增三种情形:(1)对当场作出的行政处罚决定不服(对公民≤200 元,组织≤3000 元,或警告);(2)行政机关存在未履行法定职责情形;(3)申请政府信息公开,行政机关不予公开。

3. 附带审查的内容:(1)国务院部门的规范性文件;(2)县级以上地方各级政府及其工作部门的规范性文件;(3)乡、镇政府的规范性文件;(4)法律、法规、规章授权的组织的规范性文件。

| **参考答案** |

1. (1)本案的被告应为杨树县交警大队。本案中,大棚镇安全监督管理办公室是由大棚镇政府组建的内设机构,其行为所产生的责任应由大棚镇政府承担。并且存在委托关系,镇政府所享有的道路交通安全监督管理权来源于杨树县交警大队的委托,根据《行政诉讼法》的规定,行政机关委托的组织所作的行政行为,委托的行政机关是被告,当事人不服提起诉讼的,应当以委托的行政机关为被告。因此,本案的被告应为杨树县交警大队。(4 分)

(2)本案的管辖法院为杨树县法院。本案的被告为杨树县交警大队,根据《行政诉讼法》的规定,中级人民法院管辖对国务院部门或者县级以上地方人民政府所作的行政行为提起诉讼的第一审行政案件,因此本案的级别管辖为基层。地域管辖方面,原告就被告,因此管辖法院为杨树县法院。(3 分)

2. 本案在执法委托依据、内容上存在违法情形。(2 分)

第一,行政委托依据为《杨树县公安局关于印发杨树县乡村道路交通安全管理办法的通知》,这是行政规范性文件,不属于法律、法规和规章的范畴,以此作为行政处罚委托依据不合法。第二,《行政执法委托协议书》只是大概规定了委托的事项,即行政检查权、违法行为制止权、部分行政处罚权,并未列明部分行政处罚权到底指哪些,也未载明委托权力的行使期限。因此,本案的行政处罚委托不合法。(3 分)

3. 张三提出的医疗费、误工费、残疾赔偿金以及精神损害抚慰金能够获得支持。根据《国家赔偿法》的规定,张三提出的赔偿医疗费、误工费、残疾赔偿金能获得支持,律师费不属于因残疾而增加的必要支出,不予支持。(3 分)此外,向某等人的违法行为致使张三精神残疾,根据《国家赔偿法》规定及相关司法解释,精神损害抚慰金也应获得支持。(1 分)

4. (1)不符合。依据《行政处罚法》及行政法基本原则规定,设定和实施行政处罚必须以事实为依据,与违法行为的事实、性质以及社会危害程度相适应。合理行政要求考虑相关因素和适当比例原则。本题中,李四驾驶非运营车运营,虽然违法但对其处罚幅度应结合其行为性质、危害程度、涉案金额等综合考虑,本案处罚明显不当。(4 分)

(2)法院应作出予以审查决定。依据《行政诉讼法》第 53 条的规定,公民认为行政行为所依据的国务院部门和地方政府及其部门制定的规范性文件不合法,在提起诉讼的时候可以一并附带审查。本题中的《杨树县公安局关于印发杨树县乡村道路交通安全管理办法的通知》属于行政规范性文件,在附带审查范围。(3 分)

5. 李四不能直接向法院提起诉讼,应当先向行政复议机关申请行政复议,对复议决定不服

的,才可以依法向法院提起行政诉讼。(2分)

依据《行政复议法》及相关规定,申请政府信息公开,行政机关不予公开的,申请人应当先向行政复议机关申请行政复议,对复议决定不服的,可以再依法向法院提起诉讼。本案中,李四申请信息公开属于行政复议法的规定。(3分)

六、案例分析题(28分)

| 法理透析 |

1. 公司为股东或实际控制人提供担保的,应当经股东会决议。股东或受实际控制人支配的股东,不得参加相关事项的表决。

2. 作为出资的非货币财产的实际价额显著低于所认缴的出资额的,构成违反出资义务。

3. 公司不能清偿到期债务的,公司或已到期债权的债权人有权要求已认缴出资但未届出资期限的股东提前缴纳出资(加速到期)。

4. 未届出资期限的股权转让,由受让人承担缴纳该出资的义务,受让人未按期足额缴纳出资的,转让人对受让人未按期缴纳的出资承担补充责任。

| 参考答案 |

1. (1)甲公司应召开股东会进行表决,且张三无权就此事进行表决。根据《公司法》第15条第2、3款的规定,公司为公司股东或实际控制人提供担保的,应当经股东会决议。前款规定的股东或受前款规定的实际控制人支配的股东,不得参加相关事项的表决。本题中,张三是股东,要求公司提供担保应由股东会决议且张三的表决权应排除。(2分)

(2)张三不需要一并辞去董事职位。根据《公司法》第10条第2款的规定,担任法定代表人的董事或者经理辞任的,视为同时辞去法定代表人。由此可见,本题中,张三不担任董事了,当然要辞去法定代表人,而不担任法定代表人了,并不必然要辞去董事职务。(2分)

(3)法定代表人变更申请应由李四签署。根据《公司法》第35条第3款的规定,公司变更法定代表人的,变更登记申请书由变更后的法定代表人签署。所以,本题中,变更申请书由李四签署。(2分)

2. 李四应补18万元的出资。根据《公司法》的规定,作为出资的非货币财产的实际价额显著低于所认缴的出资额的,构成违反出资义务。但是,是否构成"显著低于",应以公司成立日或出资日的价格为准。本题中,公司成立时家具价值12万元,故李某应补足18万元的出资而非22万元的出资。根据《公司法》的规定,法律未明确规定的,其他可以用货币估价并可以依法转让的非货币财产可作价出资。本题中,"净资产"虽然不是法律明确规定的出资形式,但该出资有效。(4分)

3. (1)债权人可以要求张三、王五承担连带责任,不能要求乙公司承担连带责任。根据《公司法》第50条的规定,在公司设立时,股东未履行或未全面履行出资义务的,设立时的其他股东(发起人)与该瑕疵股东在出资不足的范围内承担连带责任。本题中,张三和王五是设立时的股东,应对李四的瑕疵出资承担连带责任,乙公司是甲公司成立后加入的股东,无须对李四的瑕疵出资承担连带责任。(3分)

(2)债权人可以要求乙公司一次性缴清全部出资。根据《公司法》第54条的规定,公司不能清偿到期债务的,公司或已到期债权的债权人有权要求已认缴出资但未届出资期限的股东提前缴纳出资(加速到期)。本题中,甲公司已经不能清偿到期债务,债权人可以要求乙公司出资加速到期,一次性缴清160万元出资。(3分)

4.(1)甲公司不能以李四出资有瑕疵为由拒绝李四查阅,但可以拒绝李四复制。根据《公司法》的规定,股东有权查阅或复制公司特定文件材料,这是股东行使其他权利的基础。股东可以查阅公司会计账簿、会计凭证。公司章程、股东之间的协议等,不可实质性剥夺股东查阅或复制公司文件材料的权利。故本题中,甲公司拒绝李四查阅是错误的,但可以拒绝李四复制。(3分)

(2)李四可以查阅A公司会计账簿和会计凭证。根据《公司法》的规定,题中所提及的相关材料,包括公司全资子公司相关材料。所以,李四有权查阅A公司账簿和凭证。(3分)

5.甲公司可以要求大周和小徐承担责任。根据《公司法》第88条第2款的规定,股权转让的,转让人和受让人在出资不足的范围内承担连带责任,受让人不知道且不应当知道存在上述情形的,由转让人承担责任。本题中,张三是瑕疵出资,小徐是其妻弟,推定知情,则二人应在出资不足范围内,对甲公司承担连带责任。(3分)

根据《公司法》第88条第1款的规定,未届出资期限的股权转让,由受让人承担缴纳该出资的义务;受让人未按期足额缴纳出资的,转让人对受让人未按期缴纳的出资承担补充责任(新增规定)。本题中,王五是未届出资期限的股权转让,受让人大周应承担缴纳该出资的义务。(3分)